U0800272

动车组列车列车员（长）

本书编委会 编

中国铁道出版社有限公司

2025年·北 京

内 容 简 介

本书分为七章，包括铁路旅客运输概述、铁路旅客运输合同、动车组设备设施、动车组列车乘务作业、安全与应急处置、铁路客运服务、客运服务信息系统。

本书既可以作为高铁客运岗位的新员工培训教材，也可作为在职人员的继续教育和技能提升的参考书籍。

图书在版编目(CIP)数据

动车组列车列车员(长) / 本书编委会编. -- 北京 : 中国铁道出版社有限公司, 2025. 4. -- ISBN 978-7-113-32191-8

Ⅰ. U293.3

中国国家版本馆 CIP 数据核字第 2025C934D1 号

书　　名：**动车组列车列车员(长)**
作　　者：本书编委会

责任编辑：鹿金炜　　　　**编辑部电话**：(010)51873044
封面设计：高博越
责任校对：安海燕
责任印制：高春晓

出版发行：中国铁道出版社有限公司(100054,北京市西城区右安门西街 8 号)
网　　址：https://www.tdpress.com
印　　刷：北京联兴盛业印刷股份有限公司
版　　次：2025 年 4 月第 1 版　2025 年 4 月第 1 次印刷
开　　本：787 mm×1 092 mm 1/16　**印张**：12.75　**字数**：308 千
书　　号：ISBN 978-7-113-32191-8
定　　价：87.00 元

编 委 会

前 言

随着中国高速铁路网络的不断扩展和完善，高速铁路已经成为连接城市、促进区域经济发展的重要纽带。为了进一步适应人民群众对铁路客运服务高质量发展的期盼和要求，以深入实施客运提质，不断提升服务“软实力”为目标，特编写此教材。

本教材的编写团队由铁路客运领域的资深专家和一线工作人员组成，他们具有丰富的实践经验和深厚的理论基础，确保了教材内容的专业性、时效性和实用性。教材内容涵盖了高铁客运服务的各个方面，包括铁路旅客运输合同、动车组设备设施、动车组列车乘务作业、安全与应急处置、铁路客运服务，以及客运服务信息系统等。

本教材的特色在于其具有较强的实用性和针对性，注重培养新职乘务人员的业务技能和专业知识，力求做到内容准确、实用、易懂。每个章节都配有大量的现场照片和思考题，紧密结合实际工作，以帮助新职人员快速掌握基础、锁定重点。

本教材适用于高铁客运岗位的新员工培训，也适用于在职人员的继续教育和技能提升。希望本教材能够成为高铁客运服务人员提升自身素质、提高服务水平的有力工具。希望每一位使用本教材的学员都能够学有所成，为提升我国高铁客运服务的整体水平做出贡献！

在教材编写过程中，编者得到了中国铁路沈阳局集团有限公司职工培训部、劳动卫生部和客运基层站段的大力支持和协助，在此表示衷心的感谢！本教材的内容组织和材料取舍可能存在不当之处，热诚欢迎广大读者批评指正。

编　者

2025 年 1 月

目 录

第一章　铁路旅客运输概述

|学习任务|

本章对铁路主要运输生产管理体系和中国铁路沈阳局集团有限公司（以下简称沈阳局集团公司）高速铁路运营状况作了概述，介绍了铁路旅客运输的特点。

通过学习，了解铁路旅客运输生产概况和铁路旅客运输特点，掌握铁路旅客运输的定义、要素，对乘务模式和计划有初步的认识。

第一节　铁路旅客运输生产概况

一、铁路主要运输生产管理体系

我国铁路实行中国国家铁路集团有限公司（以下简称国铁集团）、各铁路局集团公司、铁路系统基层站段三级管理的模式（图1-1），各级承担着不同的管理职能，是一个层层递进、相互衔接的管理体系，共同保障全国铁路旅客运输的安全、高效及优质服务。

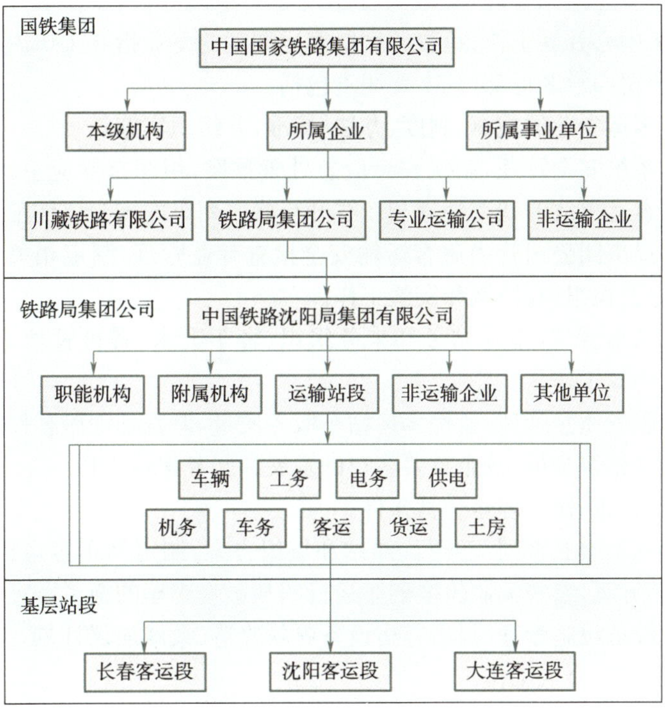

图1-1　铁路组织架构示例

(一)国铁集团

国铁集团是经国务院批准、依据《中华人民共和国公司法》设立、由中央管理的国有独资公司。国铁集团以铁路客货运输为主业,实行多元化经营,负责铁路运输的统一调度指挥,统筹安排路网性运力资源配置,承担国家规定的公益性运输任务,以及负责铁路行业运输收入的清算和收入进款管理。此外,国铁集团还需自觉接受行政监管和公众监督,确保国家铁路新线投产运营的安全评估,提升服务质量,提高经济效益,增强市场竞争能力,坚持高质量发展,确保国有资产保值增值,推动国有资本做强做优做大。

其中,国铁集团客运部负责提出铁路旅客运输发展规划和相关政策建议;负责铁路客运业务管理工作,检查、指导客运服务质量和安全专业管理工作,指导铁路客户服务中心客运业务管理工作,参与旅客运输相关事故调查;负责制定铁路旅客列车开行方案;参与列车运行图编制;负责铁路客运运价及相关管理工作,拟定铁路客运运输杂费项目和费率;按国家批准的运价水平,编制铁路客运运价方案,并指导、监督实施;负责提出客运运输信息化建设需求,推进客运信息化建设和运用;负责提出全路客运人才队伍培训规划建议,指导技术业务培训,参与组织开展职业技能竞赛。

(二)铁路局集团公司

铁路局集团公司(全路共18个铁路局集团公司)是在国铁集团的统一规划和指导下,负责一定区域内的铁路运营和管理。铁路局集团公司需要按照国铁集团的战略规划,制订具体的运营计划,负责区域内的列车运行、设备维护、安全管理、客货运输服务等工作。

铁路局集团公司内设客运部主要负责铁路局集团公司客运安全管理、经营管理、价格管理、服务质量管理、专运组织管理、规章制度建设等工作;组织领导客票管理所(客运营销中心)、铁路客户服务中心开展工作;负责调度所客运调度的专业指导工作。

铁路局集团公司内设客运部,其主要职责包括:

(1)负责拟定客运专业的规章、制度、办法、标准,并组织实施。

(2)负责客运系统安全管理,制定安全应急处置预案,组织指导应急培训、演练,建立健全应急体系,参与客运事故的调查处理和新线开行旅客列车的安全评估工作。

(3)负责铁路局集团公司管内旅客运输安全检查专业管理,制定相关制度及工作标准,指导有关单位做好安检组织、协调和实施工作。

(4)负责客运站车管理,指导站务和乘务组织、客车上水、餐售管理、高铁快运、行包运输、军特运客运组织等工作。

(5)负责客运服务质量管理,监控客运站车服务质量,调查处理旅客投诉。

(6)负责铁路常旅客会员、政企重要客户的发展和服务保障工作。

(7)负责申请、公布、修改客运运营条件。

(8)负责编制和调整旅客列车开行、停站和编组方案,制定列车客运担当方案和非正常情况下的客车调整方案,参与编制旅客列车运行图和影响客车的施工审查。

(9)负责客运设备设施管理,提出客运设备更新改造、大修建议计划,参与审核客运站新建方案和客运专业提前介入工作。

(10)负责铁路局集团公司专运领导小组办公室日常管理,安排担当专运和重要任务列车客运服务保障工作。

(11)承担客运系统发展规划、经营管理、生产力布局调整、劳动组织优化、标准化规范化建设、客运队伍建设、信息化建设、外部环境整治等相关工作。参与指导本系统全面预算管理。

(12)负责客票管理所(客运营销中心)、铁路客户服务中心的管理和专业指导。

(13)承办铁路局集团公司党委、铁路局集团公司交办的其他工作。

(三)站　段

基层站段是铁路运营的基础单位,直接负责铁路车站和线路的日常运营和维护。站段需要按照铁路局集团公司的要求,负责车站的客运、货运服务,列车的到发、编组、检修等工作,同时还需要负责线路的日常维护、安全管理等工作。

其中,客运段是铁路系统负责旅客运输工作的基础单位,主要负责旅客列车工作人员的管理工作,担当本局管内的旅客列车的服务(包括旅客列车乘务工作和餐饮服务)。目前,全路 18 个铁路局集团公司共设有 37 个客运段,其中,沈阳局集团公司设有 3 个,分别是沈阳客运段、长春客运段、大连客运段。

客运段主要机构及职责包括:

(1)内设职能机构:办公室(党委办公室)、劳动人事科(党委组织科)、财务收入科、安全科、营销乘务科、供应设备科、职工培训科。

(2)辅助生产机构:调度指挥中心。

(3)生产(经营)机构:客运车队、洗涤保洁车间、旅服车间。

主要职责:负责旅客运输、乘务组织、列车保洁洗涤、生产经营、安全管理、行包运输、军专运输、客运服务、安检查危、规章管理、设备供应管理、信访稳定、反恐防暴、能源管理、营销创效、财收管理、党建和群团工作、思想政治文化建设等工作。

二、沈阳局集团公司高速铁路运营状况

(一)沈阳局集团公司管辖范围及概况

沈阳局集团公司主要负责吉林省和辽宁省全境、黑龙江省南部、河北省及内蒙古自治区少部分地区的铁路运营。由于管内地处我国寒冷区域,配属的动车组基本以高寒车型为主。

京哈铁路秦沈段起自河北省秦皇岛站,途经山海关、葫芦岛、锦州、盘锦,止于沈阳北站。

2012 年 12 月 1 日,哈大高铁开通运营,全长 921 km,这条世界上第一条高寒地区的高铁,已经成为东北地区高速铁路网的主轴。以哈大高铁的开通为标志,东北地区铁路建设驶上了“快车道”。

2015 年,全长 208 km 的沈阳至丹东高铁开通运营。随后,沈阳局集团公司范围内累计开通运营了 6 条高速铁路,共计 1 880 km,辐射东北、通达全国的快速客运网基本形成。

2018 年,京哈高铁承沈段、新通高铁等一批新线相继建成通车。沈阳局集团公司管内铁路营业里程达 13 834 km,其中高铁里程 2 909 km。

“十三五”期间,沈阳局集团公司管内新增高铁 801 km,高铁营业里程达 3 077.8 km,较“十二五”时期增长 35.2%。新增电气化铁路 3 741.2 km,电气化铁路总里程达 7 843.9 km,较“十二五”增长 91.2%。辽宁省的铁路网基本实现国内国际通道联通,区域城乡广泛覆盖,枢

纽节点功能完善，运输服务一体高效。

“十四五”期间，沈阳局集团公司管内基本建成便捷畅通、经济高效、绿色集约、智能先进、安全可靠的高质量铁路交通网络。营业里程达到15 000 km，其中高速铁路4 000 km，综合交通枢纽一体化水平明显提升。旅客运输达到人享其行、安全优质、人民满意。实现干线铁路、城际铁路、市域（郊）铁路和城市轨道交通“四网融合”及与机场高效衔接，建设以铁路客站为中心的综合客运枢纽，强化枢纽内外交通有机衔接。优化完善高速铁路网，以国家“八纵八横”高铁主通道中的京哈—京港澳、沿海通道为主轴，以沈阳、长春、大连铁路枢纽为中心，辐射辽宁、吉林两省和内蒙古自治区东部大中城市，按照“三纵一横”构建沈阳局集团公司高铁路网规划通道，其中“三纵”为东北中部、东北东部、东北西部3条高铁通道，“一横”为东北中部东西陆路口岸高铁通道，同时拓展区域高铁衔接和延伸，扩大覆盖范围，达到互联互通，实现管内地级市“市市开动车”的目标。

随着哈大、沈丹、丹大、京哈高铁承沈段等一批高铁陆续开通，东北地区高铁营业里程近5 000 km，约占全国高铁里程的六分之一。其中，沈阳局集团公司运营高铁里程达到3 295.6 km，辽宁省境内2 035 km，在全国各省份名列前茅。以省会沈阳为中心，沈阳至大连最短用时1 h 33 min，沈阳至锦州最短用时1 h 16 min；以沿海开放城市大连为中心，大连至营口最短用时53 min，大连至丹东最短用时2 h 1 min。“高铁时代”的来临，深刻改变着人们的出行方式。

目前，高铁网覆盖辽宁14个地级市中的13个，以哈大、沈丹高铁和丹大快速铁路相连接的黄金“大三角”主骨架，将原来相对独立的沈阳经济圈、渤海经济圈、辽东经济圈等区域有机串联起来，有助于形成区域经济社会发展合力，形成了以沈阳、大连为中心辐射省内其他城市的“2 h经济圈”，并通过秦沈客专联通进入全国高铁网，为辽宁老工业基地的全面振兴、全方位振兴注入了强劲动力。

截至2025年1月5日，沈阳局集团公司担当乘务的高铁列车217.5对，其中直通70.5对，管内147对。动车所共5个，分别为长春动车所、沈阳北动车所、沈阳南动车所及沈阳动车段检修基地、大连动车所、赤峰动车所。存车场共6个，分别为通辽存车场、延吉存车场、丹东存车场、朝阳存车场、锦州北存车场、长白山存车场。

（二）运营和规划建设中的高铁线路

1. 运营中的高铁线路

（1）京哈线（秦沈段）：连接秦皇岛与沈阳的双线电气化客运专线铁路，在沈阳局集团公司管内里程约388 km，设计速度250 km/h，属于京哈线组成部分。

（2）哈大高铁（沈大段）：连接沈阳市与大连市的高铁线路，在沈阳局集团公司管内里程约383 km，设计速度350 km/h，该线路与京哈高铁（京沈段）、京哈高铁（沈哈段）同为沈阳局集团公司管内最重要的高速铁路。

（3）京哈高铁（京沈段）：连接北京市与沈阳市的高速铁路，沈阳局集团公司管内里程约377 km，设计速度350 km/h，该线路与京哈高速线（沈哈段）组成京哈高铁。

（4）京哈高铁（沈哈段）：连接沈阳市与哈尔滨市的高速铁路，沈阳局集团公司管内里程约440 km，设计速度350 km/h，该线路与京哈高铁（京沈段）组成京哈高铁。

(5)盘营高铁:中国第一条拥有自主知识产权的无砟轨道高铁线路,连接盘锦市与营口市,全长 118 km,设计速度 350 km/h,是京哈线(秦沈段)与沈大高速线的联络线。

(6)沈丹高铁:连接沈阳市与丹东市的高速铁路,全长 208 km,设计速度 250 km/h。

(7)新通高铁:连接辽宁省新民市与内蒙古通辽市的高速铁路,是内蒙古自治区第一条出省高铁,全长 197 km,设计速度 250 km/h,在新民北站连接京哈高铁(京沈段)。

(8)喀赤高铁:连接辽宁省喀左县与内蒙古赤峰市的高铁线路,全长 156 km,设计速度 250 km/h,其为京哈高铁支线。

(9)朝凌高铁:连接辽宁省朝阳市与凌海市的高速铁路,是京哈高铁与京哈线的联络线,全长 106 km,设计速度 350 km/h。

(10)长珲城际线:长珲城际线是吉林省主要的城际客运专线,全长 471 km,设计速度 250 km/h。

2. 规划建设中的高铁线路

(1)通丹高铁:已列入国家中长期铁路发展规划,辽宁省将其纳入"十四五"重点项目。

(2)长辽通高铁:该高铁是吉林省积极争取的"十四五"重点项目。

(3)沈佳高铁:沈佳高铁连接辽宁省沈阳市与黑龙江省佳木斯市的高铁线路。

(三)运营的动车组列车车型

近年来,沈阳局集团公司客车装备发生了翻天覆地的变化,配属的动车组列车已由 2012 年初的 40 组增加到目前的 205 组,其中 CR400BF 型 41 组、CRH380BG 型 97 组、CRH5 型 50 组、CRH3A 型 2 组、CR200J 型集中动力动车组 15 组。

第二节 铁路旅客运输特点

一、铁路旅客运输基本任务

旅客运输是铁路运输的重要组成部分。随着我国社会主义建设的迅速发展和人民物质文化生活水平的不断提高,经由铁路运送的旅客人数大幅度增加。因此,做好铁路旅客运输工作,对于国家的经济建设、文化交流及满足人民群众的生活需要,具有十分重要的意义。

旅客运输的基本任务是:最大限度地满足广大人民群众在旅行上的需要,安全、迅速、准确、便利地运送旅客、行李、包裹和邮件,保证旅客在旅行途中舒适愉快并得到文化生活上的优质服务。

二、铁路旅客运输要素

(一)旅客列车车次编排规定

为确保列车车次全路统一性及有关行车设备和信息系统正常运行,列车车次编排仅限于使用大写汉语拼音字母和阿拉伯数字。旅客列车编用车次在全路范围不得重复,车次由国铁集团确定。

季节性、特定时间段开行的动车组、临时旅客列车,可使用相应等级图定车次。

列车运行原则上以开往北京方向为上行,反之为下行。全国各线的列车运行方向,以国铁集团的规定为准;枢纽地区的列车运行方向,由铁路局集团公司规定。列车须按规定编定车次,上行列车编为双数,下行列车编为单数。在个别区间使用直通车次时,可与规定方向不符。旅客列车车次编排规定见表 1-1。

表 1-1 旅客列车车次编排规定

序号	列车种类		车次	备注
1	高速动车组旅客列车	直通	G1～G4998	"G"读"高"
		管内	G5001～G9998	
2	城际动车组旅客列车	—	C1～C9998	"C"读"城"
3	动车组旅客列车	直通	D1～D4998	"D"读"动"
		管内	D5001～D9998	
4	直达特快旅客列车	直通	Z1～Z4998	"Z"读"直"
		管内	Z5001～Z9998	
5	特快旅客列车	直通	T1～T3998	"T"读"特"
		管内	T4001～T9998	
6	快速旅客列车	直通	K1～K4998	"K"读"快"
		管内	K5001～K9998	
7	普通旅客快车	直通	1001～3998	
		管内	4001～5998	
8	普通旅客慢车	直通	6001～6198	
		管内	6201～7598	
9	通勤列车	—	7601～8998	
10	临时旅客列车	直通	L1～L6998	"L"读"临"
		管内	L7001～L9998	
11	旅游列车	直通	Y1～Y498	"Y"读"游"
		管内	Y501～Y998	

(二)旅客列车运行时刻表

运行时刻均以北京时间为标准,从零时起计算,实行 24 小时制。

旅客列车运行时刻表依据列车运行图编制,包含各次旅客列车客运办理站及到开时刻信息,列车运行图编制完成后需公布每趟列车的运行时刻表,客运站根据列车运行时刻表组织候车、检票、乘降、出站等工作。图 1-2 为 G47、G48、G49、G50 动车组列车运行时刻表。

(三)动车组列车编组

动车组列车的编组表中,S 代表商务车,ZEC 代表二等座/餐车合造车,ZYS 为一等座/商务座合造车。附注中"残"表示本车厢设有残疾人座椅和卫生间。图 1-3 为 G47、G50 次动车组编组及车底周转图。

大连北	始发站	哈尔滨西
哈尔滨西	终到站	大连北
高速 G47	车次 车站	高速 G48
08:02	大连北	— 12:02
09:33 09:36	沈阳北	10:31 10:28
10:38 10:40	长春西	09:26 09:24
11:35 —	哈尔滨西	08:30

大连北	始发站	哈尔滨西
哈尔滨西	终到站	大连北
高速 G49	车次 车站	高速 G50
13:32	大连北	— 16:34
15:03 15:06	沈阳北	15:03 15:00
16:10 16:13	长春西	13:56 13:54
17:09 —	哈尔滨西	13:00

图 1-2　动车组列车运行时刻表

											计	
大连北—哈尔滨西	车辆 沈阳 乘务 大连	顺序 连开	1	2	3	4	5	6	7	8		
		顺序 哈开	8	7	6	5	4	3	2	1		
		车厢编号	1	2	3	4	5	6	7	8	8	16
		车种	ZYS	ZE	ZE	ZE	ZEC	ZE	ZE	ZES		
		定员	33	85	85	75	63	85	85	45	556	
		吨数	61	64	63	58	59	63	64	61	493	
		附注				残					CRH380BG	

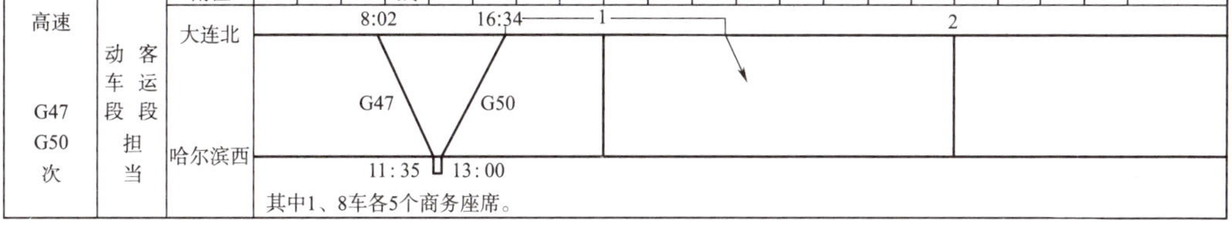

图 1-3　G47、G50 次动车组编组及车底周转图

三、铁路旅客运输产品

铁路旅客运输产品指在铁路旅客运输过程中实现的旅客在空间上位置的移动，即位移；其具有高效便捷、安全可靠、舒适环保等特点。

铁路旅客运输产品可分为核心产品、形式产品和附加产品。

(1)核心产品：指旅客的位移。

(2)形式产品：指可提供旅客乘坐的不同档次的列车或同一档次列车的不同席别。

(3)附加产品：指购票、候车、行包托运、列车上的旅行服务及其他延伸服务等。

旅客运输的产品总量称为旅客周转量，以人公里为计量单位；旅客周转量是铁路运输工作中最重要的数量指标之一。铁路旅客运输在各种运输方式中的市场份额是以旅客周转量所占比例来衡量的。

旅客运输产品是铁路运输的重要组成部分，客运企业根据产品在市场上所处的地位及企业的自身实力，选择一定时期内运输企业的最佳组合，满足旅客差异化和层次化需求。

(一)客流调查

1. 客流的形成

客流是指铁路某一方向上一定时间内旅客的流量和流向，它由数量、行程、方向和时间等要素构成。

(1)流量:指客流的规模。

(2)流程:指旅客的旅行距离。

(3)流向:指客流的空间分布。

(4)流时:指客流的时间分布。

上述要素共同决定了铁路客流的特征和变化趋势。此外,客流还受宏观因素(如社会经济发展、国家政策情况)和微观因素(如出行者特性、高铁服务属性)等影响。

2. 客流的分类

铁路客流可以根据时间距离、管辖范围、客流成分、运输组织、客流来源不同的标准进行分类。

(1)按时间距离:可分为短途、中途和长途客流。

(2)按管辖范围:可分为直通客流和管内客流。

(3)按客流成分:可分为商务流、探亲流、通勤流、旅游流等。

(4)按运输组织:可分为本线客流和跨线客流。

(5)按客流来源:可分为趋势客流和诱增客流。

3. 客流的调查

客流调查是了解市场需求、明确铁路客运产品市场定位,为编制列车开行方案提供依据的重要措施。在编制与调整列车开行方案前,应准备好客观、准确、详细的客流调查与分析数据。

(1)客流调查的主要分类

根据调查规模和目标不同,客流调查可分为以下4类:

①综合调查。定期开展管辖范围内的综合客流调查,以全面持续地了解铁路客流数量、结构、时空分布及其变化规律,为列车开行结构调整及运力资源配置提供依据。

②节假日调查。提前对春(暑)运、黄金周和小长假等展开客流调查,及时了解节假日客流总体特征及大客流分布,为节假日列车开行提供依据。

③专题调查。针对新线开通、大型活动、恶劣天气等特殊事件,适时开展专题客流调查,为列车开行方案的编制或调整提供有针对性的依据。

④日常调查。铁路局集团公司或重点车站定期组织管内范围的客流调查与分析,作为日常客运组织的依据。

(2)客流调查的主要内容

客流调查应根据不同调查目的开展,重点包括以下内容:

①在掌握基本客流的基础上,调查吸引区内重点厂、矿、企业、学校、城乡人口增减变化,大型活动、旅游事业、城乡人民生活、职工探亲、休假制度等情况对客流变化的影响。

②调查公路、航空等运输工具的数量及变化,所占市场份额比重和发展趋势。

③调查吸引区内公路建设情况,以及市县所在地公路客运站中长途客车开行及客流情况。

④调查掌握管辖范围内铁路客运设备能力,客车车场、编组站、停车站的变化等情况。

(二)开行方案

铁路旅客列车开行方案,是以客运量为基础,以客流性质、特点和规律为依据,科学合理地安排包括列车开行等级、种类、起讫点、数量、经由线路、编组内容、停站方案、席位利用、车底运用等内容，体现从旅客流到列车流的组织方案；它既是客流计划工作实施性的延续，又是运输组织工作的开端。

1. 总体要求

旅客列车开行方案的编制，应以方便旅客出行为目标，满足旅客差异化需求。

2. 职责分工

国铁集团负责制定旅客列车开行方案编制管理办法；编制直通旅客列车开行方案，确定直通旅客列车运行区段、径路、停站和编组；编制直通旅客列车运行区段、径路、停站和编组调整方案；编制直通临客和旅游列车开行方案；组织国铁集团范围的客流调查和市场监测工作。

铁路局集团公司负责贯彻执行国铁集团旅客列车开行方案编制管理办法，制定补充规定；提出直通旅客列车和运输能力紧张区段管内旅客列车开行方案建议，确定其他区段管内旅客列车开行方案；提出直通旅客列车运行区段、径路、停站和编组调整建议；提出直通临客和旅游列车开行方案、开行计划建议，确定管内临客和旅游专列开行方案及停站方案；负责组织本铁路局集团公司范围内的客流调查和市场监测工作。

3. 编制原则

旅客列车开行方案的编制，要统筹考虑市场需求、运输能力、装备运用效率和运输经营效益，坚持运输集中统一指挥、总体效益最优、管内服从直通和有流开车、无流停运的原则。

(1)以适应市场需求为导向，以提高客运产品竞争力为目标，通过优化作业组织、提升作业标准、压缩作业时间，增加铁路优势客运产品数量和质量。

(2)根据客货运输市场形势，统筹兼顾，合理分配通过能力紧张分界口的客货运输运力。

(3)高铁和客运专线开通初期，根据客流需要同方向既有线保留部分普速列车。

(4)以跨局为主、兼顾管内。两者发生矛盾时，管内服从跨局。在运输能力紧张的区段增开管内列车须报国铁集团同意。

(5)高铁和客运专线开行多对同区段动车组列车时，实行均衡开车，客运停站按时间顺序均衡安排。

(6)合理安排普速旅客列车行包运输能力。

(7)运用新技术、新方法，科学安排作业流程，压缩机车、车辆技术作业时间，提高装备运用效率。

(三)营销组织

客运营销是指随着市场经济的发展和完善，客运市场的竞争日趋激烈，原有的市场份额进行再分配，铁路客运企业经过市场调查研究，以满足旅客心理需求和愿望变化为出发点，发挥市场营销职能，采取积极营销策略，不断适应旅客出行需求而组织的营销活动。

客运营销的组织开展，是铁路运输企业运用市场化手段调配资源，优化客运产品结构，提升客票营销效果，实现效益最大化和经营目标，不断增强市场竞争能力和企业盈利能力的有效手段。

1. 组织架构

为实现资源与客流的有效配置，提升客运市场营销力度和质量，铁路局集团公司可按照

"统筹全局、区域营销"的经营工作思路,建立铁路局集团公司和站段两级营销组织机构,实行客运营销工作分级管理。

2. 职责分工

铁路局集团公司层面可成立客运营销中心,重点负责客运营销工作的顶层设计、营销策略和新票制的研究、制定和宣传;客运市场调研、制定客车开行方案、实施"一日一图",以及客运价格管理、数据维护、客票营销、效益分析、评价考核等工作。同时,对应职责界面,设立产品开发、客票营销、基础数据、市场分析等部门。

站段层面可成立客运营销分中心,重点负责对接区域市场、开展客流调查,做好信息传递、业务办理和产品推介,及时提出合理化意见和建议。

3. 营销组织

客运营销组织采用链条化管理关系,依托"市场调研-产品开发-数据维护-客票营销-综合评价"的五步循环模式,实现分工合理、组织高效。

营销部门间相互融合集中决策、互相补位各有侧重,运用"市场环境-集中决策-统筹营销-效益评价"的四级评价流程,实现市场评价数据直接决定产品价值、真实反映客票销售、直接反作用决策,突出市场化评价作用;力求客流需求导向产品开发、效益效率决定营销策略,用最少的车,创造最大的经济效益和社会效益。

四、旅客列车乘务模式及计划

(一)乘务模式

旅客列车乘务模式,主要有以车底交路为基础的包乘制和以担当区段为基础的轮乘制。

1. 包乘模式

包乘模式是以车底交路为基础编制乘务计划,将乘务组和客车车底固定起来,多个乘务组包乘一组客车底,各负其责。

包乘模式的优点是乘务人员容易熟悉车内客运服务设备的情况和掌握其使用性能,便于加强备品和用具的管理,有利于熟悉和掌握沿线停车站的技术设备和客流情况,给旅客安全乘降创造良好条件,便于乘务组班次安排及合理分配工作和休息时间。包乘模式适用于单程运行较长的旅客列车。

2. 轮乘模式

轮乘模式是以担当区段为基础编制乘务计划,乘务组固定值乘区段、不包车底,轮流担当客车车底的乘务工作。

轮乘模式的优点是值乘时间可控,一般不需要安排列车员在列车上间休,有利于节省乘务人员,提高车辆运用效率和劳动效率。

(二)乘务计划

客运乘务计划主要是指乘务单位(客运段)在列车车底交路计划的基础上,对客运乘务班组的值乘交路进行科学、合理的安排,形成乘务计划。各乘务班组按照分配的交路担当乘务,以保证乘务单位担当的所有车次都能正常开行。

乘务计划是根据既定的列车运行计划、车底交路计划、乘务模式等条件,考虑优化目标,达到满足乘务工作需要、乘务人员需求数量最少、乘务人员工作强度适宜的目标,对乘务人员(组)在某一时期内的出乘时间、退乘时间、出乘地点、退乘地点,以及担当车次的时间和地点,休息时间和地点等给定相应的具体安排,以确保列车运行计划的实现。

【学习思考题】

1. 旅客列车车次编排是如何规定的？上下行如何区分？
2. 铁路旅客运输产品分为哪几类？
3. 旅客列车乘务模式有哪几种？

第二章　铁路旅客运输合同

|学习任务|

本章主要介绍了铁路运输合同的法律依据和有关规定，介绍了旅客免费携带品和禁、限物品的有关规定和违章携带品的处置办法。

通过学习，了解旅客运输合同所依据的相关法律法规，订立条件和履行的期限、流程，合同变更、终止的条件；掌握旅客免费携带品的要求，禁止和限制携带品、危险品的种类和处置办法。

第一节　合同的订立

一、合同概述

（一）合同含义

合同是当事人之间设立、变更、终止民事权利义务关系的协议。铁路旅客运输合同是明确铁路运输企业与旅客之间权利义务关系的协议。起运地铁路单位依据《中国国家铁路集团有限公司铁路旅客运输规程》（以下简称《国铁集团客规》）订立的旅客运输合同对所涉及的铁路单位具有同等约束力。

（二）合同凭证

车票是铁路旅客运输合同的凭证，可以采用电子数据形式，或者纸质形式。按其载体形式主要分为电子客票、铁路运输企业认可的乘车证、乘车卡或虚拟乘车凭证等。

1. 铁路电子客票

铁路电子客票是以电子数据形式载明乘车日期、车次、发站和到站站名、票价等铁路运输合同主要内容，以规定的身份证件作为乘车凭证，如居民身份证等。

2. 铁路乘车卡

铁路乘车卡是内装磁介质或者集成电路芯片、通过自动检票机（闸机）记录旅客乘车信息的乘车凭证，如中铁银通卡等。

3. 铁路乘车证

铁路乘车证是铁路运输企业统一制发的乘车凭证。

4. 虚拟乘车凭证

虚拟乘车凭证是经铁路运输企业认可的，通过电子数据形式体现的乘车凭证，如铁路 e 卡通。

(三)合同的法律特征

根据铁路运输方式的特点,铁路旅客运输合同主要有以下特征。

1. 采取要约、承诺方式订立合同

铁路旅客运输属于公共运输,作为承运人的铁路运输企业通过公布列车时刻表、票价表等向社会公众发出要约邀请,旅客支付票价的行为为要约,铁路部门售出车票的行为为承诺。

2. 铁路旅客运输合同属于格式合同

所谓格式合同,是指当事人一方与不特定的多数人进行交易而事先拟定的,且不允许相对人对其内容作任何变更的合同。格式条款是当事人为了重复使用而预先拟定,并在订立合同时未与对方协商的条款。铁路运输合同采用格式合同的形式,主要是由于运输营业频繁不断重复进行的特点,可以节省时间,降低运输成本,避免双方讨价还价,减少缔约的麻烦。

采用格式条款订立合同的,提供格式条款的一方应当遵循公平原则确定当事人之间的权利和义务,并采取合理的方式提请对方注意免除或者限制其责任的条款,按照对方的要求,对该条款予以说明。对格式条款的理解发生争议的,应当按照通常理解予以解释。对格式条款有两种以上解释的,应当做出不利于提供格式条款一方的解释。格式条款和非格式条款不一致的,应当采用非格式条款。

3. 合同缔约的法律强制性

铁路运输企业从事的运输活动,面向的是社会公众。铁路运输企业的活动具有社会公共事务的职能,具有普遍的社会意义。因此,国家对铁路运输企业的运输行为及对运输行为所负的责任,均以法律做出相应的规定。法律规定,从事公共运输的承运人不得拒绝旅客、托运人通常、合理的运输要求。宾馆、商场、银行、车站、娱乐场所等公共场所的管理人或者群众性活动的组织者,未尽到安全保障义务,造成他人损害的,应当承担侵权责任。《国铁集团客规》第四十四条规定“拒不支付应补票款和加收票款的;不接受安全检查的,坚持携带或者夹带禁止、限制物品的;不接受车票实名制查验的;在站、车内寻衅滋事、扰乱公共秩序,患有烈性传染病、严重精神障碍和醉酒等有可能危及列车安全或者其他旅客以及铁路站、车工作人员人身安全的;告知列车无运输能力后,无票继续越站乘车的;国家规定的其他情况。”运输合同即行终止。

二、合同的订立(售票)

根据《中华人民共和国民法典》第八百一十四条规定,“客运合同自承运人向旅客出具客票时成立,但是当事人另有约定或者另有交易习惯的除外”。《国铁集团客规》第五条规定,“铁路旅客运输合同从售出车票时起成立”。

(一)订立(售票)方式

车票应通过铁路运输企业提供的车站售票窗口、自动售票机、中国铁路 12306 网站(含铁路 12306 移动端,以下简称 12306 网站)、订票电话或铁路车票销售代理人的售票处购买。旅客应按约定支付运输费用,购票后应核对票、款,妥善保管车票信息及购票时所使用的有效身份证件。

(二)订立(售票)条件

铁路企业实行实名制售票,同时对一些符合规定条件的旅客执行优惠票价。发售去边境地区的车票时,应要求旅客出示国务院铁路主管部门、公安部规定的边境居民证、身份证或边境通行证。

1. 通过车站售票窗口、铁路车票销售代理人的售票处购票或列车上购票、补票时,可以使用的有效身份证件包括:中华人民共和国居民身份证(含中华人民共和国临时居民身份证),居民户口簿,中华人民共和国护照,中华人民共和国出入境通行证,中华人民共和国旅行证,新生儿出生医学证明,军官证、警官证、文职干部证、义务兵证、士官证、军士证、警士证、文职人员证,海员证,以及公安机关出具的临时乘车身份证明,中华人民共和国港澳居民居住证,中华人民共和国台湾居民居住证,港澳居民来往内地通行证,往来港澳通行证,大陆居民往来台湾通行证,台湾居民来往大陆通行证,外国人永久居留身份证,外国人护照,外国人出入境证,公安机关出具的外国人签证证件受理回执、护照报失证明,各国驻华使领馆签发的临时性国际旅行证件(应当附具公安机关签发的有效签证或者停留证件)。

2. 通过 12306 网站、订票电话购票时,可以使用的有效身份证件包括:中华人民共和国居民身份证(含中华人民共和国临时居民身份证),中华人民共和国护照,中华人民共和国港澳居民居住证,中华人民共和国台湾居民居住证,港澳居民来往内地通行证,台湾居民来往大陆通行证,外国人永久居留身份证,外国人护照。

3. 通过自动售票机购票时,可以使用的有效身份证件包括:中华人民共和国居民身份证,中华人民共和国护照,中华人民共和国港澳居民居住证,中华人民共和国台湾居民居住证,港澳居民来往内地通行证,台湾居民来往大陆通行证,外国人永久居留身份证。

三、合同的有效期限

除有效期有其他规定的车票外,车票当日当次有效。旅客自行中途上车、下车的,未乘区间的票款不予退还。

第二节　合同的履行

一、合同履行原则

合同当事人应当遵循诚实信用的原则,按照约定全面履行自己的义务。当事人还应根据合同的性质、目的和交易习惯履行通知、协助、保密等义务。

二、合同履行期限及流程

《国铁集团客规》第五条规定,“铁路旅客运输合同从售出车票时起成立,至按车票规定运输结束旅客出站时止,为合同履行完毕。旅客运输的运送期间自检票起至到站出站时止计算。旅客自行中途下车,出站时铁路旅客运输合同履行终止”。《最高人民法院关于审理铁路运输损害赔偿案件若干问题的解释》(法发〔1994〕25 号,2020 年修正)第十一项规定,

“铁路运输企业对旅客运送的责任期间自旅客持有效车票进站时起到旅客出站或应当出站时止。不包括旅客在候车室内的期间。”对铁路旅客运送的责任期间(即运输合同的履行期间)做出了明确的规定。

三、合同履行条件

合同履行的基本条件是按照合同约定内容进行履行,旅客须遵守铁路企业的管理规定,配合工作人员顺利完成合同履行。

(一)进站验证验票

铁路运输企业按照国家有关规定对旅客所持车票和有效身份证件进行车票实名制查验。车站对进、出站的旅客和人员应当检票,列车对乘车旅客应验票。对应当持证购买的优惠票、优待票,铁路运输企业须查验旅客相应优惠、优待证件。

旅客应配合铁路运输企业实施的车票实名制查验工作,携带免费乘车儿童还应提供其购票申明时使用的儿童有效身份证件;使用持证购买的优惠票、优待票应出示相应优惠、优待证件。

(二)安全检查

铁路运输企业应当依照法律、行政法规和有关规定,对旅客及其携带品进行安全检查。旅客携带品应当遵守国家禁止或者限制运输的相关规定。

铁路运输企业要保证安全检查秩序良好,通道畅通,日常旅客排队进站等候时间不宜过长。

(三)候　　车

车站候车室需保持清洁卫生,提供饮用开水,提供旅客候车期间需要的各种信息服务,如候车区、检票口、饮水处及卫生间等静态或动态信息标志。旅客候车期间须听从车站引导和安排,随时注意候车室广播及信息揭示。

(四)检　　票

铁路运输企业有权要求旅客持有效车票乘车,旅客上车前车站组织检票。开始、停止检票时间的设置适应客流量和站场条件,进站口有提前停止检票时间的提示。开始检票或列车到站前,通告车次、停靠站台等检票信息。

自动检票机通道和人工检票通道正常启用,通道数量适应客流情况,并设有商务座旅客快速检票通道。设两侧检票口的,对长编组、重联动车组列车同时开启。按照先重点、后团体、再一般的原则,引导旅客通过自动检票机、人工检票通道分别排队等候、检票进站,宣传自动检票机的使用方法,提醒旅客拿好车票或身份证,防止尾随。对无票、日期车次不符、票证人不一致等人员,铁路运输企业按规定拒绝进站、乘车。

停止检票前,通告候车室,防止旅客漏乘;停止检票时,及时关闭检票口,通告候车室和站台。

(五)乘　　车

旅客通过检票口后进入乘车通道至站台,车站应做好引导工作确保旅客能够顺利到达正确的乘车站台。组织旅客按站台车厢位置标识在站台安全线或屏蔽门内排队等候,有序乘降。

(六)列车运送

旅客应当按有效车票载明的日期、时间、车次、车厢号、席位号和席别乘车。列车有义务提供必要的、规定的旅行服务,保持车内的清洁卫生,提供饮用开水等。列车运送过程承运人有保证旅客安全的义务。

持低票价席位车票的旅客不能在高票价席位的车厢(区域)停留。

(七)出　站

旅客下车后自站台至出站口应设有专门的出站通道,车站有义务做好引导工作。换乘客流大的车站根据需要设置站内换乘流线,配备相应的设备和引导标识。

引导旅客通过自动检票机和人工检票通道检票出站,自动检票机等设备正常使用,防止尾随。人工检票口核对车票及其他乘车凭证,保持秩序良好。

(八)运输合同终止

对下列旅客,站、车均可拒绝其进站、上车或责令其下车;对责令其下车的,其未使用至到站的票款不予退还,运输合同即行终止。

1. 拒不支付应补票款和加收票款的;
2. 不接受安全检查的;
3. 坚持携带或者夹带禁止、限制物品的;
4. 不接受车票实名制查验的;
5. 在站、车内寻衅滋事、扰乱公共秩序,患有烈性传染病、严重精神障碍和醉酒等有可能危及列车安全或者其他旅客以及铁路站、车工作人员人身安全的;
6. 告知列车无运输能力后,无票继续越站乘车的;
7. 国家规定的其他情况。

第三节　合同的变更和权利义务终止

一、合同的变更

铁路旅客运输合同变更的原因主要有旅客自身原因开车前变更行程、变更等级、席别和径路,不可抗力的自然原因导致变更旅行等情况。在有运输能力的情况下,铁路应从方便旅客出发,积极主动地按规定办理。

(一)履行前变更

旅客因旅行计划改变可变更乘车日期、车次、席位及到站等合同内容,但需在铁路有能力的情况下才予以办理。为减少对铁路正常运输的影响,车票只能办理一次改签。

(二)履行中途变更

合同履行中的变更是指旅客开始旅行后在途中发生的变更等级、变更席别等情况。

(三)铁路运输企业原因的合同变更

因铁路运输企业责任使旅客不能按车票载明的日期、时间、车次、车厢号、席位号、席别乘车时，站、车应妥善安排。重新安排的席位票价高于原票价时，超过部分不予补收，低于原票价时，应当退还票价差额，不收退票费。

(四)线路中断造成的合同变更

线路中断造成列车不能继续运行时，列车长应迅速了解停运的原因，组织列车工作人员稳定车内秩序。做好服务工作，解决旅客的困难，做好饮食供应工作。

二、合同的权利义务终止

合同的权利义务终止分为两类情形，一是因特殊情况双方商定情形；二是一方的违法情形。

(一)合同双方商定的情形

当旅客不想继续履行合同或者铁路承运人因不能提供票面规定的列车车次时，经双方当事人同意，可以解除合同，铁路承运人办理完退票手续后，铁路合同即告解除，双方权利义务终止。同时，铁路企业为了维护铁路运输正常的运输秩序，在必要时可临时调整退票规定。

(二)违法情形

对违反国家法律、法规，在站内、列车内寻衅滋事、扰乱公共秩序的人，站、车均可拒绝其上车或责令其下车；对责令其下车的，其未使用至到站的票款不予退还，运输合同即行终止。

三、特殊情况处理

(一)误售、误购、误降、误乘的处理

1. 在车站售票窗口发生旅客车票误售、误购时，旅客当场提出的，车站换发新票，需退还票价差额时，不收退票费。铁路运输企业责任导致的误售应为旅客免费办理退票或换发新票。

2. 发生误乘、误降时，旅客应向站车工作人员提出。列车长应编制客运记录交前方停车站；车站对本站发现或列车移交的误乘、误降旅客，应指定最近列车免费送回至车票到站或原票乘车站，对出站后提出的不予受理。如误乘旅客提出乘坐本趟列车直接去原票到站时，所乘列车票价高于原票价时，核收票价差额；所乘列车票价低于原票价时，票价差额部分不予退还。

旅客拒绝铁路运输企业安排时，根据实际乘车区间补收相应票款，未使用部分票款不予退还。

3. 在免费送回区间，旅客不得中途下车。如中途下车，对往返乘车的免费区间，按返程所乘列车等级分别核收往返区间的票款。免费送回区间，旅客应按照铁路运输企业指定的席别乘坐，旅客如提出乘坐高票价席别时，按所乘列车最近提出站至下车站，应重新支付高票价席别票款。

4. 站车遇旅客声明误乘时，如旅客上车站的所购车票车次和所乘车次的实际开车时间在 30 min 内的可按误乘处理。两个车次上车站实际开车时间超过 30 min 的，按原票乘车无效，重新补票处理。误乘旅客车票未检票时，列车应对其车票补检。旅客误降下车后，应在出站前向车站主动声明，车站应按误降办理。旅客出站后不予办理。

5. 站车对于误乘、误降的旅客,应优先安排将旅客免费送回至原票到站;车站无去原票到站的直达列车时,可采取短径路换乘方式;车站当日已无送回列车时,可安排同城车站其他列车或本站次日较早列车送回。

6. 误乘误降旅客携带无票儿童乘车时,按随行成人车票乘车区间补收儿童优惠票。

(二)丢失购票时所使用的有效身份证件的处理

1. 旅客在乘车前丢失证件的,须到该有效身份证件的发证机构办理临时身份证明,凭临时身份证明进出站乘车。

2. 旅客在列车上、出站前丢失证件的,须先办理补票手续凭后补车票检票出站,在列车上办理时,列车核验席位使用正常的,开具客运记录;在车站办理时,车站核验车票无出站检票记录的,开具客运记录。旅客应在乘车日期之日起 30 日以内,凭该有效身份证件发证机构办理的临时身份证明和后补车票(如开具纸质客运记录,还应携带纸质客运记录),到列车的经停站退票窗口办理后补车票与原票乘车区间一致部分的退票手续。办理退票手续时,如核查丢失证件所购原票有出站记录的,后补车票不予退票;无出站记录的,办理退票时,不收退票费。

第四节　旅客携带品

一、携带品的概念

携带品是指旅客未向铁路办理托运手续,自己随身带入客车车内的零星物品。携带品应不妨碍旅客乘车、不堵塞通行、不影响卫生、不危及安全、不违反法令。

二、旅客免费携带品有关规定

儿童 10 kg,外交人员 35 kg,其他旅客 20 kg。每件物品外部尺寸长、宽、高之和不超过 160 cm,杆状物品不超过 200 cm;但乘坐动车组列车均不超过 130 cm;每件重量不超过 20 kg。平衡车、滑行器等轮式代步工具须使用硬质包装物妥善包装。

依靠辅助器具才能行动的老、幼、病、残、孕等特殊重点旅客旅行时代步的折叠式轮椅,以及随行婴儿使用的折叠婴儿车,可免费携带并不计入上述范围。

三、禁止托运和随身携带的物品

禁止托运和随身携带的物品如下:

1. 枪支、子弹类(含主要零部件);
2. 爆炸物品类;
3. 管制器具;
4. 易燃易爆物品;
5. 毒害品;
6. 腐蚀性物品;
7. 放射性物品;
8. 感染性物品;

9. 其他危害列车运行安全的物品；

10. 法律、行政法规、规章规定的其他禁止携带、运输的物品。

四、禁止随身携带但可以托运的物品

禁止随身携带但可以托运的物品包括：锐器；钝器；工具农具；其他如反曲弓、复合弓等非机械弓箭类器材，消防灭火枪，飞镖、弹弓，不超过 50 mL 的防身喷剂等。持有检疫证明、装于专门容器内的小型活动物，铁路运输企业应当向旅客说明运输过程中通风、温度条件。

五、限制随身携带的物品

限制随身携带的物品如下：

1. 包装密封完好、标志清晰且酒精体积百分含量大于或者等于 24%、小于或者等于 70%的酒类饮品累计不超过 3 000 mL。

2. 香水、花露水、喷雾、凝胶等含易燃成分的非自喷压力容器日用品，单体容器容积不超过 100 mL，每种限带 1 件。

3. 指甲油、去光剂累计不超过 50 mL。

4. 冷烫精、染发剂、摩丝、发胶、杀虫剂、空气清新剂等自喷压力容器，单体容器容积不超过 150 mL，每种限带 1 件，累计不超过 600 mL。

5. 安全火柴不超过 2 小盒，普通打火机不超过 2 个。

6. 标志清晰的充电宝、锂电池，单块额定能量不超过 100 W·h，含有锂电池的电动轮椅除外。

7. 法律、行政法规、规章规定的其他限制携带、运输的物品。

（1）个人乘坐车、船、飞机等交通工具，跨地（市）携带卷烟的最高限量为每人次 1 万支（50 条）。个人在最高限量以内携带卷烟，不需办理携带证明。

（2）卷烟工商企业的公务人员跨地（市）携带业务用烟，超过个人携带卷烟最高限量的，必须向烟草专卖局申请办理携带证。卷烟工商企业的公务人员跨地（市）携带业务用烟的数量每人次不得超过 5 万支（250 条）。

六、禁限物品处置

1. 安全检查中发现旅客携带禁止随身携带的物品或者超过规格、数量携带限制随身携带的物品时，安检人员应当向旅客告知有关规定。

2. 安全检查（含旅客自弃）中发现的禁限物品，属于枪支子弹、炸药雷管、导火索、管制器具、军警械具等违禁物品和爆炸性、毒害性、放射性、腐蚀性物质或者非法携带违反治安管理的易燃易爆品以及传染病病原体等危险物品或物质，涉嫌违法犯罪的，送交公安机关处理，并采取必要的先期处置措施。鞭炮、发令纸、摔炮、拉炮等易爆物品应立即浸湿处理。

3. 安全检查中发现的其他禁限物品，可由旅客或托运人选择交送行人员带回或自愿放弃,符合包裹或高铁快运办理条件的可办理托运。旅客提出需暂存且符合暂存条件的,车站应提供暂存服务,免费暂存期限不少于 3 天,各铁路局集团公司可结合实际制定收费暂存时限和收费标准,并对外公告。

4. 不得在车站暂存的物品包括:易燃易爆物品、有强烈刺激性气味的物品,有恶臭等异味的物品,饮食品、一次性打火机、自喷压力容器以及活动物等。

5. 车站不开办禁限物品寄递业务,确有需要的,可引入社会快递企业寄递,铁路局集团公司要指导车站进行规范,其办理点应设置在安检区域之外。同时加强服务和价格方面的监督管理。

6. 在列车上查获的禁限物品由列车工作人员妥善保管,并根据物品性质按站车交接程序向前方停车站或车站派出所移交。

7. 车站可通过设置禁限物品自弃箱(须有防取回功能)等方式引导旅客提前自行处置。每班交班前应对自弃箱内物品进行清理检查,分类处置。

8. 车站要根据在车站存放安检查获物品和旅客暂存物品的不同性质和实际情况,合理设置存放场所。存放场所须远离候车室等人群密集区域,与火、热、电源隔绝,要设置灭火器等消防设备,保持通风、干燥。安检查获物品和旅客暂存物品可一并存放但须隔离存放、分类管理。存放场所禁止存放私人物品。

9. 车站要健全完善存放场所安全管理制度,确保存放安全。要明确专人负责,对物品出入库、流向进行详细记录。

10. 车站要最大限度减少安检查获物品存放时间,及时联系有资质和能力的专业单位依规处理。不宜存放的易燃易爆物品及限制携带品车站应及时进行安全处理,并做好登记。处置费用纳入车站经费预算。对普通刀具类、钝器类等车站可选择具有相应资质的回收企业进行销毁处理,对超过存放期限的暂存物品,按旅客放弃处置。

11. 车站要建立健全查获物品收缴、保管、处理台账,对所有查获物品要做到逐件登记,流程清晰,管理闭环,按规定纳入铁路客运安全检查系统。查获物品登记应注重个人信息保护。

12. 任何单位和个人严禁擅自调换、变卖、私拿私藏或私自处置查获的禁限物品,一经发现依法依规严肃查处,涉嫌犯罪的,依法移交司法机关处理。

七、处理违章携带品的原则

发现旅客违章携带物品(包括几个人同时携带一件超重或超大物品)时,在车站,应拒绝进站或动员旅客办理托运;对已带入车内的,应补收运费,妥善安排,必要时可放入行李车内。对已带入车内的猫、狗、猴等宠物,应安排在列车通过台由旅客自己照看,宠物发生意外或伤害其他旅客时,由携带者负责。

具体处理过程中,应本着实事求是的态度,区别不同的违章情况,妥善处理。对携带品超重不足 5 kg 时,应免收运费。

八、违章携带品的处理方法

1. 在乘车站禁止进站上车。

2. 在车内或下车站，对超过免费重量的物品，其超重部分应自上车站至下车站补收行李运费。对不可分拆的整件超重、超大物品、活动物，按该件全部重量补收上车站至下车站行李运费。列车不具备补收条件时可交前方停车站处理。

3. 发现危险品或禁限的物品，妨碍公共卫生的物品，损坏或污染车辆的物品。列车交前方停车站处理，车站按该件物品全部重量加倍补收上车站至下车站行李运费。涉嫌违法犯罪的送交公安部门处理。对有必要就地销毁的危险品或禁限物品应按有关规定处理。

4. 如旅客携带超重、超大的物品价值低于行李运费时，可按物品价值的50%核收行李运费。

5. 补收行李运费时，不得超过本次列车的始发站和终到站。不能判明上车站时，自始发站起计算。

九、携带品损失的赔偿

在铁路运送期间发生旅客携带品毁损、灭失时，铁路运输企业有过错造成的，应当承担赔偿责任。旅客证明其确已携带进站乘车，且能够确定携带品价格的，按下列规定赔偿：

(1)旅客出具发票(或者其他有效证明)证明购买价格时，以扣除物品合理折旧、损耗后的净值予以赔偿。

(2)以处理单位所在地价格评估机构确定的物品价格予以赔偿。旅客在车站发现携带品损失时，应当在离开车站前向发生站声明；在列车上发现时，应当在下车前声明，由列车长开具客运记录交到站处理。

旅客请求赔偿时，提交承运人有过错以及证明携带品内容、价格、进站乘车等有关证明。丢失的旅客携带品、行李、包裹找到后，承运人应迅速通知旅客、托运人或收货人领取，撤销一切赔偿手续，收回全部赔款。如旅客、托运人或收货人不同意领取时，按无法交付物品处理。如发现有欺诈行为不肯退回赔款时，可通过行政或法律手段追索。

十、旅客遗失物品的处理

发现旅客遗失物品应积极寻找失主。如旅客已经下车，应编制客运记录，注明品名、件数等移交下车站。不能判明时，移交列车前方站或终到站。

车站应设失物招领处，对本站发现或列车移交的旅客遗失物品，要及时登记、妥善保管，并在12306网站或车站进行公告。失主来领取时，应查验有效身份证件，核对时间、地点、车次、品名、件数、重量，确认无误后，由失主签收。

铁路运输企业可依据相关法律、行政法规和有关规定对保管的遗失物品核收保管费。

遗失物品需要通过铁路向失主所在站转送时，内附清单，物品加封，填写客运记录交车站。

遗失物品中的危险品、国家禁止或限制运输的物品、机要文件应立即移交公安机关或有关部门处理，不办理转送。

第五节　旅客运输法律法规及规章制度

一、法律法规

(一)《中华人民共和国民法典》

2020 年 5 月 28 日,第十三届全国人民代表大会第三次会议表决通过《中华人民共和国民法典》,自 2021 年 1 月 1 日起施行,被称为"社会生活的百科全书",是新中国第一部以法典命名的法律,《中华人民共和国民法典》共 7 编、1 260 条,各编依次为总则、物权、合同、人格权、婚姻家庭、继承、侵权责任,以及附则。其中第十九章为运输合同的相关规定。

(二)《中华人民共和国铁路法》

1990 年 9 月 7 日第七届全国人民代表大会常务委员会第十五次会议通过《中华人民共和国铁路法》,自 1991 年 5 月 1 日 1 起施行。2009 年 8 月 27 日第十一届全国人民代表大会常务委员会第十次会议第一次修正,2015 年 4 月 24 日第十二届全国人民代表大会常务委员会第十四次会议进行第二次修正。《中华人民共和国铁路法》是为保障铁路运输和铁路建设的顺利进行,适应社会主义现代化建设和人民生活的需要,制定的法律。

(三)《铁路安全管理条例》

2013 年 7 月 24 日,国务院第 18 次常务会议通过《铁路安全管理条例》。自 2014 年 1 月 1 日起施行,《铁路安全管理条例》是为加强铁路安全管理,保障铁路运输安全和畅通,保护人身安全和财产安全而制定的法规。

(四)其他法律法规

《中华人民共和国刑法》《中华人民共和国反恐怖主义法》《中华人民共和国治安管理处罚法》《中华人民共和国消防法》等部分法律法规均对铁路旅客运输过程中的行为进行了约束和规范。

二、企业规章制度

1.《铁路技术管理规程》(以下简称《技规》)是我国铁路技术管理的基本规章。《技规》的编制对铁路的基本建设、运输生产和安全管理都起着重要的作用,主要包括技术设备、行车组织、信号显示等三个方面的内容。

我国《技规》的编制始于新中国成立后,第一版《技规》于 1950 年 1 月出版,以后随着中国铁路的不断发展,于 1954 年、1956 年、1960 年、1964 年、1972 年、1983 年、1992 年、1999 年、2006 年历经九次修订。铁路机构改革之后,2014 年,中国铁路总公司发布了作为企业基本技术规章的新版《铁路技术管理规程》,分为普速铁路部分和高速铁路部分。《技规》的每一次修订都是一次生产实践和科学研究的总结。《技规》的编制和修订是铁路技术管理的一项非常重要的工作,涉及铁路的方方面面。随着铁路运输科技水平和管理水平的不断发展,《技规》的内容也将进一步得到充实和完善。

2.《国铁集团客规》是为了维护铁路旅客运输正常秩序,规范旅客和铁路运输企业的行为,保护旅客和铁路运输企业的合法权益,完善公平公正的旅客运输市场环境,根据《中华人民共和国民法典》《中华人民共和国铁路法》《铁路安全管理条例》等法律、行政法规，制定的规程。

3.《铁路客运运价规则》(以下简称《价规》)是为维护承运人、旅客、托运人、收货人的合法权益，依据《中华人民共和国铁路法》制定的规则。

国铁集团颁布的各类规章制度，其中客运系统单项技术规章40项，分别对客票、设备设施、班组管理、客运服务等具体工作进行规范，具体体现在客运各岗位的工作标准和作业流程中。

【学习思考题】

1. 什么是铁路旅客运输合同？合同的有效期如何计算？

2. 铁路旅客运输合同的变更有几种情况？应如何处理？

3. 发生误售、误购、误降、误乘时，应如何处理？

4. 旅客免费携带品的规定是什么？禁、限制携带品的种类有哪些？发现后要如何处置？

第三章　动车组设备设施

|学习任务|

本章主要介绍 CR400BF 型、CR400BF-G 型、CR400BF-GS 型、CRH380BG 型、CRH5A 型、CRH5G 型、CR200J 型动力集中动车组的车门、服务设施、旅客信息系统等内容。

通过学习，了解常见的动车组类型，掌握动车组车体设备设施的操作使用方法，了解各类型动车组车体、车门、服务设备、旅客信息系统、安全设备的异同。

第一节　动车组介绍

动车组列车是由动车（有动力）和拖车（无动力）组成的自带动力、固定编组、两端均可以操纵驾驶、整列一体化设计的一组列车。

一、动车组分类

1. 动车组按动力的分布方式可分为动力分散型和动力集中型。动力分散型的动车组轴重轻，对轨道冲击小，车外噪声较小，牵引力大，黏着性能好，起动、加速、制动性能好，容易达到高速，相同编组长度下载员多，部分动力单元故障时仍可运行，但制造成本高，车厢内噪声较高（动力装置布置在车厢地板下），维护较为困难，碰撞时安全性较差（没有缓冲）。动力集中型的动车组则与之相反。

2. 动车组按车辆转向架布置和车辆之间的连接方式，可分为独立（转向架）式和铰接（转向架）式。

二、动车组型号、车辆编号

1. 动车组型号及技术配置。动车组型号分为标准型动车组和既有 CRH 系列动车组，其中既有 CRH 系列动车组型号分速度等级命名和技术序列代码命名两种命名方式，动车组型号及技术配置代码示意如图 3-1 所示。

2. 动车组车辆号。动车组车辆编号如图 3-2 所示。动车组中车辆的车种代码是车种名称的汉语拼音缩写，车种代码和名称见表 3-1。每车有 2 处编组顺位代码，以两位阿拉伯数字表示，1 车至 8 车的代码依次为 01、02、03、……、00，其中 00 代表 8 车。例如，ZE556304 为二等座车，车组号 5563，车辆号 04。

(a)动车组型号及技术配置代码车体喷涂位置

CR　×××　×　×　-　××

- ××：技术配备代码，缺省或以1~2位大写英文字母表示。
- ×：技术类型代码，以1位大写英文字母表示。
- ×：企业标识代码，以1位大写英文字母表示。
- ×××：速度等级，以3位阿拉伯数字表示。
- CR：中国铁路标志。

(b)标准动车组命名方式

CRH　×××　×　×　-　××

- ××：技术配备代码，缺省或以1~2位大写英文字母表示。
- ×：子型号，缺省或以1~2位大写英文字母表示。
- ×：技术平台代码，以1位大写英文字母表示。
- ×××：速度目标值，以3位阿拉伯数字表示。
- CRH：中国铁路高速动车组标志。

(c)CRH系列动车组速度等级命名方式

CRH　×　×　-　××

- ××：技术配备代码，缺省或以1~2位大写英文字母表示。
- ×：子型号，以1位大写英文字母表示。
- ×：技术序列代码，以1位大写英文字母表示。
- CRH：中国铁路高速动车组标志。

(d)CRH系列动车组技术序列代码命名方式

图 3-1　动车组型号及技术配置代码

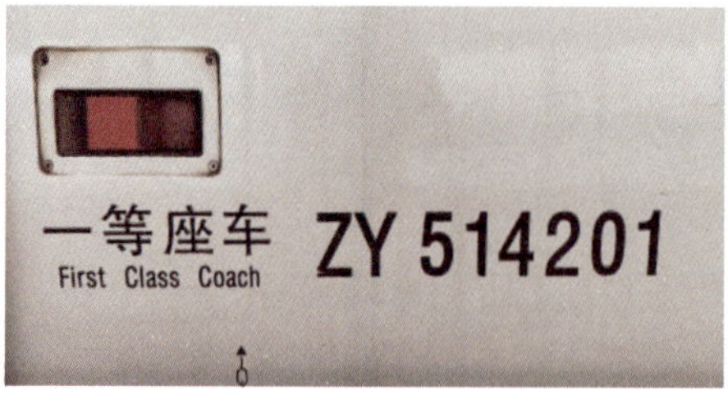

(a)车辆车种及车辆号(一等座车)

(b)车种及车辆号喷涂位置

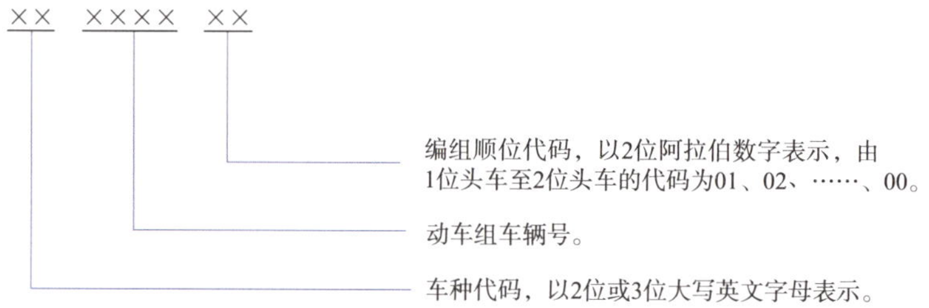

(c)动车组中车辆车种及车辆号

图 3-2　车辆车种及车辆号示意

表 3-1　常用动车组车种代码和名称

序　　号	车种代码	车种名称
1	ZY	一等座车
2	ZE	二等座车
3	SW	商务座车
4	ZYS	一等/商务座车
5	ZES	二等/商务座车
6	ZEC	二等座车/餐车
7	ZYT	一等/特等座车
8	ZET	二等/特等座车
9	CA	餐车
10	DGN	多功能车
11	KZ	控制车

第二节　CR400BF 型动车组

一、车型概况

目前现场在用 CR400BF 型动车组可根据车体内饰和设备设施情况分为 CR400BF-G 型动车组、CR400BF-GS 型动车组。

(一)编组情况

CR400BF 型动车组为 8 辆编组,可重联运行,用于 350 km/h 速度等级客运专线上运营,并能在 200 km/h 速度等级及以上的客运专线上以 200 km/h 速度级正常运行。

CR400BF 型动车组牵引系统由两个牵引单元组成,每个牵引单元由两个动车和两个拖车构成,两个牵引单元采用对称式设计。共设置两台牵引变压器,分别安装在 03、06 号车,为相邻两个动力车的两台牵引变流器分别提供单相交流电源。1～4 车、5～8 车各组成一个牵引单元,如图 3-3 所示。

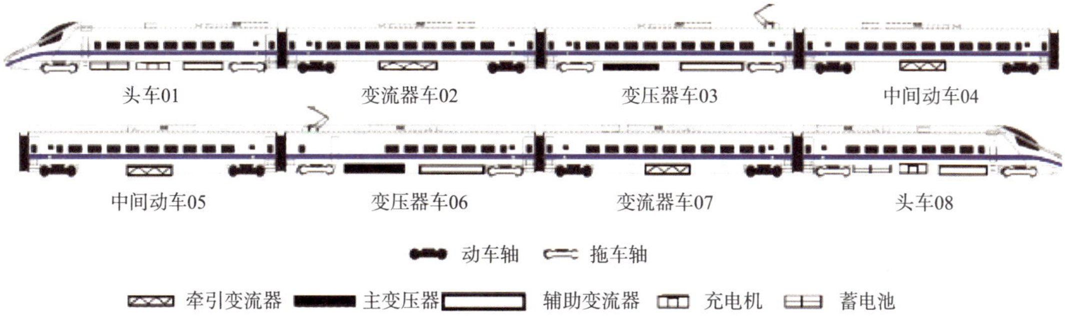

图 3-3　CR400 型动车组辅助供电配置

(二)车体基本参数及定员

CR400BF 型动车组总长 209.06 m、头车长度 28 380 mm、中间车长度 25 000 mm、车辆定距 17 800 mm、车体宽度 3 360 mm、车顶距轨面高度 4 050 mm、供电电压 AC 25 kV/50 Hz、运行站台高度距轨面高度 1 250 mm、轨道中心距站台边缘距离 1 750 mm。

CR400BF-G、CR400BF-GS 型动车组车厢定员及车体配置如图 3-4 所示。

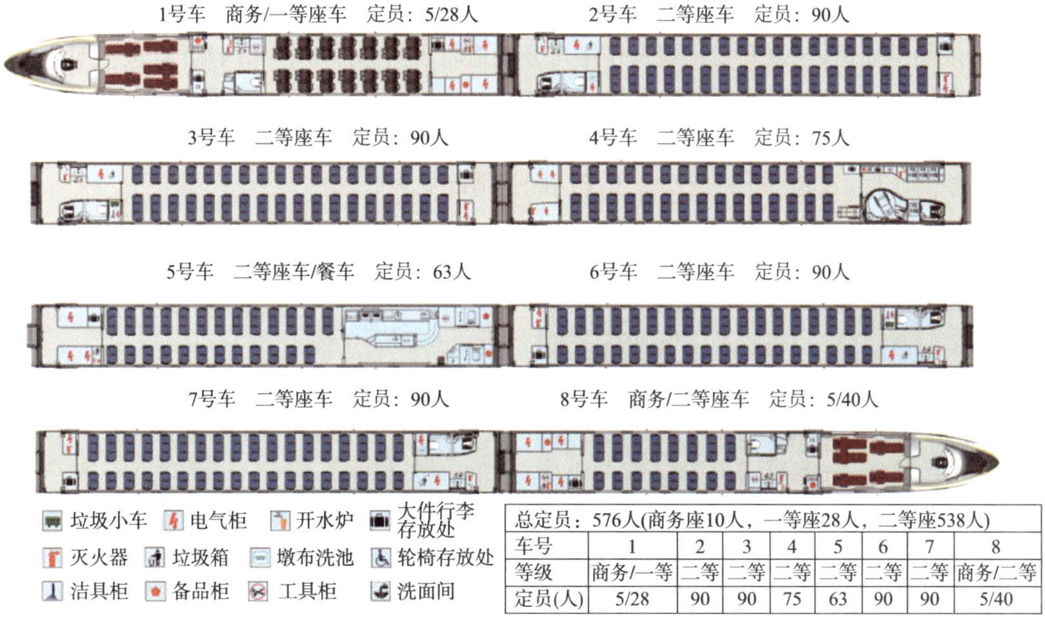

总定员：576人(商务座10人，一等座28人，二等座538人)								
车号	1	2	3	4	5	6	7	8
等级	商务/一等	二等	二等	二等	二等	二等	二等	商务/二等
定员(人)	5/28	90	90	75	63	90	90	5/40

(a)CR400BF-G型动车组编组和定员

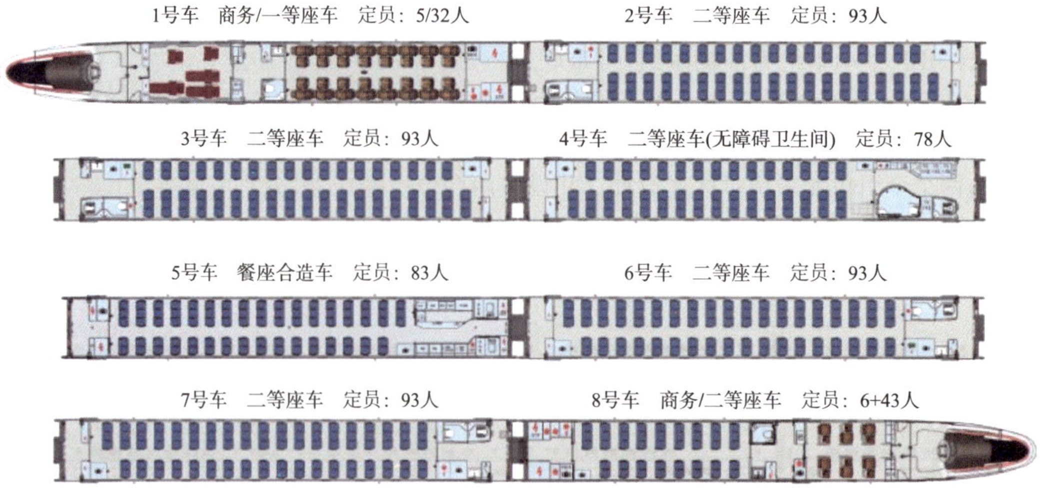

总定员：619人(商务座11人，一等座32人，二等座576人)								
车号	1	2	3	4	5	6	7	8
等级	商务/一等	二等	二等	二等	二等	二等	二等	商务/二等
定员(人)	5/32	93	93	78	83	93	93	6/43

(b)CR400BF-GS型动车组编组和定员

图 3-4 CR400BF 车型概况

二、车 门

CR400BF 型动车组车门可分为外部门和内部门两类(图 3-5),CR400BF 型车体外部门为塞拉门,是供旅客乘降的通道,全列共 26 扇塞拉门,1、8 车在车厢中部设置 2 扇塞拉门,5 车在车厢端部设置 2 扇塞拉门,其余车厢均在车厢端部设置 4 扇塞拉门。内部门是车厢内各部分之间的通道,根据安装位置及作用可分通道阻火门(外端门)和内端门(包括对开式内端门、单开式内端门),其中,通道阻火门(外端门)为电控、电动双扇滑动拉门,当火灾发生时,通道阻火门与端墙一起形成防火隔断,阻挡火灾蔓延,确保起火后 15 min 内不会通过其蔓延到相邻车厢。CR400BF 型动车组车门配置情况见表 3-2。

(a)对开式内端门

(b)单开式内端门

(c)通道阻火门（外端门）

(d)塞拉门

图 3-5　动车组列车车门

表 3-2　CR400BF 型动车组车门配置情况

序　　号	设备名称	单　　位	各车数量								每列总数
			TC01	M02	TP03	MH04	MB05	TP06	M07	TC08	
1	塞拉门	套	2	4	4	4	2	4	4	2	26
2	内端门	套	3	2	2	2	2	2	2	3	18
3	外端门	套	1	2	2	2	2	2	2	1	14

CR400BF 型动车组塞拉门为电控、电动外塞拉式单扇滑动门，电控、气动压紧密封。塞拉门是旅客上下车时通过的车门，内外部结构如图 3-6 所示。

(a)内部结构

(b)外部结构

图 3-6　CR400BF 动车组塞拉门

塞拉门在动车组列车上采用集中和本地两种方式控制，司机通过设置在驾驶台上的集控开关控制整列车门的动作；同时在每个门口设置有本地的开关门按钮，进行本地开关门控制。

1. 塞拉门正常开门程序:动车组进站停车,司机操作站台侧门释放按钮,驾驶台释放按钮灯亮,各车门门口的内、外开门按钮灯亮,同时蜂鸣器间歇蜂鸣,塞拉门执行开启动作,塞拉门完全打开后蜂鸣停止。塞拉门本地控制开关门程序见表 3-3。

表 3-3 塞拉门本地控制开关门程序

序　　号	操作步骤及说明	
1	本地开门:在本地绿色开门按钮指示灯点亮的前提下,通过操作本地开门按钮,将车门打开	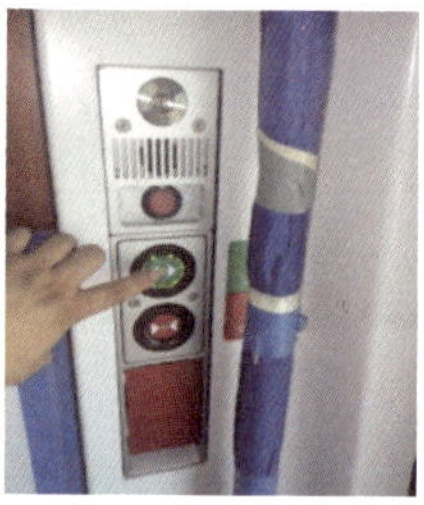
2	本地关门:在本地红色关门按钮指示灯点亮的前提下,通过操作本地关门按钮,将车门关闭	

2. 塞拉门非正常开门程序:为在紧急状态下能够打开车门,在每个车门的车内、外侧设置有能够紧急打开车门的装置。列车运行速度大于 5 km/h 时,即使操作开门开关,塞拉门门控器控制车门不会打开。当车速小于 10 km/h,且车门未被隔离时,可操作紧急解锁装置,见表 3-4。

紧急装置被操作后,门系统自身蜂鸣器发出鸣响,并传输状态信息给列车,司机室显示屏上显示被启动了紧急解锁装置的车门位置。

表 3-4 CR400BF 型动车组车门紧急开门操作

操作部位	操作步骤及说明	
车内紧急开门操作	(1)车辆站停时,用四角钥匙将"紧急解锁请求钥匙开关"右旋 90°(在没有四角钥匙的紧急情况下,通过按压下部红色按钮施加紧急请求。按压请求按钮前要将外部的透明保护罩击碎)	
	(2)扳动红色把手解锁,向外推动车门,车门离开锁闭位置后可松开把手,手动拉开车门	

续上表

操作部位	操作步骤及说明	
车外紧急开门操作	车辆站停时，扳动车门旁把手解锁，向外拉动车门，车门离开锁闭位置后可松开把手，手动拉开车门	

3. 障碍检测功能：

车门设有障碍返回功能，通过门系统自身控制系统保证在开、关门过程中遇到障碍物时，车门应能停止关闭并打开。因障碍物检测功能引起的开关门同时伴随有警示音的提示。

(1)关门过程：当检测到障碍物时，车门停止关闭重新打开，停留 1 s 后再次尝试关门，3 次后停留在开门位等，监控系统报车门故障。操作关门开关并关闭到位后，可解除故障状态。列车运速度大于 5 km/h 时，动车组整车电路实现门释放信号自动切除。若车门未关闭，塞拉门门控器控制车门自动关闭，此时防挤压功能不起作用。

(2)开门过程：开门遇障碍物无法打开时，停留在阻力位 3 s 后再次尝试开门，3 次后停留在阻力位等待处理，塞拉门报障碍检测故障。

如果车速大于 5 km/h，遇到障碍物，车门不再执行开门操作，会保持在障碍物处。

三、服务设备

(一)客室侧窗

客室侧窗为气密构造，全部是固定窗，如图 3-7 所示。由夹层中空玻璃和铝型材外框，通过胶粘接成一体，中空部分充惰性气体，并在侧窗外覆一层薄膜。车窗与内衬板间隐藏着窗帘。按照功能不同，车窗可分为普通车窗和逃生窗。逃生窗上设有红色圆形标记敲击点，该标记具有夜光功能，逃生窗旁设有紧急破窗锤，使用紧急破窗锤击碎玻璃后，整个玻璃便可与窗框脱离，以便紧急情况下的逃生。

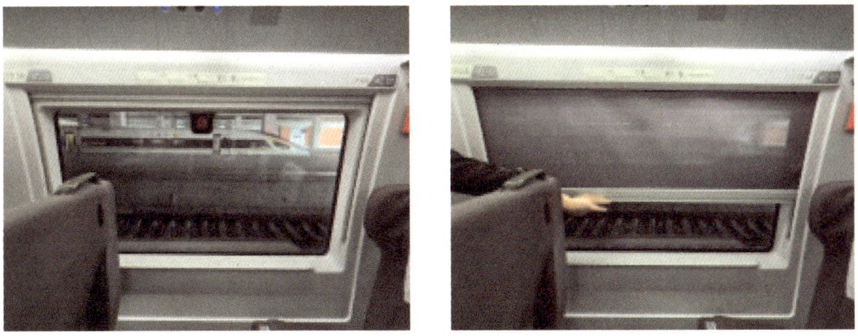

(a)车窗　　(b)窗帘

图 3-7　车窗及窗帘

(二)座　　椅

1. CR400BF 型动车组商务座、一等座、二等座座椅

CR400BF 型动车组商务座、一等座、二等座座椅如图 3-8 所示。

(a)二等座椅

(b)一等座椅

(c)商务座椅

图 3-8　CR400BF 型动车组座椅

标准型商务座座椅的功能及使用方法如图 3-9 所示。

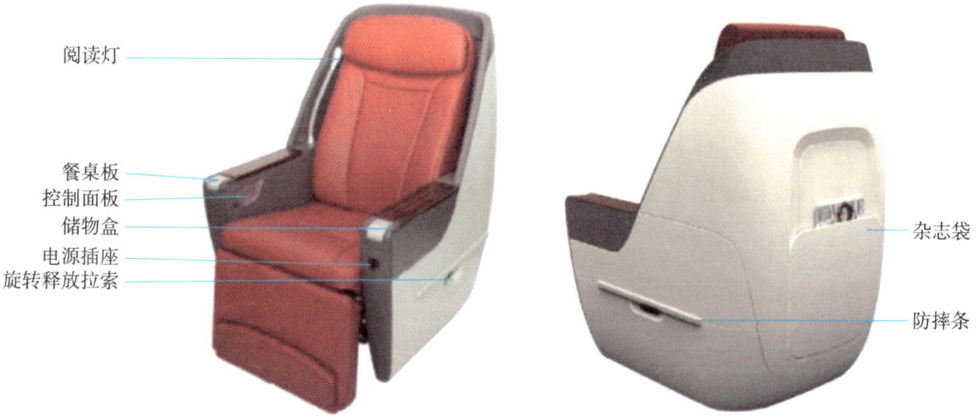

图 3-9　商务座座椅

标准型商务座椅呼叫按钮及商务区外侧服务台设置服务呼叫显示器和音量风量调节器，如图 3-10 所示。

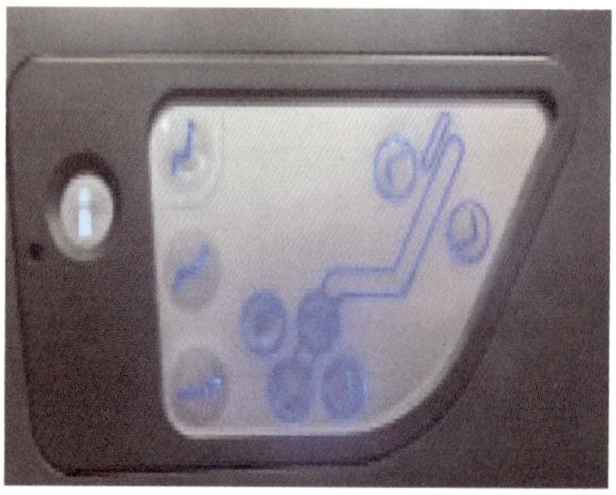

(a)呼叫按钮

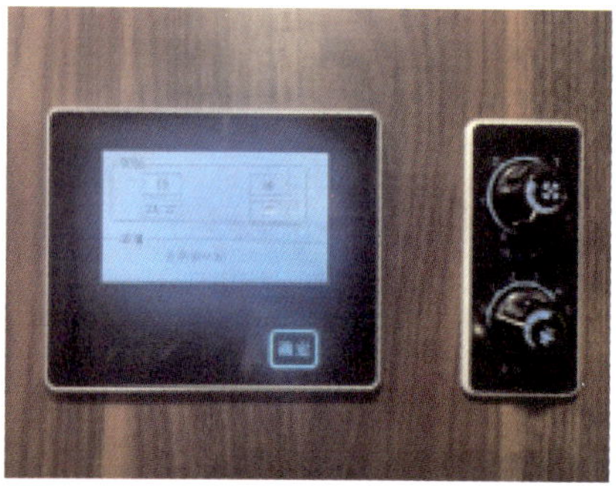

(b)呼叫显示器

图 3-10　标准型商务座呼叫按钮、呼叫显示器

服务呼叫显示器显示商务区乘客的座位号，并伴有提示音。当按下服务呼叫按钮后，由列车员进行消音，列车员不操作时 30 s 后自动消音。列车员可通过服务呼叫按钮或服务呼叫显示器触摸屏消除呼叫。列车员按下确认按钮后，可将全部呼叫的座椅呼叫请求复位。

音量风量调节器用于观光区温度调节和扬声器调节，由乘务人员进行操作。

2. CR400BF-GS 型动车组包间式商务座座椅

CR400BF-GS 型动车组 8 车商务座为包间式，除设置了坐垫、靠背、头枕、扶手等座椅基本部件，还集成了阅读灯、桌台、衣帽钩、无线充电模块、智能娱乐终端等配置，丰富了旅客旅途生活，提高了乘坐便捷性。包间式商务座椅样式如图 3-11 所示。

(a)正面视图

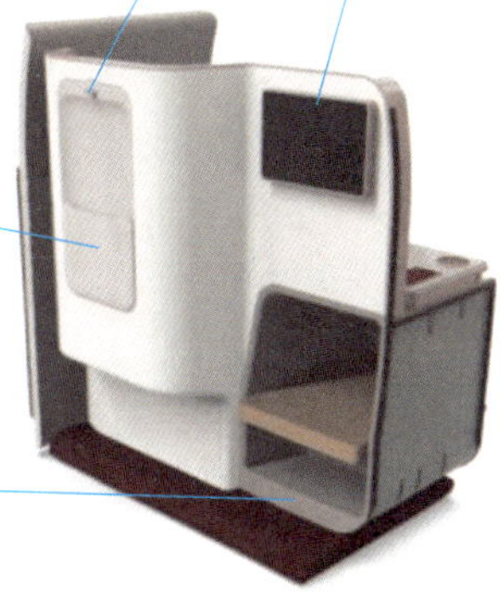

(b)背面视图

图 3-11 CR400BF-GS 型动车组商务座座椅

(1)功能介绍(图 3-12)

① 按下按钮会开启阅读灯，连续按压会触发不同档位，用以设置不同光源模式。

② 打开后可使用梳妆镜。

③ 储物区下部可放置眼镜、手机、钥匙等杂物，上部有电源插座可提供交流 220 V、USB 电源。

④ 无线充，将有无线充电功能的手机放置在此区域可为设备充电，呼吸灯闪烁代表充电进行中。充电时禁止在手机背面附加任何金属物品。

⑤ 水杯托区域可放置茶杯、矿泉水瓶、保温杯等。

⑥ 行李绑带可用来固定拉杆箱。

⑦ 包间拉门可打开，提供隐私空间。

⑧ 书报夹可放置 16 开以下杂志。

⑨ 升降扶手与小桌板打开及一键平躺联动，无单独调节按键。

⑩ 折叠桌板旋转后还可以翻折，远端可以搭接在升降扶手前沿。当小桌板打开时会自动屏蔽座椅一键运动功能。

⑪鞋柜处可放置拖鞋。

⑫衣帽钩处可以悬挂 15 kg 以下物品。

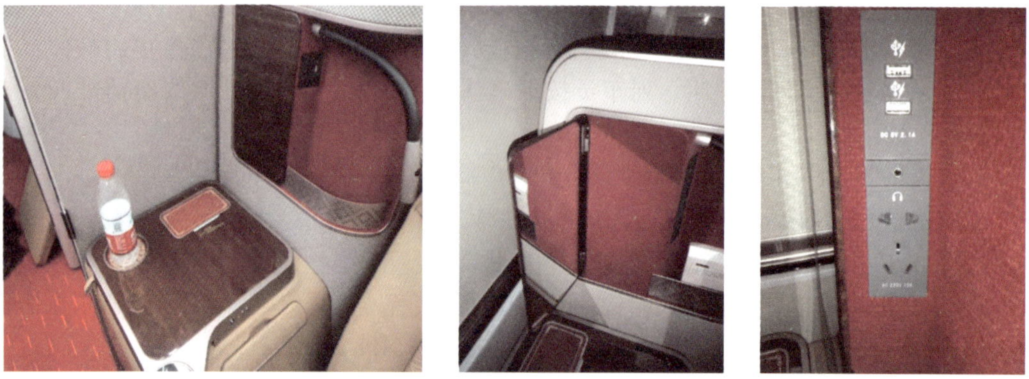

(a)阅读灯及置物台　　(b)照面镜　　(c)电源

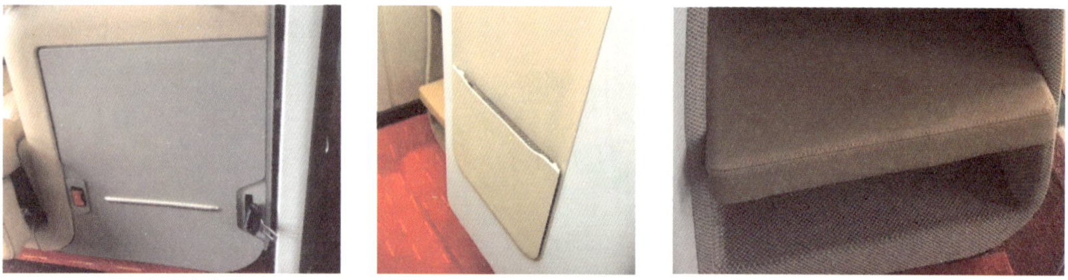

(d)行李绑带　　(e)书包夹　　(f)鞋柜

(g)折叠桌板及使用步骤

图 3-12　半包式商务座座椅功能

⑬智能娱乐终端,有手机投影、影音娱乐、镜子等功能。

(2) 操作说明

① 控制面板。半包式商务座座椅可通过控制面板进行操作,控制面板如图 3-13 所示,操作对应按键,座椅能够完成相应的动作。

②平移旋转操作。当列车到站需要换向行驶,为保证人体坐姿与车辆行驶方向一致,座椅需要换向,操作步骤如下:

a. 踩下隔断下部解锁踏板(图 3-14);

b. 将隔断向过道侧平移约 240 mm,座椅同步跟随平移;

c. 旋转座椅 180°;

d. 将隔断恢复原位。

至此完成一个包间的换向动作。

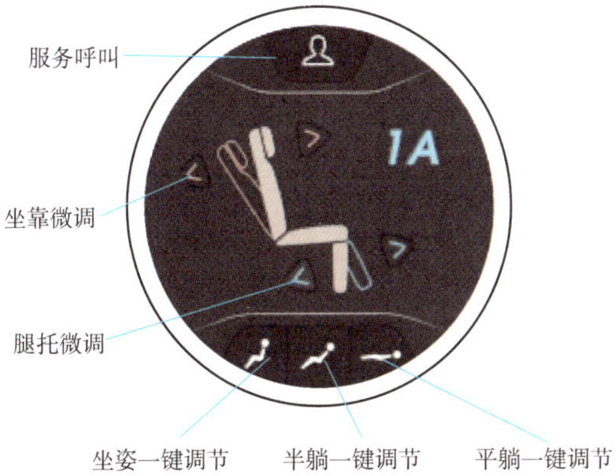

图 3-13　控制面板

图 3-14　座椅手动解锁装置

当隔断未完全抽拉到位或未完全收回时，禁止旋转座椅。

3. 一、二等座椅

座椅转向操作：踩住座椅下的转向脚蹬，同时转动外侧椅背扶手，如图 3-15 所示。

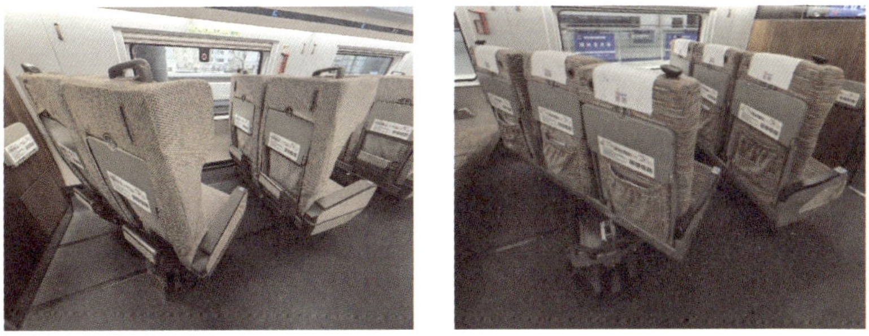

(a)一等座椅转向　　(b)二等座椅转向

图 3-15　座椅转向

座椅调节操作：一、二等旋转座椅调节利用弹簧定位原理，按压或扳起位于扶手侧面的调节按钮，调整至合适角度后松开按钮，即固定调节位置。座椅靠背可由个人手动控制从 8°～30°(二等车座椅从 0°～24.5°)任意角度轻松调节和锁定，如图 3-16 所示。

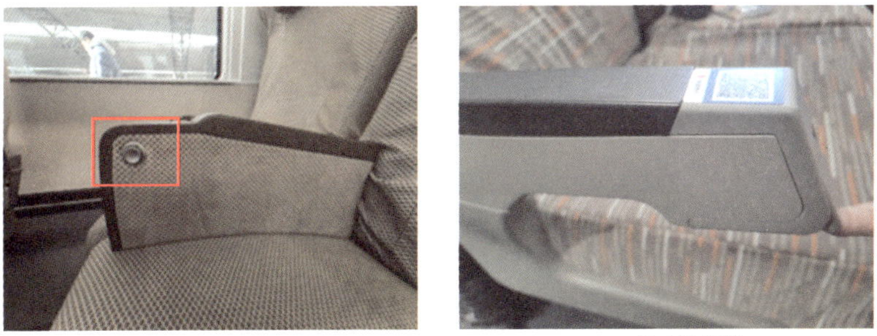

(a)一等座椅调节　　(b)二等座椅调节

图 3-16　座椅调节

此外,CR400BF-GS 型动车组一等座增加头枕调节功能,提升颈部和头部支撑。

(三)茶桌板及脚踏

1. 一等座茶桌板

在两侧扶手中隐蔽存放折叠茶桌板。翻转打开茶桌板后平放于两扶手之间,桌板表面带有杯托,如图 3-17 所示。

图 3-17　一等座茶桌板

CR400BF-GS 型动车组一等座茶桌板在侧扶手茶桌板的基础上增加了靠背后茶桌板,设置位置及操作方法与二等座相同,如图 3-18 所示。

图 3-18　CR400BF-GS 型动车组一等座靠背后茶桌板

2. 二等座茶桌板

二等座在靠背后部设置立式收纳桌板,如图 3-19 所示。

CR400BF-GS 型动车组二等座桌板水杯杯托深度由 6 mm 增加至 15 mm,提高了水杯放置的稳定性。

图 3-19　二等座茶桌板

3. 脚　　踏

一等座设置脚踏，脚踏可以翻转两次，分为布艺及皮制踏面，如图 3-20 所示。

图 3-20　脚踏

(四)电　源

CR400BF 型动车组一等座座椅中扶手装饰盖板处、二等座座椅坐垫接缝处前沿提供电源插座,CR400BF-GS 型动车组二等座座椅靠背设 USB 充电接口,如图 3-21 所示。列车电源仅供笔记本电脑、手机、平板电脑、电动剃须刀、单块额定能量不超过 100 W·h 的移动充电器充电,禁止插入多功能插线板。

图 3-21　座椅处电源

(五)行李存放处

1. 客室行李架

行李架设置在客室座椅上方,用于乘客放置较小的随身行李[图 3-22(a)]。采用半透明为承载面,既美观又让乘客可以透过承载板看到自己的行李。行李架端部设有头部保护带,防止乘客不慎撞伤。

(a)客室行李架　　(b)大件行李处

图 3-22　客室行李架和大件行李处

2. 大件行李处

大件行李处设置在车辆端部,用于乘客放置大件行李[图 3-22(b)]。大件行李柜设置中部隔板,具有两层存储空间。中部隔板具有一定的倾斜角度,可防止上层行李滑落;下部设门槛,可防止下层行李滑出。

(六)车内照明

内部照明按功能可分为主照明、应急照明。客室区域的主照明主要是行李架灯带,安装在行李架的后方。

CR400BF-GS 型动车组客室内的照明可通过 5 车乘务员室的旅客信息系统操作屏界面控制,选择对应车厢或全车厢,可以更改照明模式。照明模式有"照明选择""集控模式选择""商务区模式选择"等调节选项。点击"设定",完成更改;点击"全车厢",可同时调节全列所有车厢的照明状态,如图 3-23 所示。

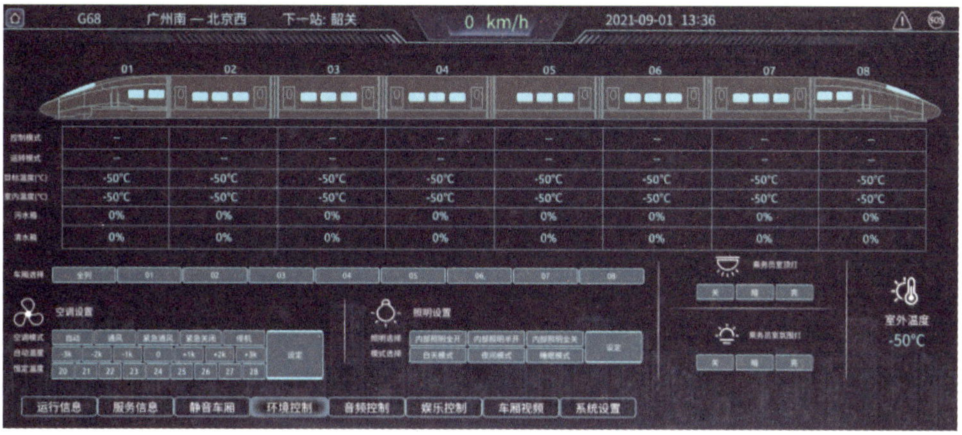

图 3-23　旅客信息系统操作界面

商务区可调节照明亮度,由 12 个可调亮度的筒灯及墙裙旋钮组成,乘客可通过调节旋钮对商务区筒灯亮度进行调节,如图 3-24 所示。

图 3-24　商务区灯光及亮度调节旋钮

CR400BF-GS 型动车组商务座灯光也可在商务座外综合控制面板上独立控制。卫生间新增智能照明功能,通过红外感应检测到有人进入,顶板筒灯自动点亮,当人离开时,顶板筒灯自动熄灭,镜前灯常亮,如图 3-25 所示。

图 3-25　CR400BF-GS 型动车组卫生间智能照明

(七)空　　调

空调设置界面是动车组空调的操作界面。能够通过此界面打开或关闭各个车辆的空调系统,选择空调系统的运转模式并允许改变温度。通过操作空调控制柜内的本控屏可以使该车空调转为本车控制。空调上电时默认为集控模式,当触摸屏上进行操作后自动转为本控模式,如图 3-26 所示。

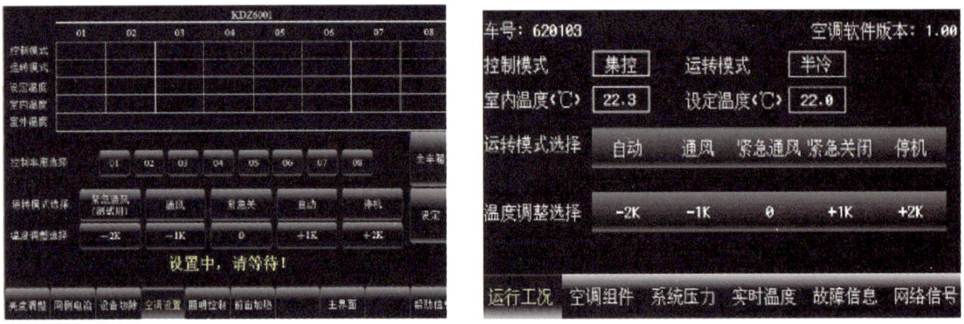

图 3-26　空调操作界面

CR400BF-GS 型动车组可通过 5 车乘务员室的旅客信息系统操作屏界面控制,点击“环境控制”按钮,进入环境控制界面,在“空调控制”界面内,点击选择需要调节的车厢号,选定后,在下方调节面板处,选择需要调节的空调模式和温度模式,点击“设定”按钮,即可实现空调控制;点击“全车厢”,可同时调节全列所有车厢的空调状态,如图 3-23 所示。

(八)餐　　车

1. 餐车前厅

CR400BF 型动车组餐车前厅如图 3-27 所示。

图 3-27　CR400BF 车型餐车前厅

2. 餐车后厨

餐车后厨设有微波炉、冷藏箱、冷冻箱、展示柜、保温箱、开水炉、消毒柜、电气柜等电器设备。动车组微波炉功率 2 780 W,4 个微波炉可以同时使用,后厨房、排水系统及微波炉,如图 3-28 所示。

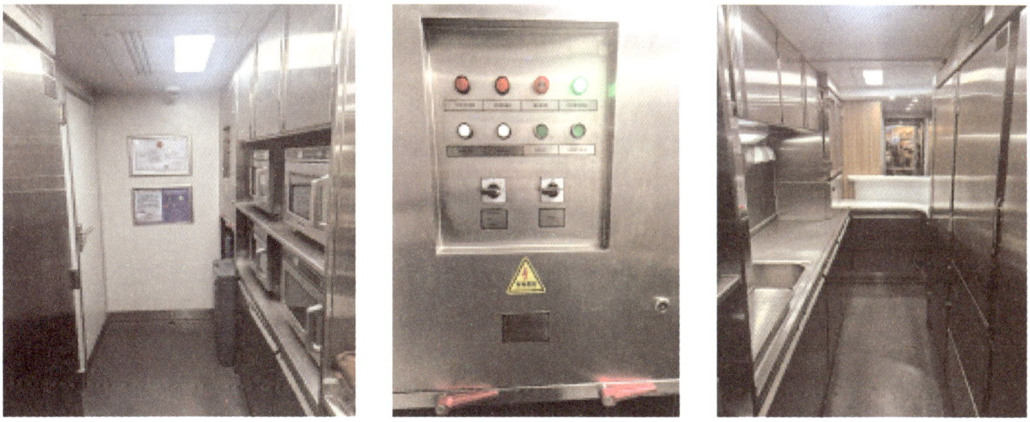

图 3-28　后厨设备

3. CR400BF-GS 型动车组餐车

CR400BF-GS 型动车组餐车如图 3-29 所示。

图 3-29　CR400BF-GS 型动车组餐车

(九)监　控

CR400BF 型车体带有固定式车厢视频监控系统，每节车的车门通过台设 1 台全景网络摄像机，客室内部设置 2 台半球网络摄像机，分别位于客室端部或距端部 1/3 处，车厢连接处及商务区棚顶设置小型监控设备，如图 3-30 所示。

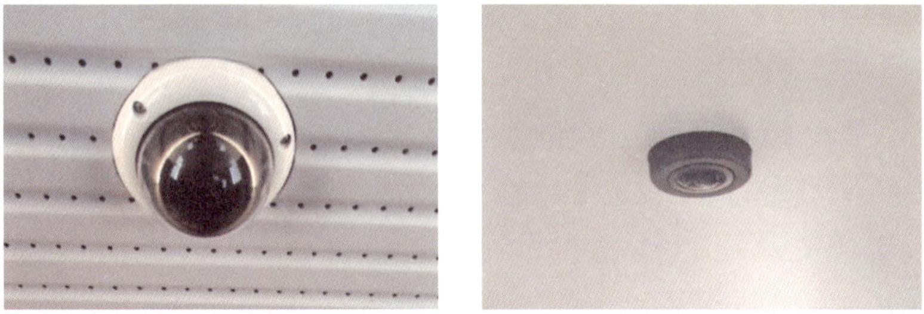

(a)网络摄像机　　(b)小型监控设备

图 3-30　视频监控设备

(十)电 茶 炉

电茶炉电源指示灯为绿色；加热指示灯为黄色；缺水指示灯为红色。电热开水器设置漏电、过载保护措施，同时具备缺水保护功能，如图 3-31 所示。

图 3-31　电茶炉

(十一)卫生间、洗面间及墩布洗池

CR400BF 型动车组设置 5 个蹲式卫生间模块、7 个座式卫生间模块、7 个洗面间模块、2 个墩布洗池。

CR400BF-GS 型动车组全列设置 5 个蹲式卫生间模块、6 个座式卫生间模块、1 个通用卫生间模块、6 个洗面间模块、1 个墩布洗池。卫生间设置语音播放器，增加禁止吸烟等提示语，循环播放 2 次(次数可配置)。

1. 卫生间的设置

卫生间采用模块化设计，地板、墙板、洗手系统、便器等集成为一个模块，减少了卫生间与车上接口，而且接口形式简单，便于安装与调整。以座式卫生间为例，卫生间由地板、墙板、顶板、门、洗手系统、坐便器及内部的设备件组成，如图 3-32 所示。

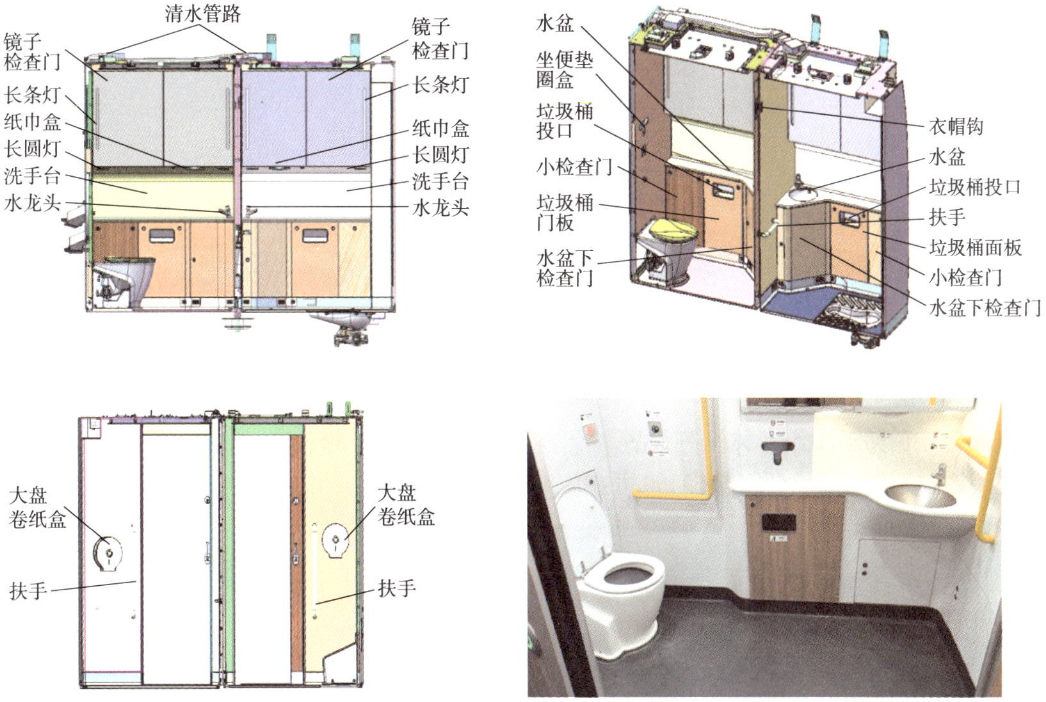

图 3-32　卫生间结构图

2. 洗脸间的设置

洗脸间主要材质为玻璃钢壳体，并集成镜子、洗手台面及水阀、垃圾箱、纸巾盒、皂液器等设备件，如图 3-33 所示。

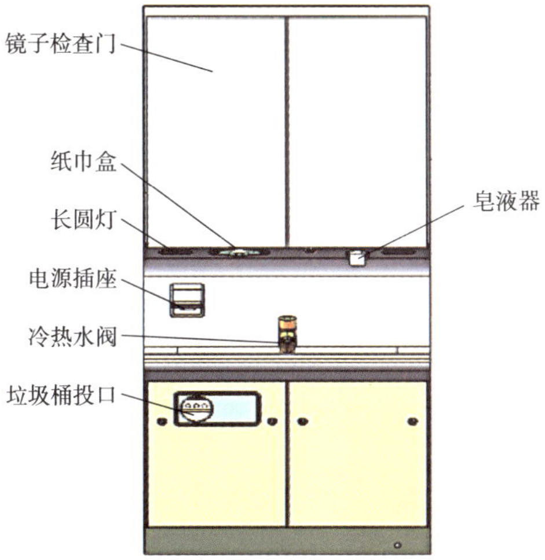

图 3-33　洗面间结构图

3. 墩布洗池的设置

墩布洗池主要材质为不锈钢，包含洗池、灰水箱、排水球阀等设备，如图 3-34 所示。

图 3-34　墩布洗池

(十二)水箱及液位仪

CR400BF 型动车组车体全列设置 6 个容量为 400 L 净水箱、2 个 300 L 净水箱，卫生间面镜后液位仪显示水量(图 3-35)，也可在旅客信息系统查看。

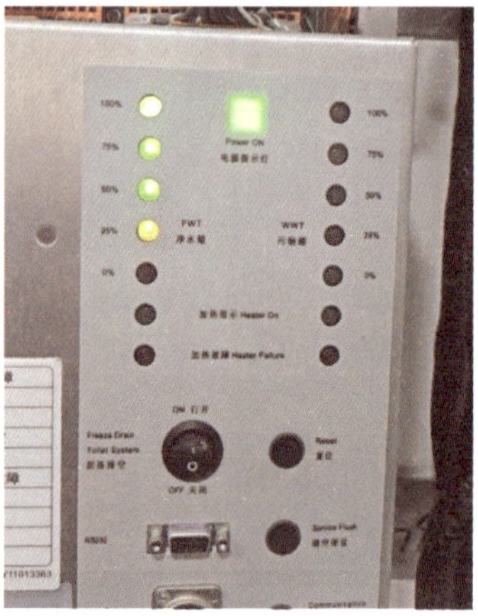

图 3-35　液位仪

CR400BF-GS 型动车组车体餐车设置车上 200 L 净水箱；2、3、6、7 车设置车下 400 L 净水箱，车上设置 20 L 中间小水箱，液位显示与 CR400BF 型动车组车体相同。

(十三)特殊旅客服务

4 号车(8 辆编组)、8 号车(17 辆编组)为无障碍车，2 位端设置宽门、无障碍卫生间、轮椅放置区，满足残障人士等特殊乘客需求，如图 3-36 所示。

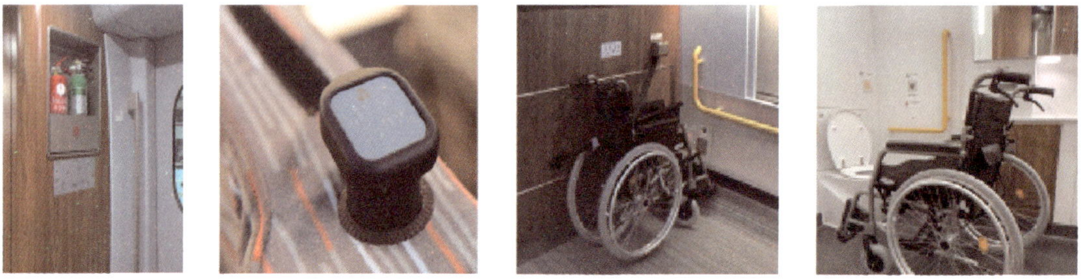

图 3-36　特殊旅客服务

CR400BF-GS 型动车组车体在无障碍卫生间区域、通过台区域、轮椅区域、座椅区域均增加盲文标识，盲文文字符合《国家通用盲文方案》(GF 0019—2018)要求。

四、旅客信息系统

(一)旅客信息系统功能

CR400BF 型动车组的旅客信息系统由以下 4 部分组成。

1. 信息显示系统

由每节车厢两端圆头位置的显示屏(车内信息显示器)及靠近车门外侧的显示屏(车外信息显示器)组成。车内信息显示器主要显示车次号、车厢号、车内外温度、当前速度等信息；车外信息显示主要显示车次号、车厢号、座位号指示信息和起点站终点站，如图 3-37、图 3-38 所示。

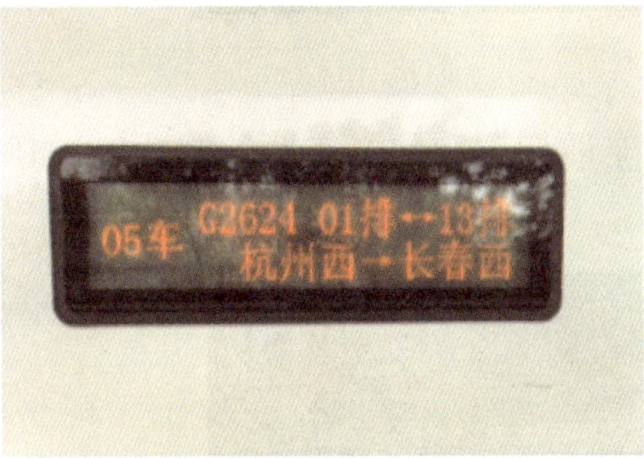

图 3-37　车外信息显示器

图 3-38　车内信息显示器

CR400BF-GS 型动车组可通过 5 车乘务员室的旅客信息系统操作屏界面进行视频预览、报警联动、视频回放。

2. 广播与内部通信系统

列车语音广播信息包括人工广播、自动广播、手动广播、备用广播和背景音乐，在 5 车乘务员室的旅客信息系统中进行操作，如图 3-39 所示。

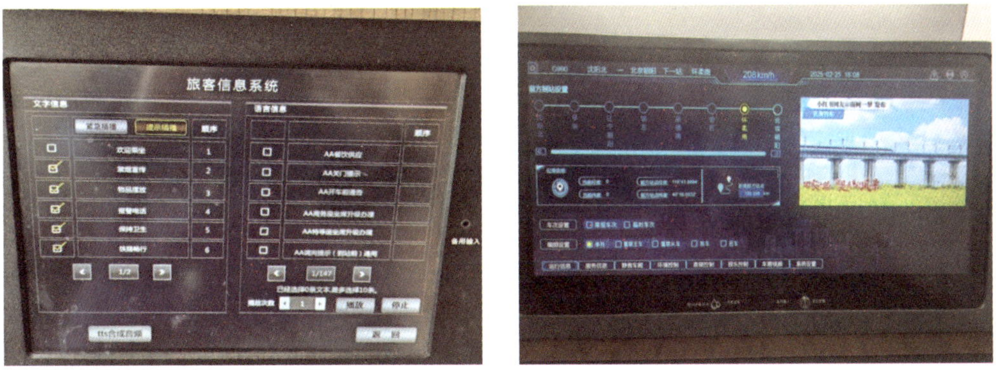

(a)CR400BF型动车组　　(b)CR400BF-GS型动车组

图 3-39　旅客信息系统操作界面

CR400BF-GS 型动车组具有文字转语音播报功能,可将文字自动转成语音进行播报,如图 3-40 所示。

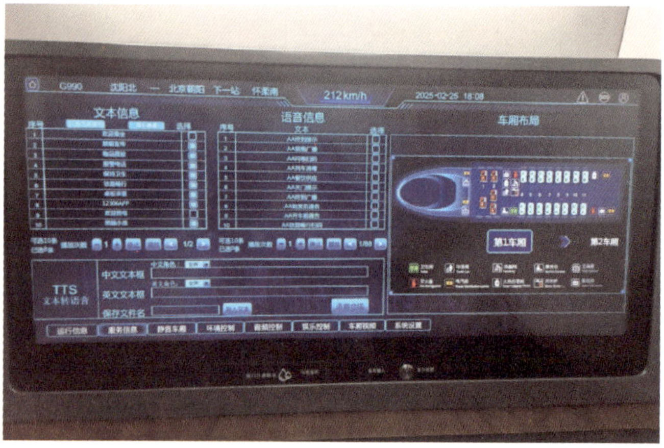

图 3-40　CR400BF-GS 型动车组文字转语音

CR400BF-GS 型动车组具有广播音量单节车厢调节和静音车厢控制功能,如图 3-41 所示。

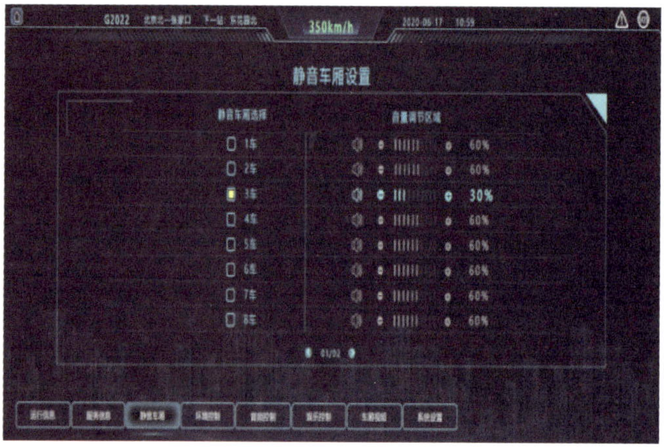

图 3-41　CR400BF-GS 型动车组广播音量调节

1 号车、8 号车司机室,5 号车乘务员室,以及 2、3、4、6、7 号车车厢 1 位端通过台均安装车内联络电话(图 3-42),司机室和乘务员室各设置 1 台Ⅰ型车内联络电话,其他车每节车厢设置 1 台Ⅱ型车内联络电话。两种电话功能完全一样,仅外形有所区别,可实现司机室之间、司机室和监控室、列车长和列车员、列车员和列车员之间通信,通信优先等级见表 3-5。

(1)话筒设置红色 PTT 按键,广播按住该按键可进行通话。

(2)功能键设置有:全列广播键、单车广播键、呼叫司机键、对讲键、0～9 数字键、回车键、清除键。其中广播键、单车广播键、呼叫司机键和对讲键采用带灯薄膜按键。司机广播优先级高于对讲。设置“RUN”“TOC”“AOC”指示灯,分别代表运行(绿色)、对讲占用(红色)、广播占用(红色)。电话按键面板如图 3-43 所示。

(a)司机室内通信设备

(b)车端内通信设备

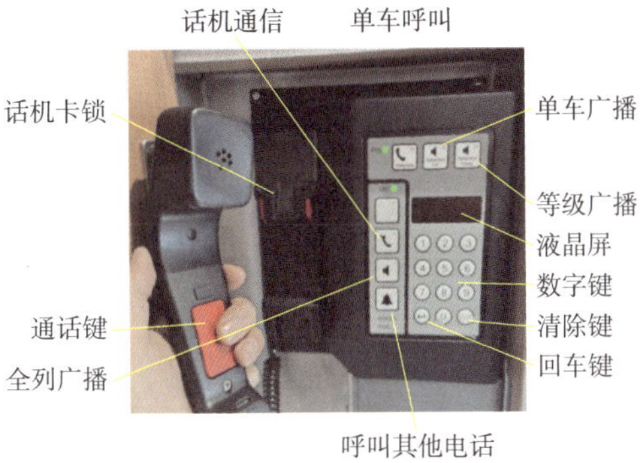

(c)乘务员室内通信设备

(d)车载电话

图 3-42　内部通信设备

表 3-5　内部通信优先等级说明

优 先 级	通信方式	备　　注
1	司机-司机	任何时刻只能两部电话之间进行通信；优先级高的通信可以将正在进行通信的优先级低的电话强行挂机。 例如，司机与列车长正在通话时，此时另一端的司机室电话呼叫该司机，能把正在通话的两部电话强制挂机，被呼叫的司机室电话振铃响起，被呼叫的司机按接听键建立与另一司机之间的通信
2	司机-列车长	
3	司机-列车员	
4	列车长-列车员	
5	列车员-列车员	

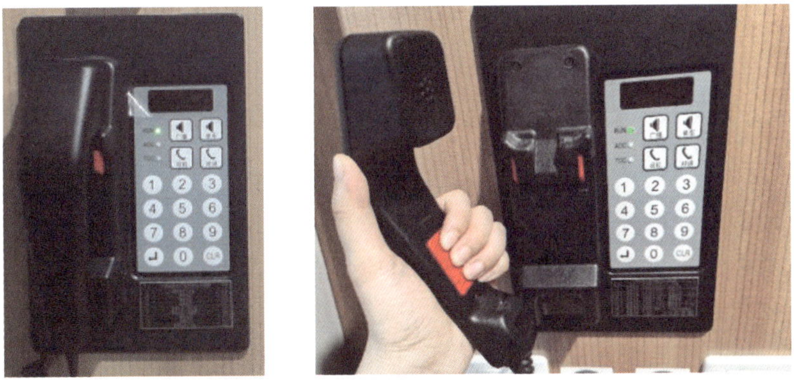

图 3-43　电话按键面板

3. 音视频设备

客室电视包括间壁电视和吊顶电视,安装方式分别为壁挂嵌入式和车顶吊装方式。保证车厢内各个方位的乘客都能收看到视频节目,如图 3-44、图 3-45 所示。

图 3-44　间壁电视

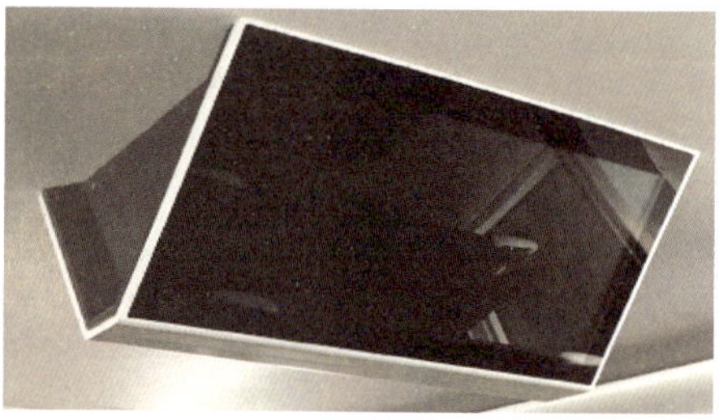

图 3-45　吊顶电视

CR400BF-GS 型动车组客室吊顶电视为 29 寸 LCD 宽屏方案,可实现文本和视频的分屏显示,如图 3-46 所示。

图 3-46　CR400BF-GS 型动车组吊顶电视

CR400BF-GS 型动车组商务客室旅客智能服务终端具有手机投屏(已关闭)、座椅功能介绍、信息查询等功能,如图 3-47 所示。

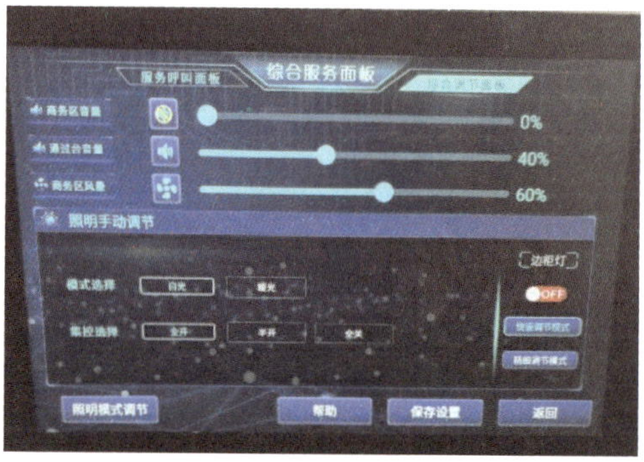

图 3-47　CR400BF-GS 型动车组商务座客室旅客智能服务终端

4. 座位信息显示系统

座位信息显示器设置于行李架下盖板,对应每组座椅设置一个。座位信息显示的功能是为乘客提供电子座号显示指示及售票状态提示,并指明窗户的位置。显示灯有三种颜色,分别为红、橙、绿。红色表示该席位当前区间已发售;橙色表示该席位前方站发售,即将有旅客上;绿色表示该席位当前站及下一站未售出。座位信息显示器如图 3-48 所示。

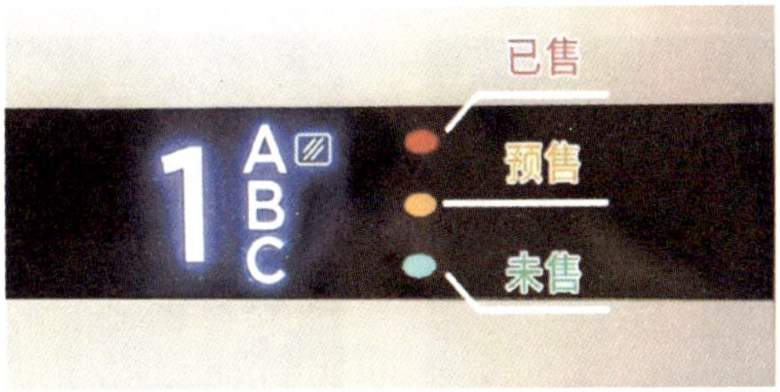

图 3-48　座位信息显示器

（二）旅客信息系统使用管理规定

1. 旅客信息系统起机由随车机械师操作。

2. 旅客信息系统车次选择、广播通告和娱乐服务项目播放由客运乘务员负责。自动播报功能故障或播报错误时，由客运乘务员负责进行人工播报或更正。

五、安全设备

（一）烟雾报警系统

烟雾报警系统由烟火主机及烟火探头等组成，在每辆车室、司机室、电气柜、厨房、卫生间及其他重点防火区域设置火灾探测器，如能够自动探测到烟雾浓度，当浓度达到阈值时则在显示屏上报火警信息，如图 3-49 所示。

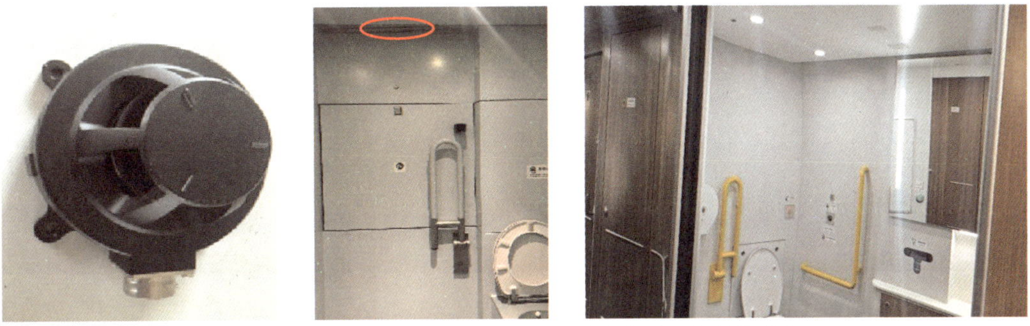

(a)烟感探测器　　(b)无障碍卫生间中的烟感器

图 3-49　烟感探测器

（二）超员报警和预警说明

1. 超员预警

超员预警功能仅在旅客信息操作屏进行信息显示，对应超员车厢正常显示旅客信息，不进行乘客信息超员显示和客室超员广播播报。

2. 超员报警

超员报警功能在旅客信息操作屏进行信息显示，对应超员车厢进行乘客信息超员显示和客室超员广播播报。

3. 旅客信息操作屏界面显示要求

（1）无报警信息显示状态，旅客操作屏界面右上角白色显示“超员信息图标”，点击该图标可显示超员信息列表，如图 3-50 所示。

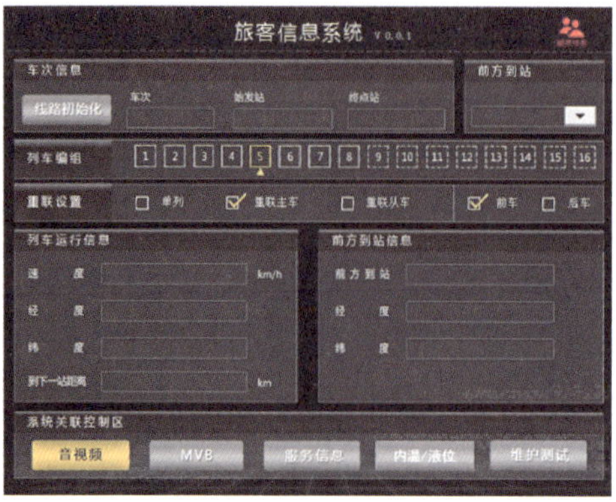

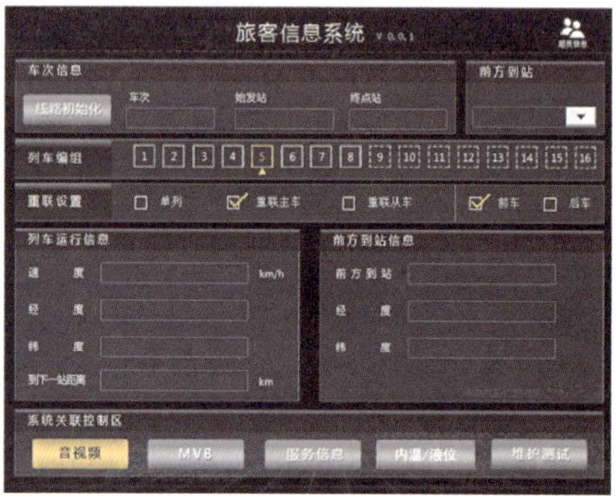

图 3-50　无超员报警显示界面

(2) 有超员信息时,旅客屏弹出超员信息列表框,如图 3-51 所示,旅客屏右上角超员图标红色/白色持续闪烁。

(3)点击员信息列表框“确认”按键,该超员列表隐藏,超员图标红色/白色持续闪烁,如图 3-52 所示。

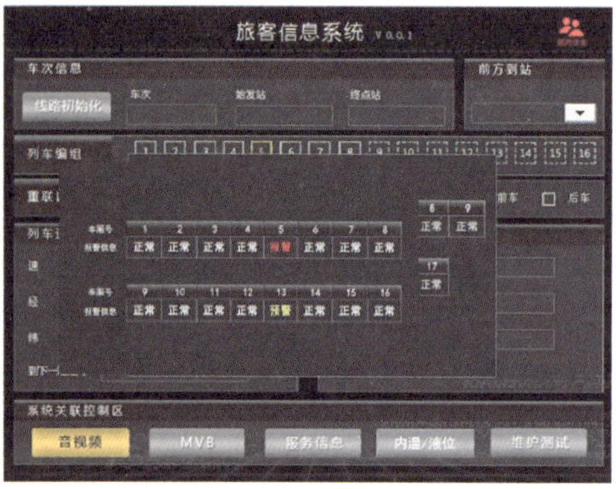

图 3-51　超员报警显示界面

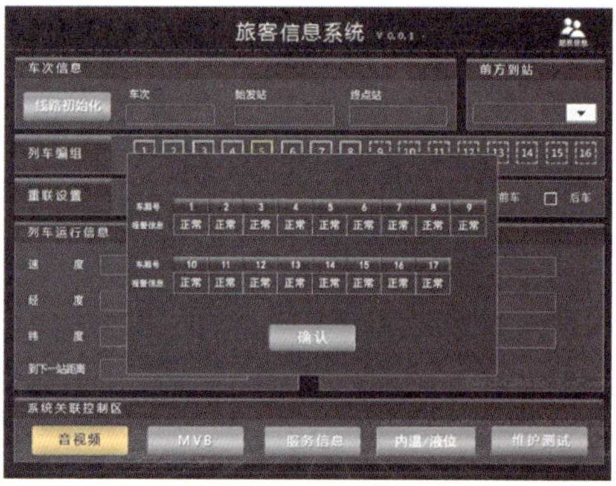

图 3-52　超员确认界面

(4)如有超员信息情况下,超员信息变动,将重复(2)、(3)进行显示。

(5)超员信息复位正常后,超员图标自动恢复成白色,如图 3-53 所示。

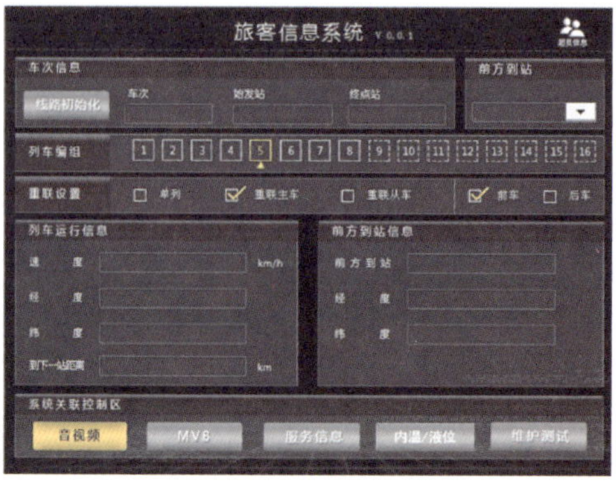

图 3-53　报警复位正常

(三)紧急呼叫系统

CR400BF 型动车组无障碍卫生间便器冲洗按钮旁设 1 个 SOS 紧急呼叫按钮，如图 3-54 所示。按下紧急呼叫按钮，车内、司机室、监控室声光报警。乘务人员立即到场查看，按下呼叫按钮后报警解除，司机室、监控室声光报警显示停止。

(四)紧急制动阀装置

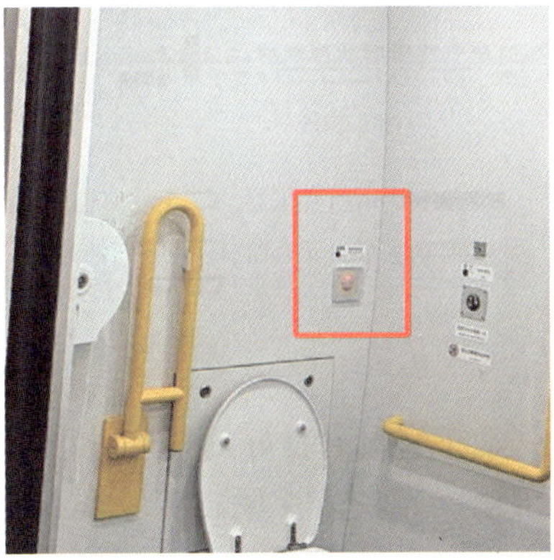

图 3-54　紧急呼叫按钮

发现以下危及行车和人身安全情形，应使用紧急制动阀装置：

(1)车辆燃轴或重要部件损坏；

(2)列车发生火灾，且无法第一时间联系司机时；

(3)有人从列车上坠落或线路内有人死伤；

(4)其他危及行车和人身安全必须紧急停车时。

动车组列车遇上述情况时，随车机械师、客运乘务组等列车乘务人员应立即报告司机采取停车措施；来不及报告时，应使用紧急制动装置，司机室有声光报警，可通过紧急对讲机与司机确认是否真实存在非常情况或是否需要减速停车，如果不危及行车安全，司机可取消报警，使用后用钥匙复位。如图 3-55 所示。

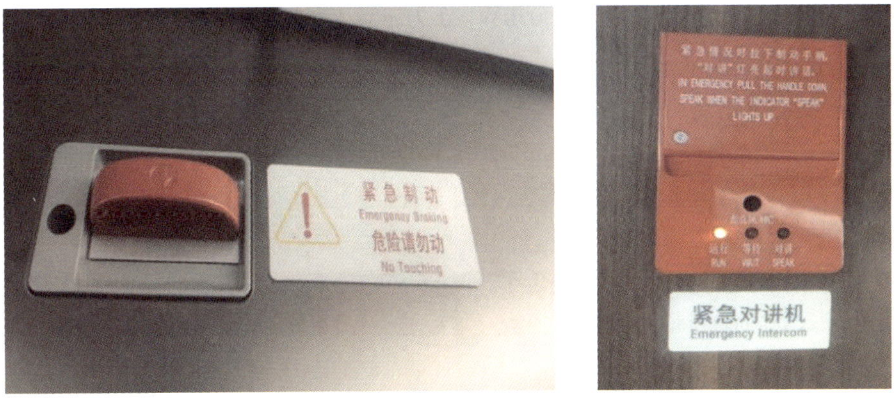

图 3-55　紧急制动阀和紧急对讲

CR400BF-GS 型动车组具有车厢视频监控报警联动功能，当发生烟雾、超员、乘客紧急、门异常等报警信息时，可回放报警时刻前 1 min 视频和与报警时刻相关的 10 min 视频。

第三节　CRH380BG 型动车组

一、车型概况

(一)CRH380BG 型动车组编组情况

CRH380BG 高寒动车组为 8 辆编组，4 动 4 拖，采用交-直-交传动方式，由 2 个牵引单元组成,如图 3-56 所示。

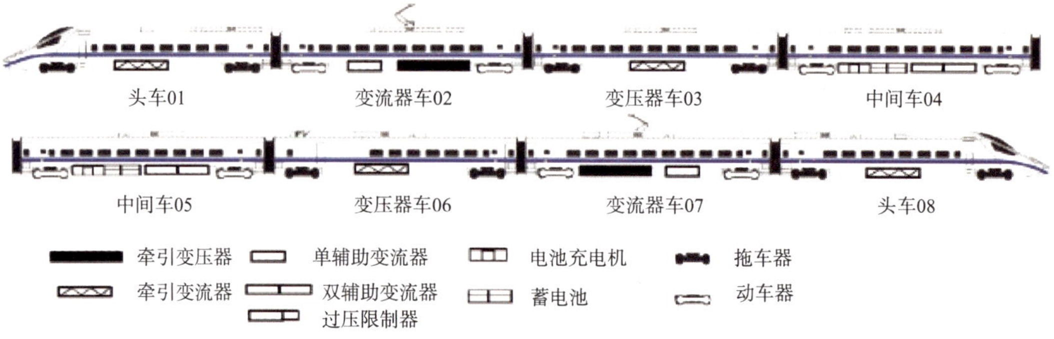

图 3-56　CRH380BG 型动车组车体分布

动车组具有良好的气动外形,两端为司机室,列车正常运行时由前端司机室操控。列车由 1 辆一等头车、1 辆二等头车、5 辆二等座车(其中 4 车带无障碍卫生间)和 1 辆餐车组成。其中座席引导标牌 A、F 为靠近车窗的席位,C、D 为靠近过道席位,B 为三排座席中间席位。1、4、5、8 车各有 1 个边座。

(二)车体基本参数及定员

CRH380BG 型动车组设计运营速度 350 km/h,长度约 200 m、车体宽度 3 257 mm、车辆高度 3 890 mm、牵引功率 9 200 kW,分为 551 定员和 556 定员,如图 3-57、图 3-58 所示。

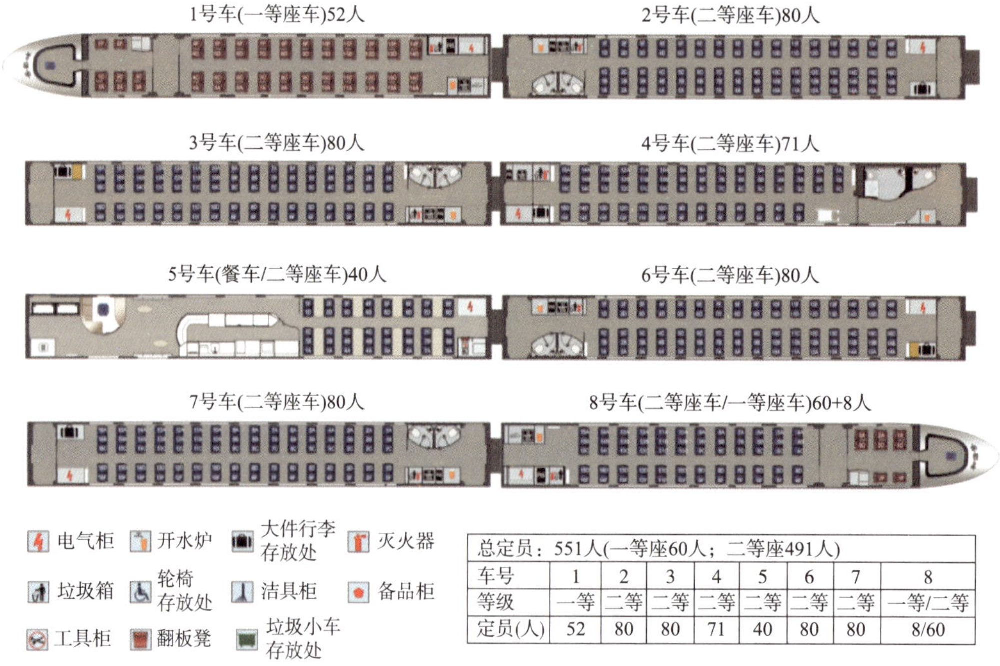

总定员:551人(一等座60人;二等座491人)								
车号	1	2	3	4	5	6	7	8
等级	一等	二等	二等	二等	二等	二等	二等	一等/二等
定员(人)	52	80	80	71	40	80	80	8/60

图 3-57　551 车型定员分布图

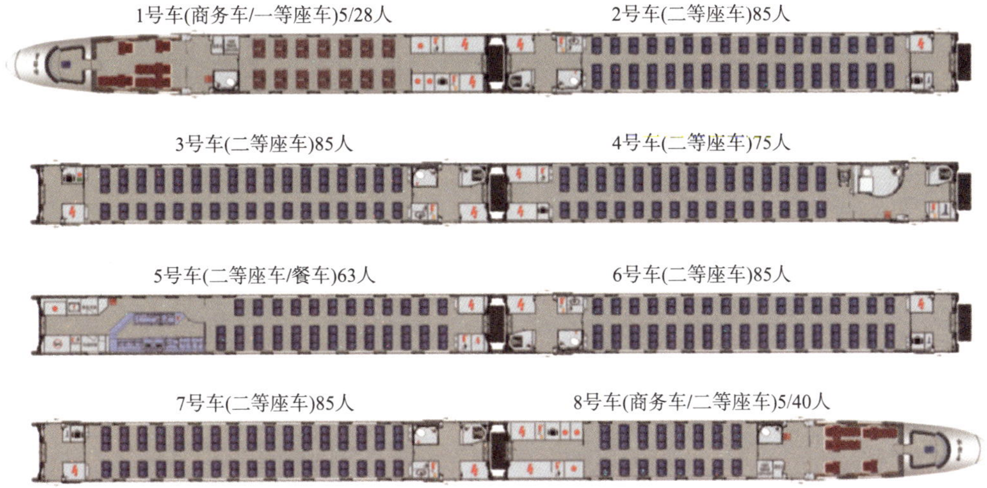

总定员：556人(商务座10人；一等座28人；二等座518人)							
车号	1	2	3	4	5	6	7	8
等级	商务/一等	二等	二等	二等	二等	二等	二等	商务/二等
定员(人)	5/28	85	85	75	63	85	85	5/40

图 3-58　556 车型定员分布图

二、车　　门

(一)车门分布

CRH380BG 型动车组车门与 CR400BF 型动车组相同,分为外部门和内部门两类。全列共 22 扇塞拉门,1、8 车在车厢中部设置 2 扇塞拉门,4 车在车厢端部设置 2 扇塞拉门,5 车未设置塞拉门,其余车厢均在车厢端部设置 4 扇塞拉门。内部门是车厢内各部分之间的通道,根据安装位置及作用又可分通道阻火门(外端门)和内端门。

(二)塞 拉 门

CRH380BG 型动车组塞拉门为电控电机驱动、电控气动锁闭结构,含有站台补偿器,用于填补车体与站台间缝隙,如图 3-59 所示。塞拉门是供旅客乘降的通道,正常状态下由司

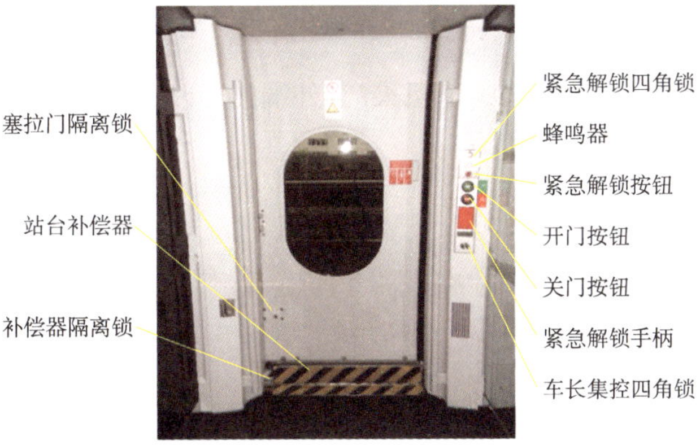

图 3-59　CRH380BG 型动车组塞拉门构造

机室集中控制,非正常状态下可由 1、8 车塞拉门处通过车长集控开关进行控制。当列车速度大于 5 km/h 时,塞拉门具有自动关闭功能;当速度大于等于 10 km/h,塞拉门自动锁闭。

1. 塞拉门正常开门程序

塞拉门开门按钮点亮,同时蜂鸣器间歇蜂鸣,塞拉门执行开启动作,在门扇打开约 150 mm 时站台补偿器自动翻转至水平位置,塞拉门完全打开后蜂鸣停止。

2. 塞拉门非正常开门程序

(1)车长集控,列车长在 1、8 车塞拉门处旋转车长集控开关,该侧全列塞拉门处于激活状态,绿色开门按钮点亮,手动按压开门按钮以打开车门引导旅客乘降,如图 3-60 所示。

(2)解锁,使用四角钥匙旋转紧急解锁四角锁(左右均可),塞拉门气动锁解锁,蜂鸣器长鸣,用力向上拉起紧急解锁手柄,解除机械锁闭,手动推开车门引导旅客上下,如图 3-61 所示。

图 3-60　车长集控

图 3-61　解锁

3. 紧急开门功能

为在紧急状态下能够打开车门,在每个车门的车内、外侧设置有能够紧急打开车门的装置。当车速小于 10 km/h,且车门未被隔离时,可操作紧急解锁装置(可参照 CR400BF 型动车组列车操作),见表 3-4。

紧急装置被操作后,系统自身蜂鸣器发出鸣响,并传输状态信息给列车,司机室显示屏上显示被启动紧急解锁装置的车门位置。

CRH380BG 型动车组内端门、通道阻火门(外端门)开启、关闭及应急操作与 CR400BF 型动车组一致,可参照前文相关内容。

三、服务设施

CRH380BG 型动车组的侧窗、标准型商务座座椅、茶桌板、脚踏、行李架、照明、空调和特殊旅客服务等设备设施与 CR400BF 型动车组一致,可请参考前文相关内容。

(一)座　　椅

1. 座椅分布。551 车体 1、8 车特等座采用 2+1 布置的旋转座椅。556 车体 1、8 车商务座采用 1+1、2+1 布置的旋转电动座椅。

一等客室采用 2+2 布置的旋转座椅，二等客室采用 2+3 布置的旋转座椅，如图 3-62 所示。

(a)一等座　　(b)二等座

图 3-62　一、二等客室座椅分布

2. 座椅使用。商务座、一等座、二等座椅的功能及使用方法可参考 CR400BF 型动车组。

(二)电　　源

商务座椅扶手下端提供电源插座，特、一、二等座席下提供电源插座，如图 3-63 所示。列车电源仅供笔记本电脑、手机、平板电脑、电动剃须刀、单块额定能量不超过 100 W·h 的移动充电器充电，禁止插入多功能插线板。

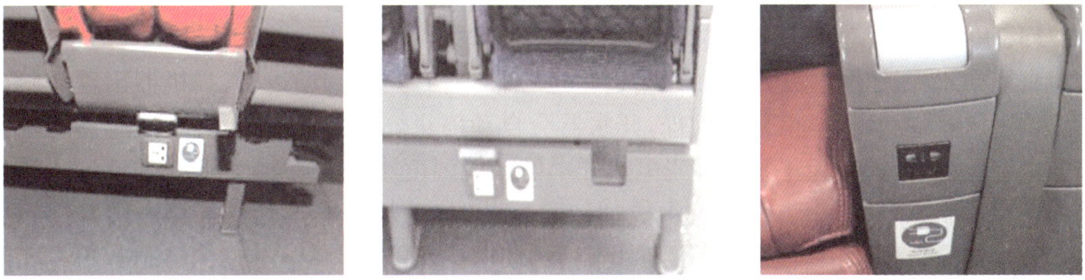

图 3-63　座椅下电源

(三)餐　　车

1. 餐车前厅

551 定员车型、556 定员车型餐车前厅如图 3-64 所示。

(a)551定员车型　　(b)556定员车型

图 3-64　餐车前厅

2. 餐车后厨

CRH380BG 型动车组餐车后厨的设备设施与 CR400BF 型动车组基本一致,可请参考前文相关内容。

(四)监　　控

CRH380BG 型动车组的监控设备分为车体固定监控和可拆卸监控,其中车体固定监控设备与 CR400BF 型车体一致。可拆卸监控设备安装在列车两端、餐车及车门口处,如图 3-65 所示。

图 3-65　可拆卸监控设备

(五)电 茶 炉

CRH380BG 型动车组全列共设置 8 个电茶炉,如图 3-66 所示,采用按压式出水方式。该机具有缺水保护功能,开水器在列车运行过程中,所有控制自动进行,当机器出现故障或列车供水水箱缺水,干烧信号灯闪烁,开水器会自动停止烧水。烧水箱和储水箱分开,生水与开水绝无混合,提供纯正开水。当电热开水器环境温度小于 5 ℃或大于 50 ℃,开水器自动处于保护状态,并停止工作。饮水机加装除垢装置,延长了电热管及水箱的维修保养周期。开水器设置排水按钮,在列车到达终点后,按压按钮能自动打开排水电磁阀,水经底部管子流出。开水炉下部设置灰水收集箱,总容积约 20 L。

(a)551车体　　　　(b)556车体

图 3-66　CRH380BG 型动车组电茶炉

电茶炉具有如下排水功能：当列车速度低于 5 km/h 时，电磁阀打开，开始排水；当速度高于 5 km/h 时，电磁阀关闭，停止排水。

（六）卫　生　间

556 定员 CRH380BG 型动车组共设置 12 个卫生间，其中无障碍卫生间 1 个，标准卫生间 11 个，其中蹲式便器 5 个、座式便器 7 个。

551 定员 CRH380BG 型动车组只在普通二等座车设置 10 个卫生间，其中无障碍卫生间 1 个，标准卫生间 9 个，均采用座式便器，如图 3-67 所示。

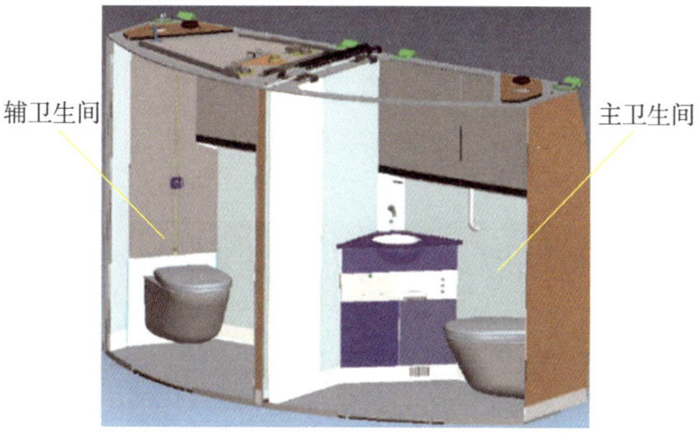

(a)551车体卫生间

(b)556车体蹲便卫生间

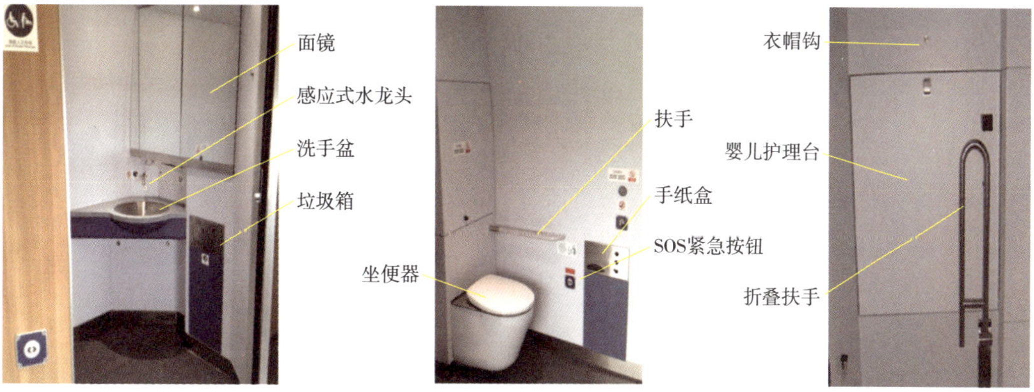

(c)卫生间设施示意

图 3-67　CRH380BG 型动车组卫生间

（七）水箱及液位仪

CRH380BG 型动车组根据各车用水的需要，在每车设置不同容量的净水箱，在 1、8 车设置 160 L 的净水箱、在 2、3、4、6、7 车设置 300 L 的净水箱，在 5 车设置两个净水箱，上净水箱容量为 120 L、下净水箱为 700 L。同时，在 2、3、4、6、7 车的车下设置 450 L 的污物箱。通过卫生间面镜后的液位仪可查看当前车厢的水量状态，如图 3-68 所示。

四、旅客信息系统

（一）功能介绍

CRH380BG 型动车组旅客信息系统设在乘务员室内，如图 3-69 所示。

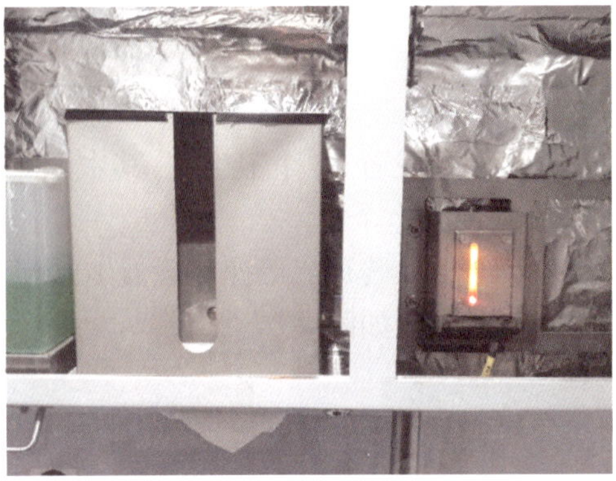

图 3-68　液位仪

(a)551车体乘务员室

(b)556车体乘务员室

图 3-69　CRH380BG 型动车组乘务员室

CRH380BG 型动车组旅客信息系统由系统控制器、信息系统操作面板、音视频娱乐系统、娱乐系统操作面板、内部通信站、扬声器、内部显示器、外部显示器、视频显示器、座椅音频娱乐单元等组成。

旅客信息系统功能包括旅行信息显示、广播通告、内部通信及娱乐服务等功能。

1. 旅行信息显示

旅行信息显示分为车内信息显示和车外信息显示。车内显示主要显示车内外温度、当前速度、当前时间等信息;车外信息显示主要显示车次、车厢号、起点站和终点站,如图 3-70 所示。

(a)车内信息显示

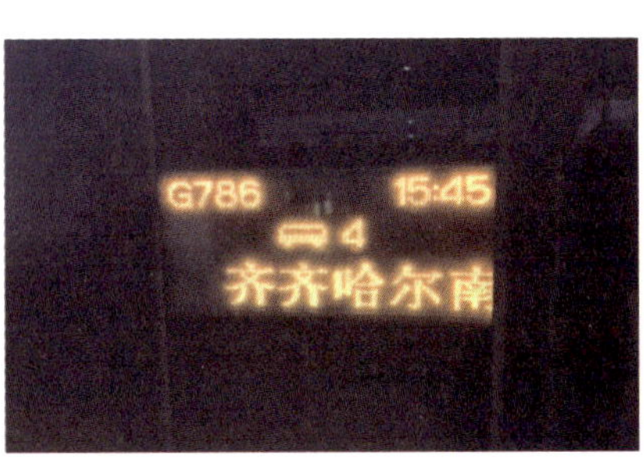

(b)车外信息显示

图 3-70　CRH380BG 型动车组显示器

2. 广播通告

广播通告分为自动或手动触发式预录广播通告、人工广播通告。

旅客信息系统由中央控制单元、音视频读出单元、放大器和音频控制单元、外部显示器、内部显示器、座席接收器、液晶显示器、扬声器、后视系统组成。可用于向旅客发送列车停站的文字及声音信息、娱乐节目及音乐，以及要求广播的其他信息。

旅客信息系统的主机系统控制器的人机界面为信息系统操作面板，通过信息系统操作面板来完成对旅客信息的操作。信息系统操作面板安装于监控室的旅客信息柜门上，其下方装有人机界面。音视频娱乐系统的主机 VER 的人机界面为 AVP，通过人机界面完成对 VER 的操作。人机界面安装于信息系统操作面板下方，在信息系统操作面板旁边安装有内部通信电话，用于实现司机室之间、司机室和列车长室、列车长和列车员、列车员和列车员之间的通信。

(1)信息系统操作面板系统主界面如图 3-71 所示，信息系统操作面板报警显示如图 3-72 所示。

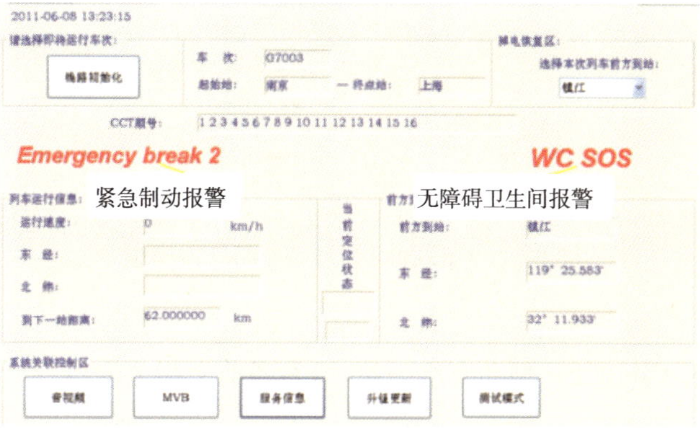

图 3-71　信息系统操作面板主界面

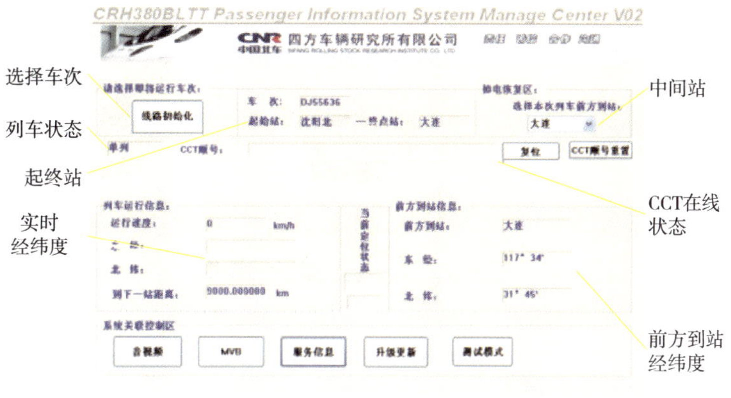

图 3-72　信息系统操作面板报警显示界面

(2)车次调整界面如图 3-73 所示。

(3)点击“服务信息”按钮，点选相应内容，进行手动语音广播或文字信息显示，如图 3-74 所示。

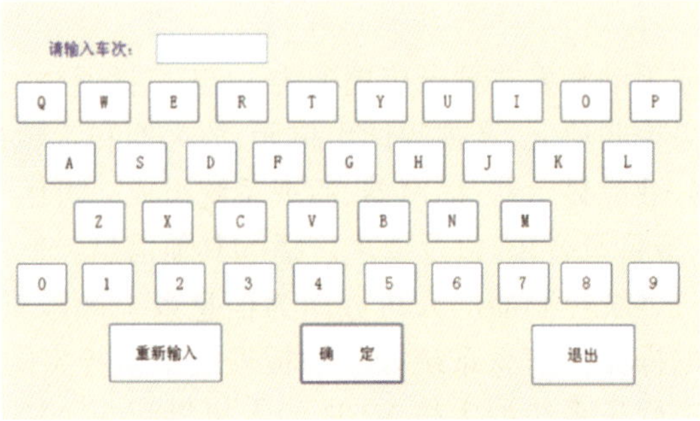

图 3-73　车次调整界面

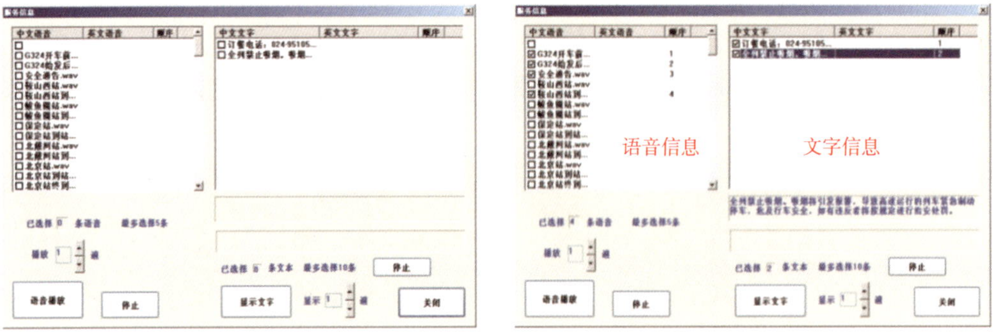

(a)服务信息界面　(b)选择语音、文字信息界面

图 3-74　CRH380BG 型动车组广播操作

3. 内部通信

内部通信设备与 CR400BF 型动车组一致,可参考前文相关内容。

4. 音视频设备

客室设置有固定液晶电视,2 位端间壁设置有墙壁固定电视,如图 3-75 所示。

图 3-75　CRH380BG 型动车组固定电视

(二)旅客信息系统使用管理规定

与 CR400BF 型动车组一致,可参考前文相关内容。

五、安全设备

CRH380BG 型动车组的烟雾报警、紧急呼叫、紧急制动装置等设备设施的配备与操作使用与 CR400BF 车型一致,可参考前文相关内容。

第四节　CRH5 型动车组

一、车型概况

目前现场在用 CRH5 型动车组分为 CRH5A 型、CRH5G 型动车组。CRH5A 型、CRH5G 型动车组是由中车长客股份有限公司生产的适合中国北方气候的速度 200 km/h 动车组。

(一)编组情况

CRH5 型动车组为 8 辆编组,可重联运行,最高运行速度 250 km/h,采用车顶单元空调系统。采用 5 动 3 拖动力结构,1、2、4、7、8 车为动车,3、5、6 车为拖车,1、8 车设有司机室,受电降弓在 3、6 车顶部,如图 3-76 所示。

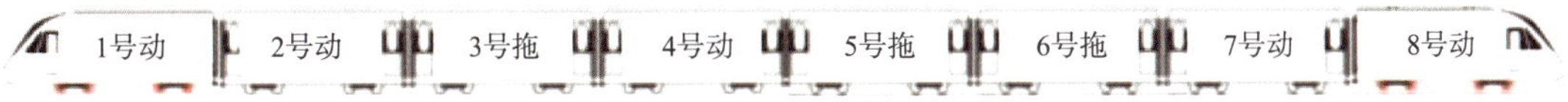

图 3-76　CRH5 型动车组车体分布图

(二)车体基本参数及定员

CRH5 型动车组总长 211.5 m、头车长度 27.6 m、中间车长度 25 m、车体宽度 3.2 m、车体高度 3.73 m。

1. CRH5A 型动车组定员

CRH5A 型动车组定员为 622 和 586。

622 定员车体 1～7 车为二等座车,8 车为一等座,6 车为餐吧二等合造车,7 车设有无障碍卫生间。一等座采用 2+2 固定座椅布置,二等座采用 2+3 固定座椅布置,如图 3-77 所示。

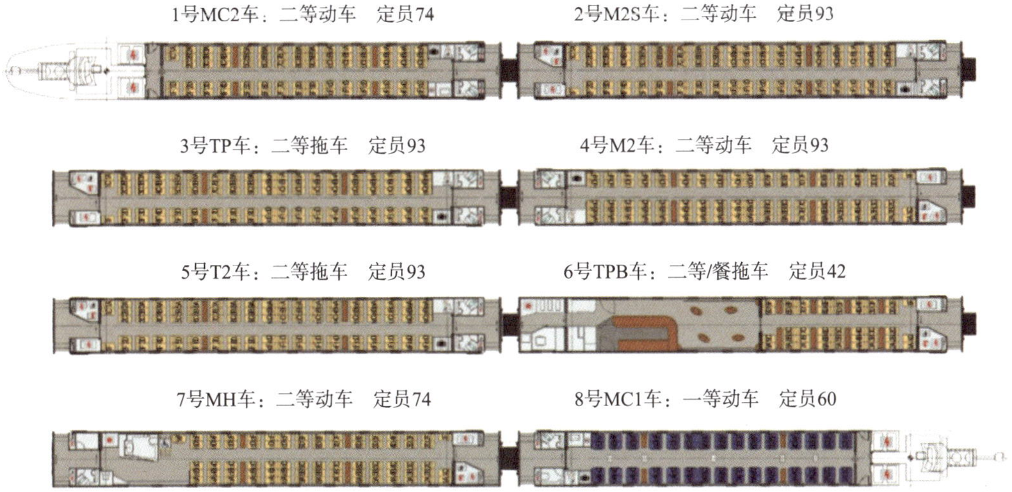

总定员：622人(一等座60人；二等座562人)								
车号	1	2	3	4	5	6	7	8
等级	二等	二等	二等	二等	二等	二等	二等	一等
定员(人)	74	93	93	93	93	42	74	60

图 3-77　622 定员 CRH5A 型动车组编组及定员

自 5014 号车体以后,CRH5A 型动车组采用旋转座椅布置,并将 1 车更改为一等座车,总定员为 586,如图 3-78 所示。

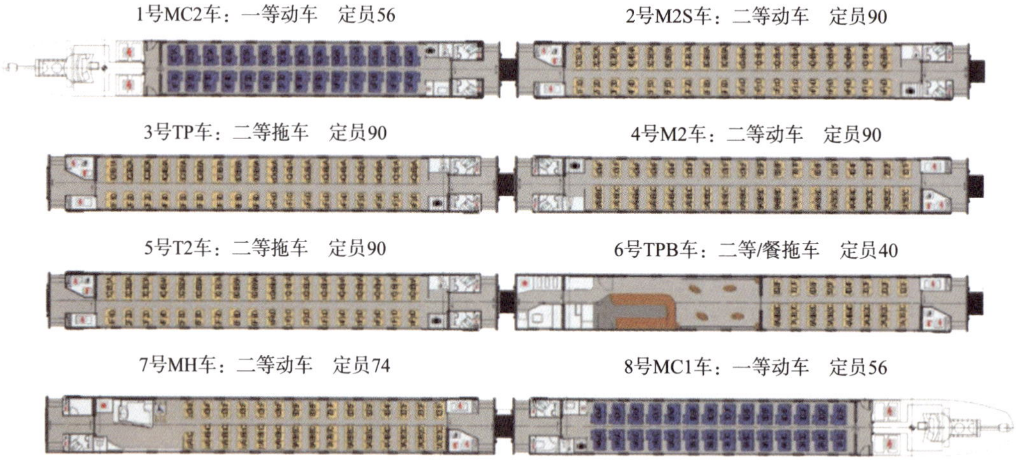

总定员:586人(一等座112人;二等座474人)								
车号	1	2	3	4	5	6	7	8
等级	一等	二等	二等	二等	二等	二等	二等	二等
定员(人)	56	90	90	90	90	40	74	56

图 3-78　586 定员 CRH5A 型动车组编组及定员

2. CRH5G 型动车组定员

CRH5G 型动车组 1 车为一等座车,2～8 车为二等座车,5 车为餐吧二等合造车,4 车设有无障碍卫生间。一等座采用 2+2 座椅布置,二等车采用 2+3 座椅布置,定员 613(一等定员 48 人,二等定员 565 人)。编组和定员如图 3-79 所示。

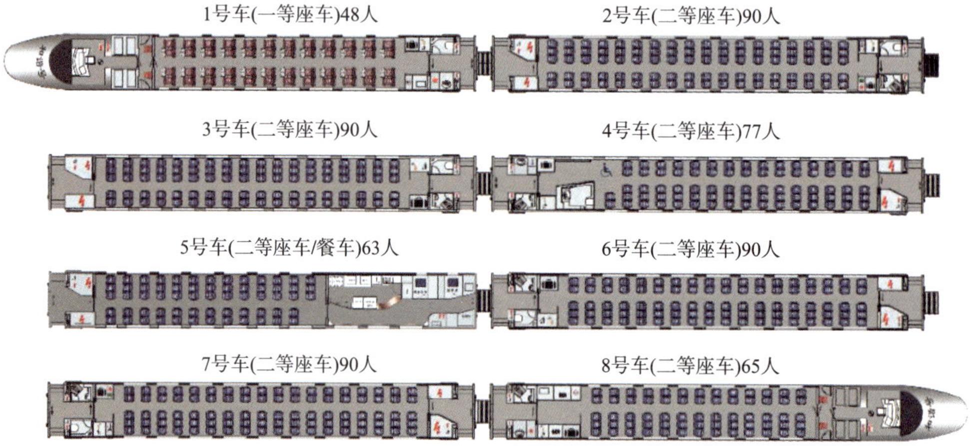

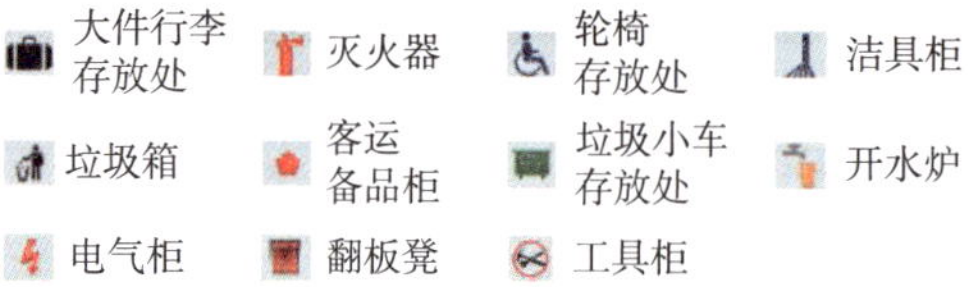

总定员:613人(一等座48人;二等座565人)								
车号	1	2	3	4	5	6	7	8
等级	一等	二等	二等	二等	二等	二等	二等	二等
定员(人)	48	90	90	77	63	90	90	65

图 3-79　CRH5G 型动车组编组和定员

部分 CRH5G 型动车组改造增加优选一等座，将原有 1 车前四排 2+2 一等座座椅改造为三排 2+1 布置的优选一等座座椅，与一等座之间增设单开式电动拉门，定员变为 606 人（优选一等定员 9 人，一等定员 32 人，二等定员 565 人），如图 3-80 所示。

图 3-80　CRH5G 型动车组优选一等座

二、车　　门

（一）车门分布

CRH5 型动车组共设置有 3 种外部门，分别是供旅客乘降的塞拉门、供司机乘降的登乘门和供餐售人员搬运货物的上货门，如图 3-81 所示。

图 3-81　CRH5 型动车组三种外部车门

外部门系统与牵引传动系统具有联锁控制功能，当外部门未正常关闭或外部门安全环路出现故障时，司机无法正常施加牵引开车。CRH5 型动车组的每节车厢均配有 4 个外部门，1、8 车 1 位端配 2 个司机服务门（登乘门），2 位端配 2 个塞拉门，餐车 1 位端配 2 个塞拉门，2 位端配 2 个餐车上货门（CRH5G 型动车组餐车无上货门），其余车配 4 个塞拉门，如图 3-82 所示。

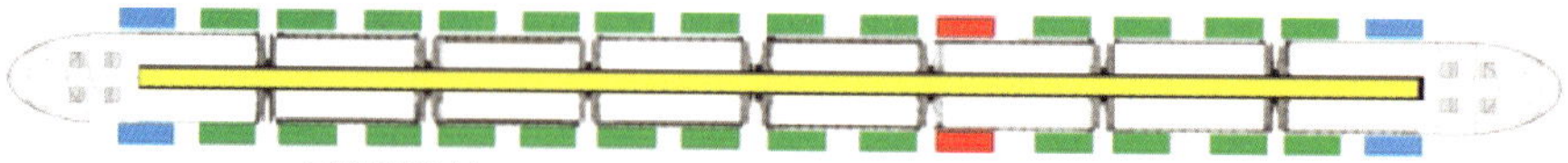

(a)CRH5A型外部车门分布

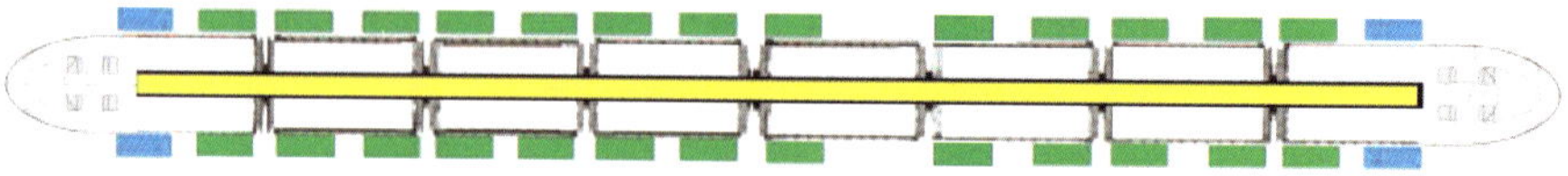

(b)CRH5G型外部车门分布

图 3-82 CRH5 型动车组外部车门分布

CRH5 型动车组共设置有 2 种内部门,分别是客室端的内端门和车端的通道阻火门(风挡门)。

(二)塞 拉 门

CRH5A 型动车组有翻转脚踏,具备高低站台乘降作业功能;CRH5G 型动车组无翻转脚踏,仅保留高站台乘降作业功能。

CRH5A 型动车组使用三角钥匙,CRH5G 型动车组使用四角钥匙。

(1)塞拉门外部分有高站台开门按钮、低站台开门按钮、外紧急解锁手柄、带外盖的隔离锁等设施,如图 3-83 所示。

图 3-83 CRH5 型动车组塞拉门外部设施

①高站台开门按钮:高站台时在车外打开车门。

②低站台开门按钮:低站台时在车外打开车门。

③带外盖的隔离锁:用于在车外对塞拉门进行隔离解锁操作。

④外紧急解锁手柄:非正常情况下在车外解锁塞拉门。

⑤低站台滑动踏板:低站台模式下伸出,便于旅客在低站台乘降。

(2)塞拉门内部分主要有车门状态指示灯、红色紧急解锁手柄、蜂鸣器、乘客紧急解锁按钮、列车长集控开关、隔离锁、向下锁闭限位开关、翻板锁闭三角锁、自动踏板隔离锁、翻板、向上锁闭限位开关、关门按钮、开门按钮、防挤压胶条等设施,如图 3-84 所示。

其中,防挤压胶条具有防挤压及障碍物检测功能,安装在门扇关门侧边框上,内外双层敏感胶条,在关门过程中遇有障碍物,敏感胶条轻微变形就会触发车门反向动作打开车门。

有旅客站在站台补偿器上或有行李放在车门处，关门过程中门控器检测到关门阻力，车门反向动作打开车门，避免意外伤害旅客。在非常情况下，可通过紧急装置实现对塞拉门的解锁，为救援工作争取时间，减轻人员伤害。塞拉门翻板锁逐个按规定位置锁闭后，司机可以进行高低站台集控转换。

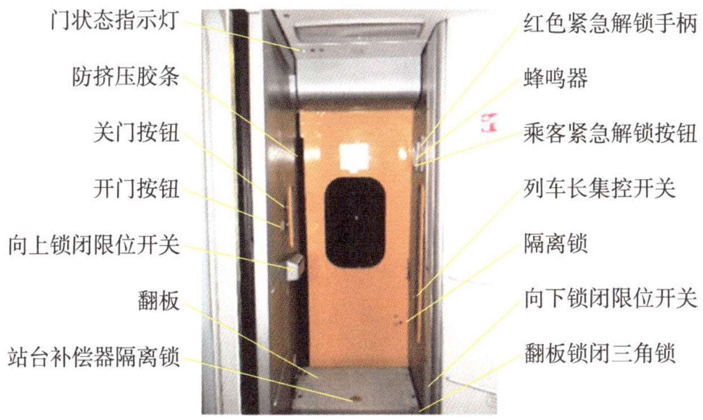

图 3-84　CRH5 型动车组塞拉门内侧

（3）塞拉门指示灯及开、关门按钮，如图 3-85 所示。

图 3-85　CRH5 型动车组塞拉门指示灯

①塞拉门状态指示灯：显示当前塞拉门的状态。其中，白灯亮表示车门处于隔离状态；绿灯亮表示车门正常关闭；红灯亮表示车门打开或关闭故障；红灯闪烁表示翻板未锁闭。

②开门按钮：在塞拉门激活状态下打开车门。

③关门按钮：在塞拉门打开状态下关闭车门。

（4）集控开关塞拉门方法：

①低站台状态下开关门过程。

a. 开门。在停车前将所有站台侧踏板置于低站台位置并锁闭，列车运行至停车站停车时，司机在主控端司机室按压低站台侧集控开门按钮，开门及激活按钮同时点亮，塞拉门绿色开门按钮点亮，低站台踏板自动伸出，门状态指示灯绿灯熄灭红灯点亮。在低站台踏板完全伸出后,蜂鸣器间歇蜂鸣报警,塞拉门执行开门程序,在塞拉门完全打开后蜂鸣停止。低站台状态下开门过程如图 3-86 所示。

b. 关门。旅客乘降完毕,司机按压站台侧集控关门按钮,开门及激活按钮熄灭,塞拉门绿色开门按钮熄灭,同时蜂鸣器间歇蜂鸣报警,塞拉门执行关门程序。在塞拉门完全关闭并锁闭后蜂鸣停止,低站台踏板自动收回。在踏板完全收回后,门状态指示灯红灯熄灭绿灯点亮。

图 3-86　CRH5 型动车组低站台开门图解

②高站台状态下开关门过程。

a. 开门。列车运行至停车站停车时,司机在主控端司机室按压高站台侧集控开门按钮,开门及激活按钮同时点亮,塞拉门绿色开门按钮点亮,门状态指示灯绿灯熄灭红灯点亮。蜂鸣器间歇蜂鸣报警,站台补偿器自动伸出,塞拉门执行开门程序。高站台开门状态如图 3-87 所示。

图 3-87　CRH5 型动车组高站台开门状态

b. 关门。旅客乘降完毕,司机按压站台侧集控关门按钮,开门及激活按钮熄灭,塞拉门绿色开门按钮熄灭,同时蜂鸣器间歇蜂鸣报警,站台补偿器自动收回。在站台补偿器完全收回后,蜂鸣停止,塞拉门执行关门程序。在塞拉门完全关闭并锁闭后,门状态指示灯红灯熄灭绿灯点亮。

③站台补偿器:为减小站台与车辆间隙,轨道车辆在侧门区域设有站台补偿器。站台补偿器采用伸缩踏板式。

④站台补偿器隔离锁:将站台补偿器隔离并锁闭。

(5)手动塞拉门开关门方法

①正常状态下有两种方式手动开启塞拉门。如图 3-88 所示,一"转 1 拉 3 推 5",二"按 2 拉 3 推 5",两种状态蜂鸣器均处于报警状态。

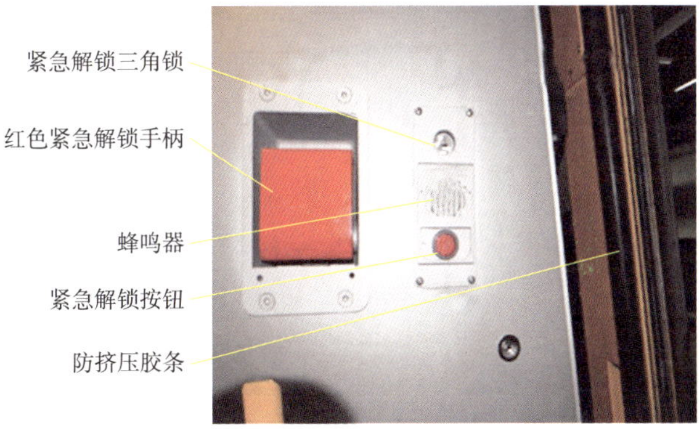

图 3-88　塞拉门解锁图

a. 紧急解锁三角锁:用于非正常情况下激活塞拉门紧急模式,解除气动锁锁闭。

b. 紧急解锁按钮:用于突发情况下激活塞拉门紧急模式。

c. 红色紧急解锁手柄:非正常情况下解锁塞拉门的机械锁闭机构。

d. 蜂鸣器:车门故障或非正常情况报警提醒。

e. 防挤压胶条:检测关门过程中是否有旅客阻挡。

②非正常状态下手动开启塞拉门操作过程如下:

a. 使用 S9 开门过程(图 3-89)。司机在主控端司机室无法激活车门时,列车长逆时针旋转车长集控开关以激活站台侧车门,手动解锁本地车门引导旅客乘降。

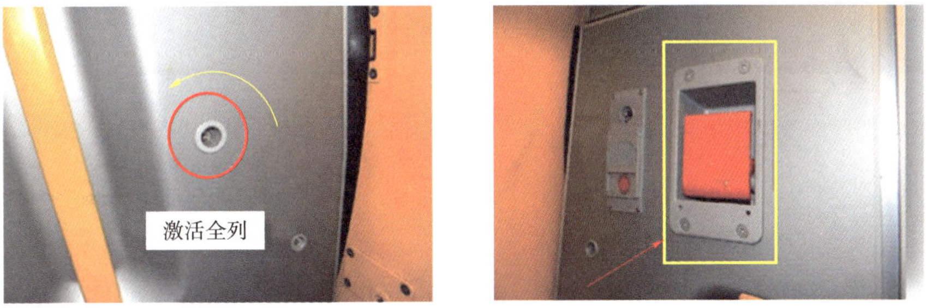

图 3-89　使用 S9 开门

b. 在车长集控开关不作用的情况下,所有乘务人员按照分工按①步骤手动开门。

③非正常状态下手动关闭塞拉门(图 3-90)。司机在主控端司机室无法集控关门时,列车长顺时针旋转车长集控开关,切断站台侧车门的激活状态以集控关闭其他车门并激活本车门,按压关门按钮以关闭本车门。

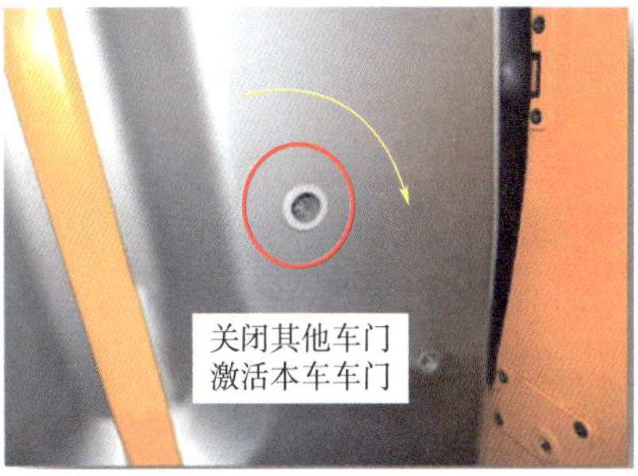

图 3-90　手动关闭塞拉门

(三)上 货 门

(1)上货门内部如图 3-91 所示。

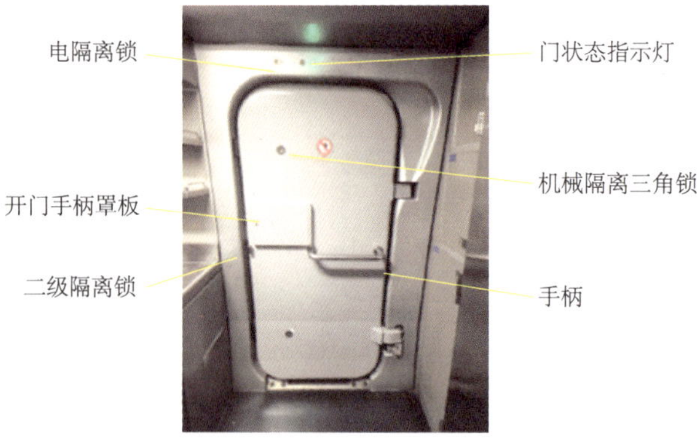

图 3-91　上货门内部

(2)上货门锁闭方法(图 3-92):确认二级隔离锁未伸出,机械隔离锁标线处于解锁位置,将上货门关闭,确认门关闭绿色指示灯点亮,再确认锁舌标识与撞板边沿对齐,逆时针旋转机械隔离锁 90°至锁闭位置,确认红色指示灯熄灭,旋转二级隔离锁手柄,锁舌完全嵌在锁内,将门锁罩板锁闭,放下罩板,锁闭完成。

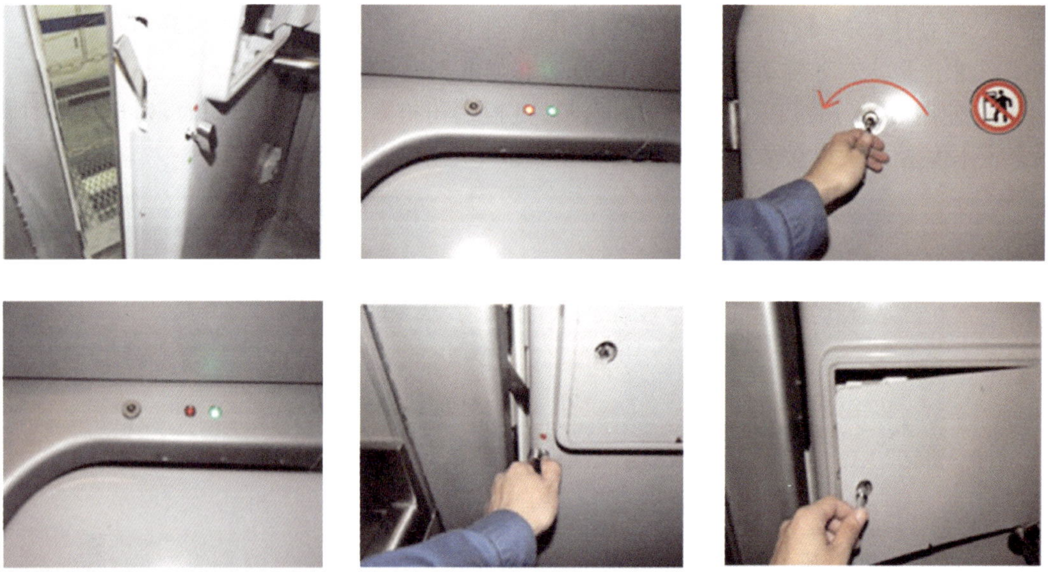

图 3-92　上货门锁闭程序

(四)内 端 门

(1)内端门安装于客室的两端,用于降低来自车门通过台处的噪声,以及保持车内环境温度,内端门为电控电动结构,并具有防挤压功能,如图 3-93 所示。遇有障碍物阻挡,内端门可自行弹开。

(2)内端门操作方法(图 3-94)。按压门扇上点亮的开门按钮,内端门自动打开,内显外罩上的红色电隔离按钮可切断供电,便于手动操作内端门。按标识方向操作位于门框上的机械隔离锁可将内端门隔离在打开或关闭位置。

图 3-93　内端门

图 3-94　内端门操作方法

(五)通道阻火门

通道阻火门安装于车辆两端,用于隔绝车端连接处的噪声,保持车厢温度,在非常情况下延缓烟、火的蔓延速度,如图 3-95 所示。

图 3-95　通道阻火门

三、服务设备

CRH5 型车的侧窗、茶桌板及脚踏、行李架、监控等设备设施与 CR400BF 型动车组一致,可参考前文相关内容。

(一)座　　椅

1. 座椅分布

CRH5 型动车组分为固定座椅及旋转座椅两种样式,CRH5A 型动车组(622 定员)座椅为固定座椅,CRH5A 型动车组(586 定员)、CRH5G 型动车组座椅为旋转座椅。旋转座椅与 CR400BF 车型相同。

每种座椅分一等、二等两种形式,外观形式如图 3-96 所示。

图 3-96　CRH5 型动车组座椅种类

2. 座椅使用

(1)二等座椅调整

角度调整:586 定员的 CRH5A 型动车组和 CRH5G 型动车组车体二等旋转座椅调节方式与 CR400BF 车型相同。622 定员的 CRH5A 型动车组车体座椅调节时,搬动座椅下部调节拉手,座椅可上下滑动,松开拉手后固定,如图 3-97 所示。

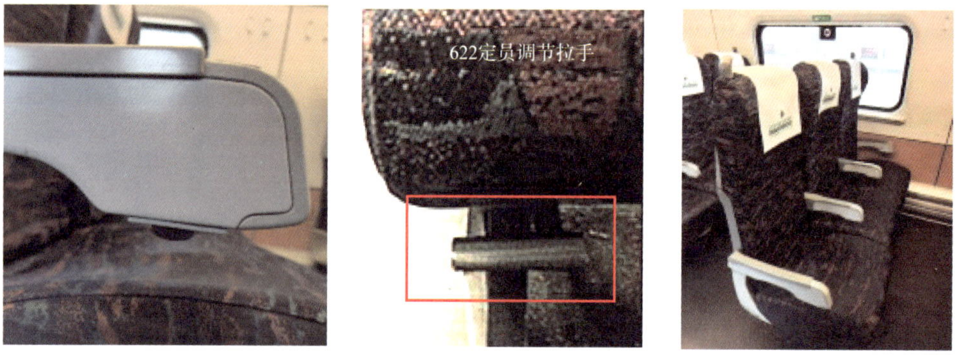

图 3-97　CRH5 型动车组座椅调节

(2)一等座椅调整

一等旋转座椅与 CR-400BF 车型相同。新改造优选一等座增加电动调节功能,增设电动腿靠,可以通过座椅扶手内侧的按钮调节,在扶手内茶桌板的基础上增设前排座椅靠背处的茶桌板和可按压弹出的衣帽钩,如图 3-98 所示。

图 3-98　CRH5 型动车组优选一等座椅

(二)电　　源

CRH5G 型动车组在每排座椅上增加 AC 220 V 插座,CRH5A 型动车组座椅上没有 AC 220 V 插座。新改造优选一等座的电源设在座椅扶手下,增设 USB 插口,如图 3-99 所示。

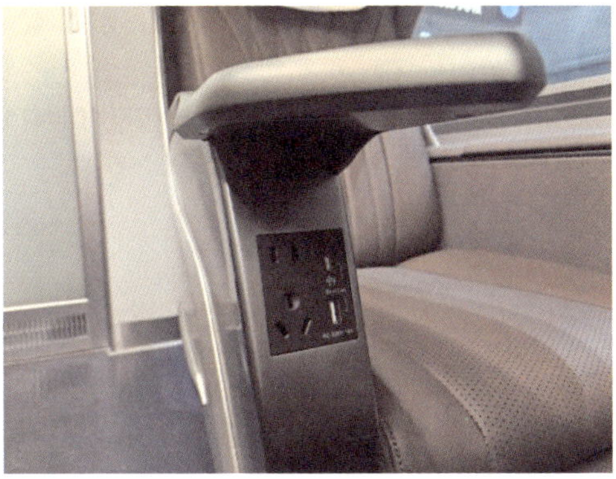

图 3-99　CRH5 型动车组优选一等座椅电源

(三)照　　明

CRH5 型动车组客室照明可进行单车控制,也可集控进行控制,柜内的照明指令板,电视开关用于控制客室电视,下方为带自复位功能的蓄电池关断开关,如图 3-100 所示。1/2 照明开关按下后按钮红灯点亮,本车仅车顶两排灯带点亮;集控开关按下后按钮红灯点亮;再按 1/2 照明开关、1/1 照明开关或 OFF 开关,全列车照明执行相应操作。全列车照明点亮或关闭后,集控按钮红灯熄灭。测试按钮,按下后按钮黄灯点亮,本车应急照明点亮,如果是一等车,则点亮阅读灯。3 min 后,被试验的照明灯自动熄灭。试灯按钮按下后本车处于试验状态的按钮灯点亮。

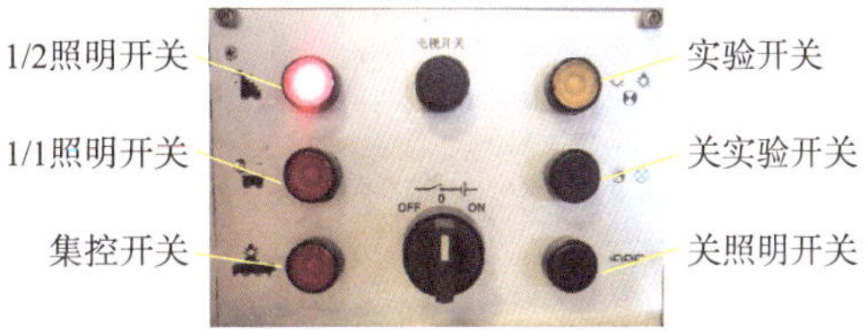

图 3-100　CRH5 型动车组照明控制开关

(四)空　　调

CRH5 型动车组空调操作,由模式转换旋钮、温度调节旋钮和应急通风按钮组成。模式转换分为通风(VENT)、自动(AUTO)、停止(OFF)、半暖(HEAT50%)、全暖(HEAT100%)、半冷(COOL50%)、全冷(COOL100%)。通常情况下乘务人员在调节时只能调节到通风、自动或停止位置,半冷、全冷、半暖和全暖需由随车机械师来调节。温度调节旋钮显示的－2、－1、0、＋1、＋2只有在工况为自动(AUTO)时调节才有效。红色应急通风按钮客运人员不能使用。

(五)餐　车

1. 餐车前厅

CRH5A型动车组、CRH5G型动车组餐车前厅如图3-101所示。

(a)CRH5A型动车组餐车前厅

(b)CRH5G型动车组餐车前厅

图3-101　CRH5型动车组餐车前厅

2. 餐车后厨

CRH5A型动车组上货门旁设置对开门立式冷藏冰箱,冰箱旁设置3个不同尺寸的储藏柜,用于存放乘务员个人物品。后厨门上设置照面镜,便于乘务人员随时对仪容仪表进行整理。在门与冰箱间设置吧台照明开关,贴近地板位置设置220 V插座,在走廊侧为抽屉式冷藏冰箱,在车体侧墙侧设置单独的冷冻冰箱。在车体侧墙侧设置清洁洗手池与储物抽屉。在吧台上设置吧区专用电茶炉,微波炉功率单独使用为2 900 W,两个共同使用时不超过3 400 W。后厨设备如图3-102所示。CRH5G型动车组餐车后厨的设备设施与CR400BF型动车组基本一致,可参考前文相关内容。

图3-102　CRH5型动车组餐车后厨设备

(六)电 茶 炉

电茶炉可提供 95 ℃以上开水,烧水箱和储水箱分开,生水与开水不能混合。

电茶炉表面有加热、热水、电源 3 个指示灯,正常工作时热水与电源灯点亮,当储水箱内没有足够的热水时,加热灯点亮证明正在加热过程中,如图 3-103 所示。

图 3-103　CRH5 型动车组电茶炉

(七)卫生间、洗面间及墩布池

CRH5A 型动车组每辆车设置两个卫生间,1 位侧均设置坐便式卫生间,2 位侧为蹲式卫生间,6 车不设置卫生间,7 车设置带有坐便的无障碍卫生间,如图 3-104 所示。

图 3-104　CRH5 型动车组卫生间

CRH5G 型动车组 1、4 车各增加 1 个洗面间,减少 1 个卫生间。无障碍卫生间设置在 4 车。4 号车厢增加 1 个冲墩布池,用于保洁员清洗墩布。

(八)水箱及液位仪

每辆车均在 2 位端车下配有存放净水的净水箱及存放污水的污水箱,净水箱、污水箱容积均为 600 L,配套的上下水管路注水口、上水口盖,以及显示当前水位状态的液位显示仪;液位仪分为净水箱显示和污水箱显示,如图 3-105 所示。按下水位显示系统右下角的按钮,黄灯显示本车净水箱的水位,“ON”对应的位置显示绿灯,红灯显示污水箱的水位。

(a)液位仪位置及吸污口　(b)注水口　(c)液位仪

图 3-105　CRH5 型动车组车体外部液位仪及注水口、吸污口

四、旅客信息系统

CRH5A 型动车组旅客信息系统设在监控室内，CRH5G 型动车组在 5 车增设乘务员室，旅客信息系统设在乘务员室内，如图 3-106 所示。

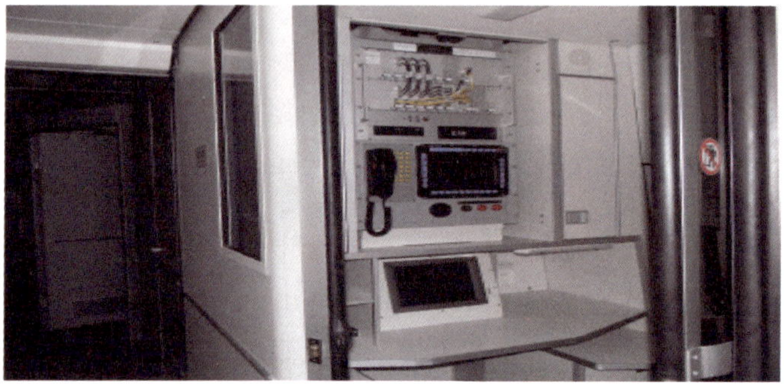

图 3-106　CRH5 型动车组监控室

旅客信息系统包括信息显示系统、广播、内部通信及音视频娱乐服务等功能，与 CRH380BG 车型操作方法一致，但车内显示主要显示车内外温度、当前速度、当前时间等信息(图 3-107)，其他信息需要手动播放。

图 3-107　CRH5 型动车组车体内显示屏

五、安全设备

(一)烟雾报警

在每辆车的配电柜、客室、卫生间各设置 2 个(共 6 个)烟雾报警器(CRH5G 型动车组 8 车 5 个烟雾报警器，其他车厢报警器数量与 CRH5A 型动车组相同)，以预防火灾事故的发

生。当列车发生火灾事故时，烟雾报警启动，在司机室声光报警，在客室的 QRK 柜的烟雾报警状态指令板上声光报警，如图 3-108 所示。

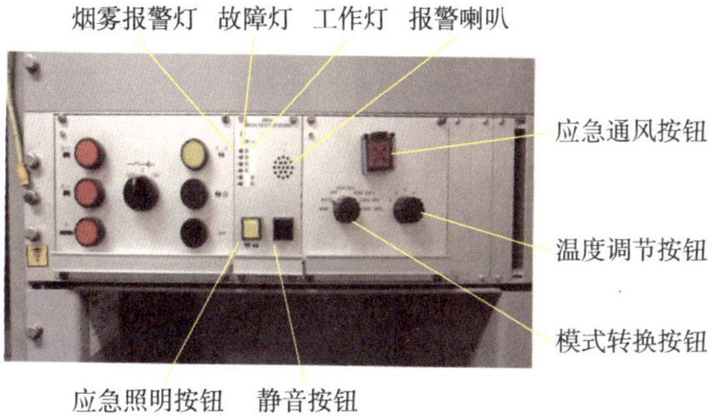

图 3-108　CRH5 型动车组烟雾报警系统及空调控制调节

（二）紧急呼叫

CRH5 型动车组设置 3 个紧急呼叫报警设施，分别在残疾乘客专用区域、无障碍卫生间内侧开门按钮旁、便器冲洗按钮旁，如图 3-109 所示，车厢两端设置紧急制动阀，操作使用与 CR400BF 车型一致。

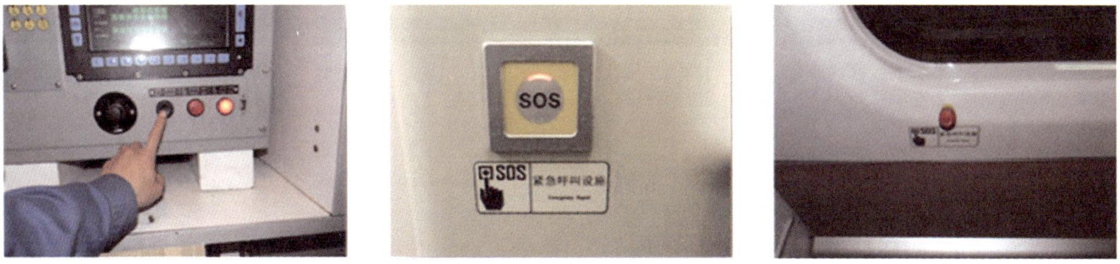

图 3-109　CRH5 型动车组紧急呼叫系统

（三）紧急制动装置

CRH5 型动车组使用紧急制动装置，司机室有声光报警，需与司机确认是否真实存在非常情况或是否需要减速停车，如果不危及行车安全，司机可取消报警，使用后用钥匙复位，如图 3-110 所示。

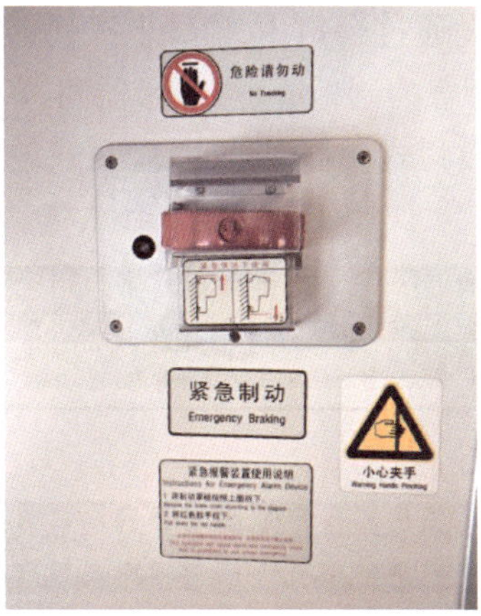

图 3-110　CRH5 型动车组紧急制动装置

第五节　CR200J 型动力集中动车组

一、车型概况

(一)CR200J 型动力集中动车组编组情况

CR200J 型动力集中动车组分为直型车和鼓型车两类,两种车型列车定员及编组一致,其中直型车每个车都有乘务员室,鼓型车 1 车、3 车、7 车取消了乘务员室。CR200J 型动力集中动车组全列编组 9 辆,短编组 1Mc+7T+1Tc。其中 Mc 为带司机室的动力车;T 为拖车;Tc 为带司机室的拖车,即控制车,可重联运行,如图 3-111 所示。

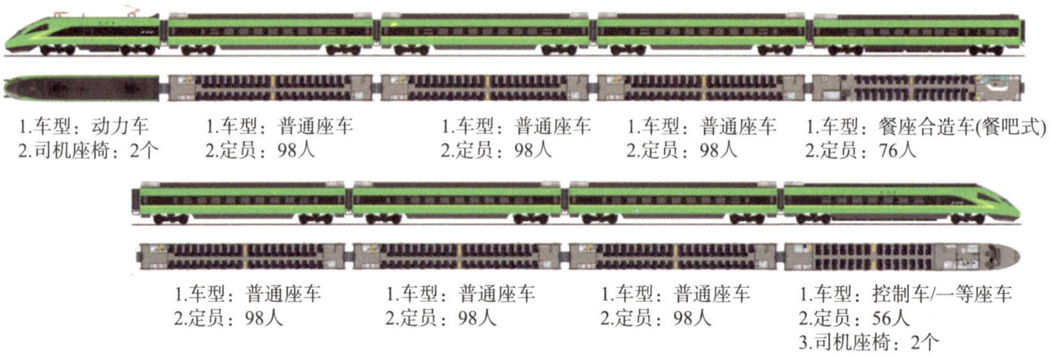

图 3-111　160 km/h 动力集中动车组短编典型编组示意

(二)车体基本参数及定员

CR200J 型动力集中动车组用于我国既有线路运行,并能在 200 km/h 速度等级及以上的专线上以 160 km/h 速度级正常运行,动车组全长 234 m,总重 585.4 t,设动力车、普通座车、餐车合造车(餐车)和控制车,其中动力车不承担运输,4 车为餐座合造车(无障碍车),8 车为带有司机室的控制车(一等座)。全列定员 720 人(4 车 76 人、8 车 56 人、其他车各 98 人)。

1. 普通座车

普通座车定员 98 人,两端设通过台;1 位端设坐式便器卫生间、乘务员室(或大件行李区)及小走廊,小走廊内设电气综合控制柜、电热开水器间;车体中部为客室,设置 2+3 普通座椅及 4 个紧急破窗锤;2 位端设蹲式便器卫生间、隐藏式垃圾箱、开敞式双人洗面间及小走廊,如图 3-112 所示。

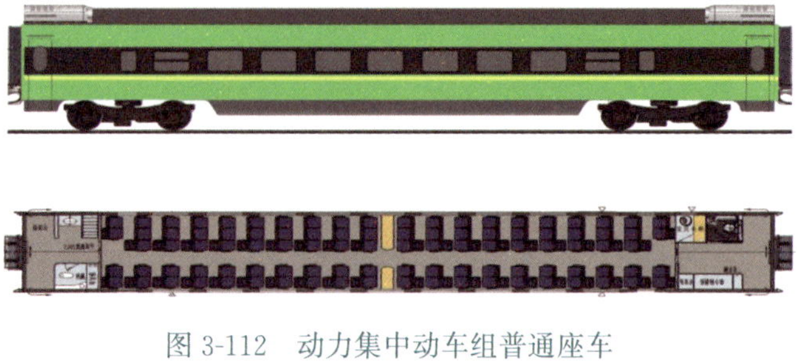

图 3-112　动力集中动车组普通座车

2. 餐车合造车

餐车合造车(餐车)1 位端设无障碍通过台及走廊,中部客室 1 位端设有 2 个无障碍座椅,其余设 2+3 座椅,2 位端设餐吧区及大走廊餐座合造车(餐吧式)总定员 76 人,1 位端设通过台、隐藏式垃圾箱和一个无障碍卫生间;车体中部为客室,设置 2+3 普通座椅及 4 个紧急破窗锤,客室设有无障碍座位和残障人士轮椅存放区;2 位端设机械师室、配电柜、餐吧区及侧走廊,餐吧区设方便于售卖的展示及储藏设备,如图 3-113 所示。

图 3-113　动力集中动车组餐车合造车(餐车)

3. 控 制 车

控制车总定员 56 人(一等座),车两端设通过台;1 位端设蹲式便器卫生间、乘务员室及小走廊,小走廊内设电气控制柜、电热开水器间;车体中部为客室,设置 2+2 一等座椅及 4 个紧急破窗锤;2 位端设座式便器卫生间、隐藏式垃圾箱、开敞式双人洗面间、小走廊及司机室,如图 3-114 所示。

图 3-114　动力集中动车组控制车

二、车　　门

(一)车门分布

CR200J 型动车组车门可分为外部门和内部门两大类,外部门为塞拉门,是供旅客乘降的通道;内部门是车厢内各部分之间的通道,根据安装位置及作用又可分通道阻火门(外端门)和内端门。

(二)塞 拉 门

CR200J 型动力集中动车组塞拉门是以青藏线项目塞拉门为原型。车门系统具有防挤压和列车速度大于 5 km/h 自动锁闭功能(5 km/h 信号由车辆提供)、可实现列车集控和监控功能。门系统带有适应高、低站台的站台补偿器;高站台时,列车自动控制;低站台时,可人工手动翻起锁闭。全列共有 30 个塞拉门(单侧 15 个门),内、外部结构如图 3-115 所示。

(a)外部结构　　(b)内部结构

图 3-115　动力集中动车组塞拉门

1. 站台补偿器

(1)为减小站台与车辆间隙,轨道车辆在侧门区域设有站台补偿器。其中直型车塞拉门有站台补偿器,采用伸缩踏板式站台补偿器。低站台时可手动翻转至与外端墙平行,如图 3-116 所示。鼓型车没有站台补偿器,踏板不能打开,因此不能下低站台。

(a)站台补偿器关门状态　　(b)站台补偿器开门状态　　(c)站台补偿器低站台模式

图 3-116　站台补偿器

(2)车门声光指示功能

门系统和踏板状态都采用双色状态指示灯。门系统和踏板各状态,指示灯状态指示,如图 3-117 所示。在开、关门过程中,以及车门或踏板被操作紧急解锁时,蜂鸣器鸣响。

序号	车门状态	车门指示灯	
		红色	绿色
1	开到位	灭	灭
2	开关门过程	灭	闪烁
3	关锁到位未隔离	灭	亮
4	关锁到位且隔离	亮	灭

(a)车门状态

序号	踏板状态	踏板指示灯	
		红色	绿色
1	非水平锁闭	灭	灭
2	水平锁闭	灭	亮
3	踏板或车门隔离	亮	灭

(b)踏板状态

图 3-117　车门声光指示

2. 手动内、外解锁

手动内、外解锁操作如图 3-118 所示。

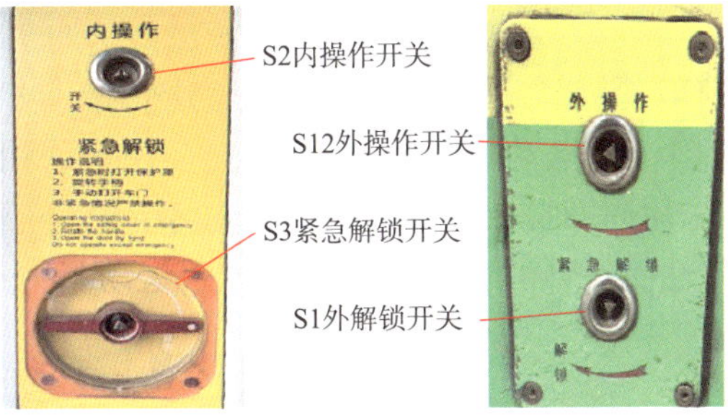

图 3-118　手动内、外解锁操作说明

3. 踏板功能

直型车车门收到开启信号完全打开后，伸缩踏板自动执行完全伸出动作。车门收到关闭信号关门动作前，伸缩踏板自动执行完全收回动作。鼓型车踏板不能打开，因此不具备低站台乘降作业能力。

(1)踏板的伸出。随着门运动至完全打开后，踏板电机通电，使得踏板伸出。在踏板到达打开位置后，踏板电机制动器使踏板可靠处于打开状态。在自动开门过程中，如果门未达到完全打开位置时，则踏板仍保持关闭不伸出。

(2)踏板的收回。收到关门命令后，踏板电机通电，使得踏板收回。在踏板到达收回位置后，踏板电机制动器使踏板可靠处于收回状态，门开始进行关闭。在自动关门过程中，如果踏板未达到收回位置时，则门不进行关门动作。

(3)踏板定位检测功能。只有当踏板处于水平定位状态时，踏板才能伸出。若当踏板处于竖直定位状态或非竖直且非水平定位状态时，踏板不随开门动作伸出。

(4)踏板隔离功能。通过手动操作踏板隔离装置，可以使伸缩踏板切断一切电气控制，踏板处于锁停状态。如图 3-119 所示。

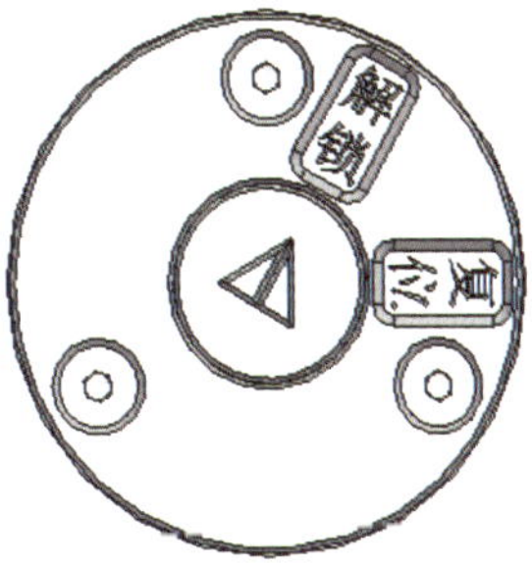

图 3-119　侧立机构踏板隔离锁

(三)内 端 门

内端门设置电动单开拉门，门扇采用周圈拼装铝型材包整幅玻璃结构，下部设置通风格栅，其优点是强度高、运动阻力小、安装方便、可靠性高，如图 3-120 所示。

图 3-120　电动内端拉门

(四)通道阻火门

普通座车两端及控制车、餐座合造车(餐吧式)1 位端外端门设置手动双开拉门,餐座合造车(餐吧式)2 位端外端门设置电动单开拉门,手动拉门门扇采用周圈拼装铝型材包半幅玻璃结构,电动拉门门扇采用周圈拼装铝型材包整幅玻璃结构,下部门板采用铝蜂窝复合结构,其优点是强度高、密封性能好,隔音、隔热,结构简洁,运动阻力小,安装方便,可靠性高,如图 3-121 所示。

图 3-121　手动外端拉门

三、服务设备

CR200J 车型的侧窗、茶桌板及脚踏、行李架、监控、电茶炉设备设施的使用与 CR400BF 型动车组一致,可参考前文相关内容。

(一)座　　椅

1. 座椅分布

(1)一等座座椅。控制车客室设置 2+2 宽幅软座座椅(一等座椅),相对于客室中心对称布置。座椅参照中国标准动车组一等座椅进行设计,座椅靠背可调节(8°～18°),不可旋转。除端部座椅外,椅背上设文件袋、脚踏等,座椅扶手内设有供乘客使用的小桌,如图 3-122 所示。

图 3-122　动力集中动车组一等座椅

(2)普通座车、餐座合造车(餐吧式)客室设置2+3软座座椅(二等座椅),相对于客室中心对称布置。座椅参照中国标准动车组二等座椅进行设计,座椅靠背可调(0°～24.5°),不可旋转。除客室端部座椅外,椅背上设折叠式茶桌、杂志袋等,座椅后部设有供乘客使用的小桌,如图3-123所示。

图3-123　动力集中动车组二等座

(3)残疾人座椅如图3-124所示。

图3-124　动力集中动车组残疾人座椅

2. 座椅使用

(1)一等座椅

①靠背倾斜:按侧扶手侧面上的按钮,气弹簧装置带动作用力,给靠背一个向后的力,靠背可以按需要的角度向后倾斜并锁紧,最大可达18°。

②小桌板:小桌板在每个座椅的侧扶手内。翻开侧扶手上盖,即可拿出小桌板,并且侧扶手盖板上贴有安全警示标识,防止侧扶手上盖板夹手。

③后脚踏板:使用时,把脚放在踏板上,踏板即会放下;踏板可两级调节供乘客使用。

④杂志袋:靠背后面有杂志袋可放报纸杂志等。

⑤衣帽钩:靠背后面有衣帽钩可挂衣服及帽子。

(2)二等座椅

①靠背倾斜:向上拉侧扶手前下方的扣手,气弹簧装置带动作用力,给靠背一个向后的力,靠背可以按需要的角度向后倾斜并锁紧,最大可达24.5°。

②背面小桌板:小桌板在靠背后面。旋开塑料扣放下小桌板即可使用。

③中间扶手:中间扶手可向上翻起,以增大横向空间。

④杂志袋:靠背后面有杂志袋可放报纸杂志等。

(二)电　　源

各车厢座椅下部设置电源插座,如图 3-125 所示。

图 3-125　动力集中动车组电源

(三)照　　明

内部照明全部采用 LED 照明,各车型具体方案如下。

1. 普通座车、控制车客室设置灯带,用于主照明;行李架设置辅助灯带(紧急情况用于应急照明),通过台、卫生间、洗脸间、小走廊顶板设置筒灯,乘务员室设置平面光源。

2. 播音室及机械师室设置平面光源,通过台、卫生间、小走廊顶板及餐车的餐区设置筒灯。

3. 各车厢乘务员室设置照明控制开关,控制本车厢照明。

(四)空　　调

空调装置须使用自动位控制,如图 3-126 所示。遇有故障时通知随车机械师到场处置。在自动位控制不良时,按随车机械师要求使用手动控制。

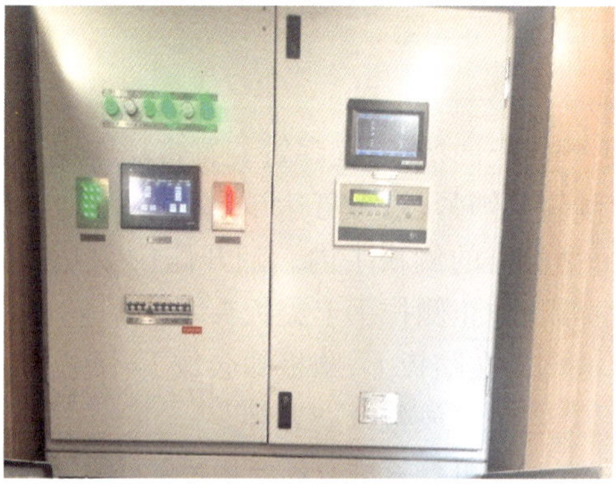

图 3-126　动力集中动车组空调装置

(五)餐　　车

餐车前厅如图 3-127 所示。

图 3-127　动力集中动车组餐吧

(六)卫 生 间

1. 无障碍卫生间

无障碍卫生间布局在 4 车一位，无障碍卫生间门为电控自动门，内配有 SOS 紧急呼叫按钮、坐便活动扶手、婴儿护理台，如图 3-128 所示。

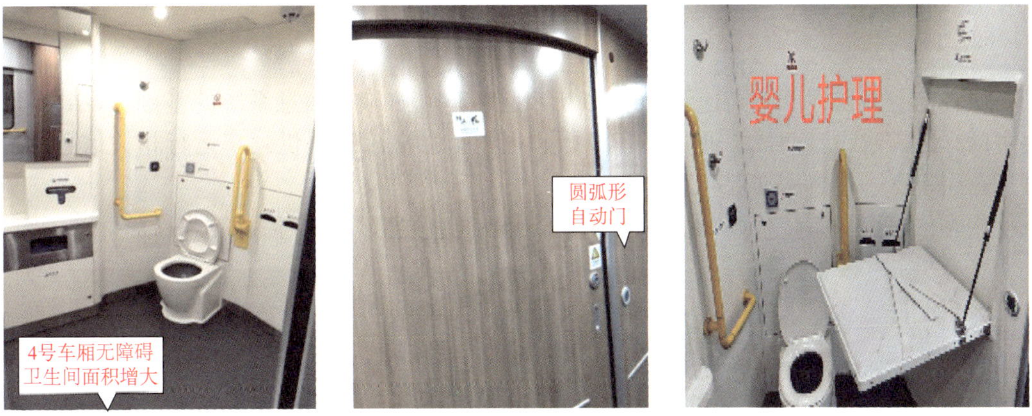

(a)卫生间全景　(b)电控自动圆弧门　(c)婴儿护理台

图 3-128　动力集中动车组卫生间

2. 其他卫生间

每节车厢两端为卫生间，分别为坐便式和蹲便式两种，如图 3-129 所示。

图 3-129　动力集中动车组坐便

(七)液 位 仪

液位仪显示净水箱、污水箱液位如图 3-130 所示。

图 3-130 动力集中动车组液位仪

四、旅客信息系统

旅客信息系统在既有高速动车组及 25T 型客车成熟旅客信息系统的基础上,结合动力集中动车组需求设计而成。通过语音广播和视觉信息向旅客提供列车运行相关信息;餐座合造车(餐吧式)设置旅客呼叫系统。

旅客信息服务系统按照功能划分成 2 个子系统:信息显示、广播,如图 3-131 所示。

图 3-131 车内外信息显示

(一)信息显示

信息显示系统由每节车厢两端圆头位置的显示屏(车内信息显示器)、靠近车门外侧的显示屏(车外信息显示器)组成。车内信息显示器主要显示车次号、车厢号、车内外温度、当前速度等信息;车外信息显示主要显示车次号、车厢号、座位号指示信息和起点站终点站,在每个厕所设置厕所有无人显示屏。

(二)广 播

广播部分在普通座车(餐吧)设置旅客信息系统列车主机、广播控制盒及集中功放单元。广播控制盒上设置手持话柄,工作人员通过手持话柄进行人工广播,如图 3-132 所示。

图 3-132　动力集中动车组旅客信息系统

五、安全设备

（一）紧急呼叫按钮

CR200J 型动力集中动车组设 1 个 SOS 紧急呼叫按钮，如图 3-133 所示。按下紧急呼叫按钮，监控室及卫生间门外天棚上有声光报警。乘务人员立即到场查看，按下呼叫按钮后报警解除，司机室、监控室声光报警显示停止。

图 3-133　动力集中动车组紧急呼叫按钮

（二）紧急制动阀

CR200J 型动力集中动车组在车厢 1 位端设置紧急制动阀，如图 3-134 所示。

图 3-134　动力集中动车组紧急制动阀

(三)人力制动机

CR200J 型动力集中动车组直型车在车厢 1 位端连接处设置人力制动机，如图 3-135 所示。鼓形车未设置人力制动机。

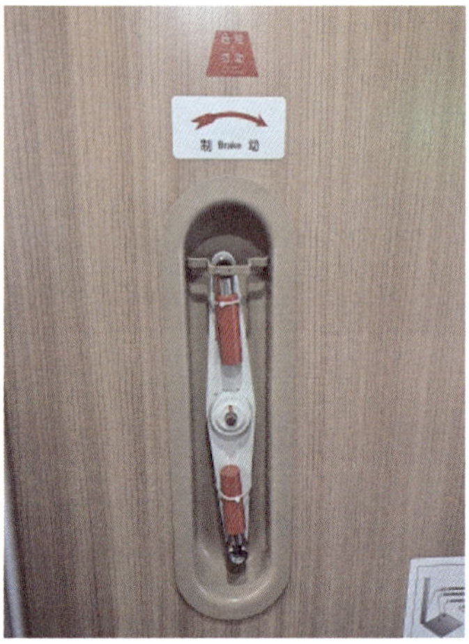

图 3-135　动力集中动车组人力制动机

【学习思考题】

1. 动车组列车是如何定义的？共有几种分类方式，分别是什么？车辆号 ZE555107 代表什么？

2. 动车组塞拉门正常和非正常开门的程序是什么？

3. CR400BF 型动车组，如何判断座席售卖状态？

4. CRH5A 型动车组非正常情况下如何关闭塞拉门？

5. 什么是紧急制动阀？分别说明其使用时机和使用方法。

第四章　动车组列车乘务作业

学习任务

本章主要介绍了动车组列车乘务基本的业务常识和工作标准，以及其他有关作业，配合客运班组共同开展服务工作的餐售、保洁方面相关管理规定。

通过学习，重点掌握动车组列车乘务作业标准和流程、列车广播具体内容和播放要求、高铁快运业务、餐售和保洁管理等方面的有关要求。

第一节　列车乘务组织

一、列车乘务组组成及人员要求

（一）列车乘务组组成

1. 列车乘务组一般由列车长、列车员、乘警、随车机械师、司机组成。列车上保洁、餐饮由社会专业公司承担时，其员工视同列车乘务组成员。列车乘务组人员应当各司其职，在为旅客服务时，接受列车长统一领导。

2. 原则上城际动车组列车（8编组）1长1员，动力集中型动车组列车（8编组）1长2员，动力分散型动车组列车（8编组）1长3员；动车组列车有商务座席的，每组增加1人；城际动车组列车指长春至吉林间城际列车，其他"C"字头动车组列车按照动力集中型、动力分散型配备客运乘务人员。

3. 为提升现场应急处置能力，客运乘务班组原则上应配备不少于1名男性乘务人员；遇有节假日及高峰区段，在配备的客运乘务人员中要设置补票人员，确保列车长有足够时间和精力加强车内巡视。

（二）人员要求

1. 身体健康，五官端正，持有效健康证明。

2. 具备高中（高职、中专）及以上文化程度，保洁人员可适当调整。

3. 持有效上岗证，经过岗前安全、技术业务培训合格。从事餐饮服务的人员有卫生知识培训合格证明。

4. 列车长从事列车乘务工作满2年。列车值班员从事列车乘务工作满1年。列车长、商务座、软卧列车员能够使用简单英语。

5. 熟练使用本岗位相关设备设施，熟知本岗位业务知识和职责，掌握担当列车时刻和沿途停站，包括上水、吸污、垃圾投放等作业情况。熟悉本岗位相关应急处置流程，具备应对突发事件能力。

二、车门管理、乘降组织及联控作业

(一)车门管理制度

1. 列车到站停稳后,司机或随车机械师开启车门,并监控车门开启状态。开车前,列车长接到车站与客运有关作业完毕通知后,按规定通知司机或随车机械师关闭车门(重联时,后组列车长确认本组作业完毕后,向前组列车长报告)。

2. 动车组列车停靠低站台时,到站前 10 min 客运乘务员提前锁闭辅助板指示锁并打开翻板,按分工监控,开车后及时将翻板及辅助板指示锁复位,确认锁闭到位后,监控人员方可撤离,由列车长负责复检。

3. 餐车上货门仅供餐车售货人员在始发站、折返站补充商品、餐料时使用,无旅客乘降。餐售人员上货完毕后,立即锁闭并与随车机械师共同确认锁闭状态;无上货门的动车组应在临近餐车的指定车门上货,上货时不得干扰旅客乘降。

4. 列车运行中,车门、气密窗锁闭状态良好。定期巡视,保持通道畅通。发现车门故障,及时通知随车机械师到场处理;确认车门未锁闭或锁闭状态不良时,还应指派专人看守。对倚靠车门或在车门处坐卧的旅客进行安全宣传和疏导,车门处堆放的物品及时引导至大件行李存放处。

5. 动车组列车在车门关闭后不得随意开启车门,遇特殊情况必须开启车门时,列车长须先确认列车未起动,并得到司机同意后,方可开启车门。再次关门后,通知司机已关闭车门。

6. 临时停车时,立即播报临时停车广播,坚守岗位,监控车内旅客状况,不得随意开启车门。

(二)乘降组织

1. 站停时,乘务人员按分工安全有序地组织旅客乘降,及时疏导旅客先下后上,遇有司机换乘时,先行组织司机上车,再行组织旅客乘降,车门处与站台弯道边缘缝隙较大时,乘务人员做好宣传和安全提示。

2. 遇临时变更到发线时,司机应及时通知列车长站台方向,乘务人员要提前对站台侧车门进行巡视,组织旅客有序乘降。

3. 在列车停站或初起动时,发现危及旅客人身安全或行车安全情况,需紧急叫停列车的,使用全路统一的站车专用无线通信频率(467.200 MHz),呼叫司机停车,停车后告知司机停车事由,处理完毕后再按规定程序通知司机关闭车门。

(三)联控作业

联控作业流程见表 4-1。

(四)车门监控

各客运段根据各类型动车组列车车门分布和列车员数量,合理安排出场位置,明确车门监控范围,列车长根据各列车员车门乘降汇报情况,统筹兼顾全列旅客乘降情况,发生特殊情况及时调整,保证旅客乘降安全有序。以沈阳局集团公司沈阳客运段各类型动车组列车的乘务岗位安排及车门分工为例,如图 4-1 所示。

表 4-1　联控作业流程

<table>
<tr><th>序号</th><th>联控条件</th><th>联控人员</th><th>联控用语</th></tr>
<tr><td rowspan="8">1</td><td rowspan="8">铁路客运员(客运值班员)确认客运作业(含旅客乘降、上水、吸污)完毕后,通知列车长。列车长接到客运作业完毕的通知后,通知列车员再次确认旅客乘降完毕后,(重联时,后组列车长确认本组作业完毕后,向前组列车长报告)通知司机(随车机械师)关闭车门</td><td>铁路客运(客运值班员)呼叫列车长</td><td>××次××站客运作业完毕</td></tr>
<tr><td>列车长</td><td>××次客运作业完毕,列车长明白</td></tr>
<tr><td>列车长</td><td>××次列车员，汇报乘降情况</td></tr>
<tr><td>列车员</td><td>××次×～×车旅客乘降完毕</td></tr>
<tr><td>列车长</td><td>××次司机（随车机械师),××次列车请关门</td></tr>
<tr><td>司机(随车机械师)</td><td>××次关门,司机(随车机械师)明白</td></tr>
<tr><td colspan="2">司机听清后应及时应答,不得拖延,列车长呼叫后,应注意监听司机的应答。呼叫 5 s 后未得到司机应答时,应再次呼叫</td></tr>
<tr style="display:none"></tr>
<tr><td rowspan="6">2</td><td rowspan="2">在终到站（不含折返站）列车长确认旅客下车完毕，随车保洁、餐服人员终到作业结束后，通知司机(随车机械师)关闭车门</td><td>列车长</td><td>××次司机(随车机械师),列车客运终到作业已完毕,准备退乘,请关门</td></tr>
<tr><td>司机(随车机械师)</td><td>××次司机(随车机械师）明白</td></tr>
<tr><td rowspan="4">终到后在站进行吸污、上水作业的动车组列车,在旅客乘降等作业完毕,具备退乘条件时,列车长与车站站台客运人员联控后组织退乘,车站站台客运人员确认列车客运乘务组退乘完毕,确认列车吸污、上水等作业完毕后通知司机关闭车门</td><td>列车长呼叫客运员(客运值班员)</td><td>××站,××次列车终到客运乘务作业完毕准备退乘</td></tr>
<tr><td>站台客运人员</td><td>××次车长,××站收到</td></tr>
<tr><td>站台客运人员</td><td>××次司机(随车机械师),车站作业完毕,请关门</td></tr>
<tr><td>司机(随车机械师)</td><td>××次司机(随车机械师）明白</td></tr>
<tr><td rowspan="4">3</td><td rowspan="4">列车停站或初起动,站、车客运人员发现危及旅客人身安全或行车安全,需紧急叫停列车时，使用频率 467.200 MHz，呼叫司机停车</td><td>站、车客运人员</td><td>××次司机,请立即停车。××站客运值班员(铁路客运员)/××次列车长报告</td></tr>
<tr><td colspan="2">立即停车。司机在接到紧急呼叫时,如果列车没有起动则不起动;如果列车已起动要立即采取停车措施,同时应答呼叫者</td></tr>
<tr><td>司机</td><td>××次司机明白</td></tr>
<tr><td colspan="2">停车后呼叫者告知司机停车事由。相关人员及时做好应急处置</td></tr>
<tr><td rowspan="8">4</td><td rowspan="8">动车组列车营业站停车未对标且开放车门。司机发现动车组列车未对标停车且开放车门时,应使用手持电台通知列车长,随后立即报告列车调度员</td><td>司机</td><td>××次列车长,列车未对上停车标,车门已开放</td></tr>
<tr><td>列车长</td><td>××次司机,旅京正在乘降,请勿起动</td></tr>
<tr><td>司机</td><td>××次司机明白</td></tr>
<tr><td colspan="2">如果客运值班员或列车长主动发现,使用手持电台通知司机。司机立即报告列车调度员</td></tr>
<tr><td>客运值班员或列车长</td><td>××次司机,列车未完全停靠站台:旅客正在乘降,请勿起动</td></tr>
<tr><td>司机</td><td>××次司机明白</td></tr>
<tr><td colspan="2">站、车停止旅客乘降后,客运值班员或列车长使用手持电台通知司机。司机并立即报告列车调度员</td></tr>
<tr><td>客运值班员或列车长</td><td>××次从司机,列车已停止乘降,请关闭车门,对标停车</td></tr>
</table>

CR400BF 复兴号列车乘务班组包括 1 长 4 员、保洁员 2 人,每组车体单侧有 13 个旅客乘降门,乘务岗位安排及车门分工如图 4-1(a)所示。

CR400BF 复兴号列车乘务班组 1 长 3 员、保洁员 2 人,每组车体单侧 13 个旅客乘降门,乘务岗位安排及车门分工如图 4-1(b)所示。

CRH380BG 动车组列车乘务班组 1 长 4 员、保洁员 2 人,每组车体单侧 11 个旅客乘降门,乘务岗位安排及车门分工如图 4-1(c)所示。

CRH380BG 动车组列车乘务班组 1 长 3 员、保洁员 2 人,每组车体单侧 11 个旅客乘降门,乘务岗位安排及车门分工如图 4-1(d)所示。

CRH5A/5G 动车组列车乘务班组 1 长 4 员、保洁员 2 人,每组车体单侧 13 个旅客乘降门,乘务岗位安排及车门分工如图 4-1(e)所示。

CRH5A/5G 动车组列车乘务班组 1 长 3 员、保洁员 2 人,每组车体单侧 13 个旅客乘降门,乘务岗位安排及车门分工如图 4-1(f)所示。

CRH5A/5G 动车组列车乘务班组 1 长 2 员、保洁员 2 人,每组车体单侧 13 个旅客乘降门,乘务岗位安排及车门分工如图 4-1(g)所示。

CR200J 动力集中动车组列车(站台交叉走位互控)乘务班组 1 长 4 员、保洁员 2 人,每组车体单侧 15 个旅客乘降门,乘务岗位安排及车门分工如图 4-1(h)所示。

CR200J 动力集中动车组列车(站台交叉走位互控)乘务班组 1 长 3 员、保洁员 2 人,每组车体单侧 15 个旅客乘降门,乘务岗位安排及车门分工如图 4-1(i)所示。

CRH3A 城际动车组列车乘务班组 1 长 4 员、保洁员 2 人,每组车体单侧 16 个旅客乘降门,乘务岗位安排及车门分工如图 4-1(j)所示。

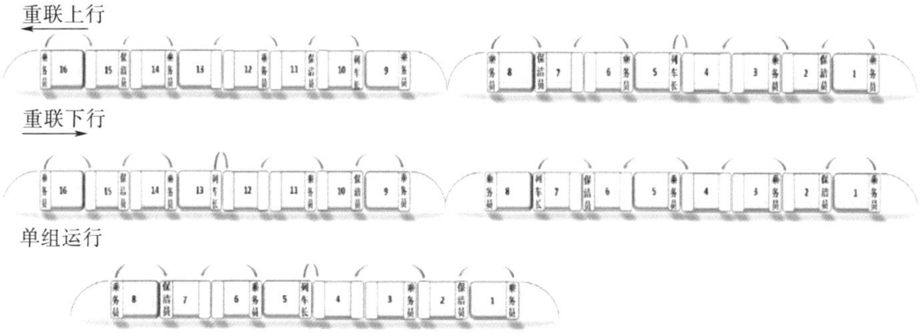

(a)CR400BF复兴号列车乘务岗位安排及车门分工(1长4员)

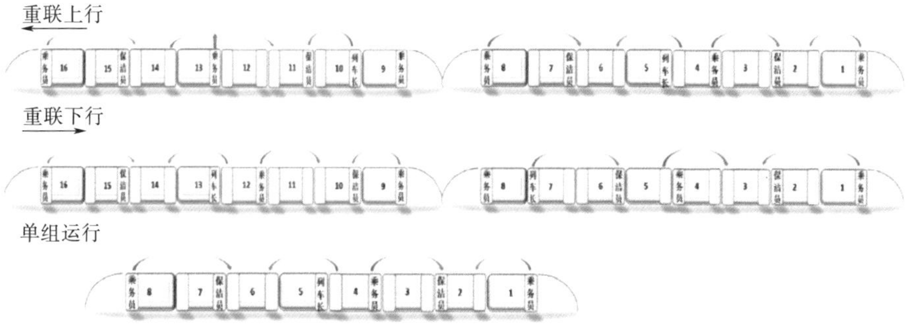

(b)CR400BF复兴号列车乘务岗位安排及车门分工(1长3员)

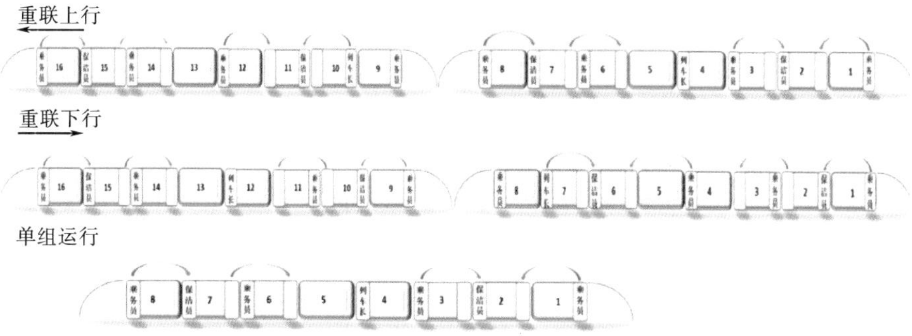

(c)CRH380BG动车组列车乘务岗位安排及车门分工(1长4员)

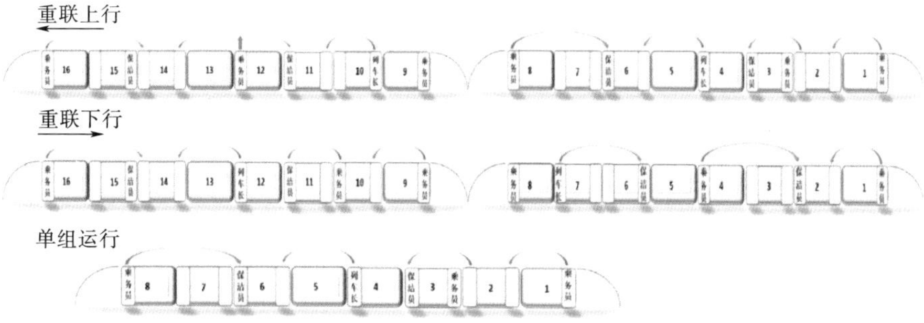

(d)CRH380BG动车组列车乘务岗位安排及车门分工(1长3员)

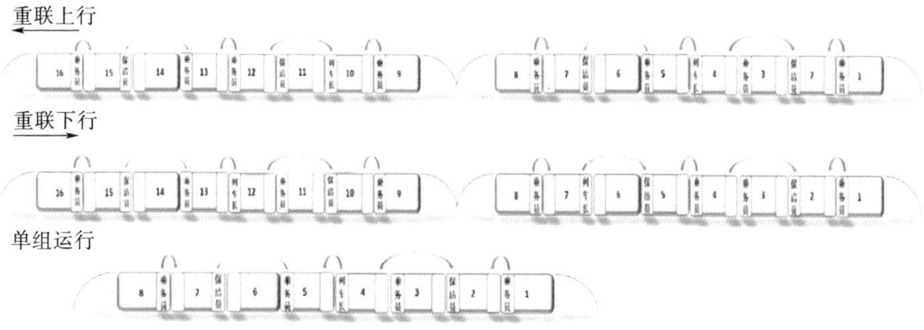

(e)CRH5A/5G动车组列车乘务岗位安排及车门分工(1长4员)

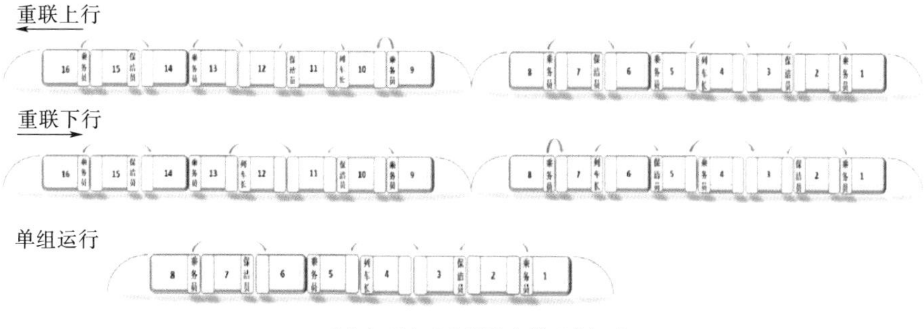

(f)CRH5A/5G动车组列车乘务岗位安排及车门分工(1长3员)

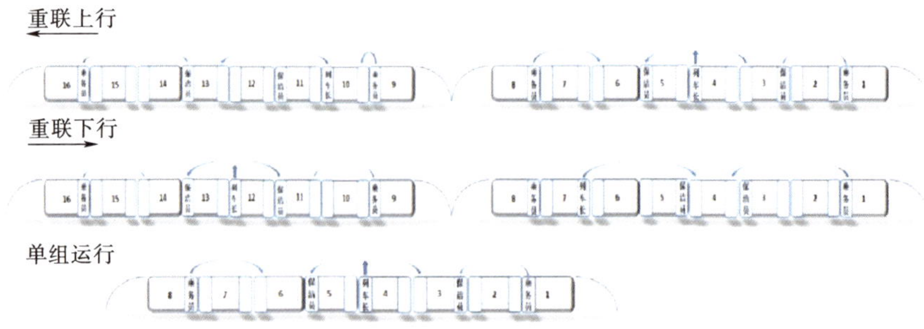

(g)CRH5A/5G动车组列车乘务岗位安排及车门分工(1长2员)

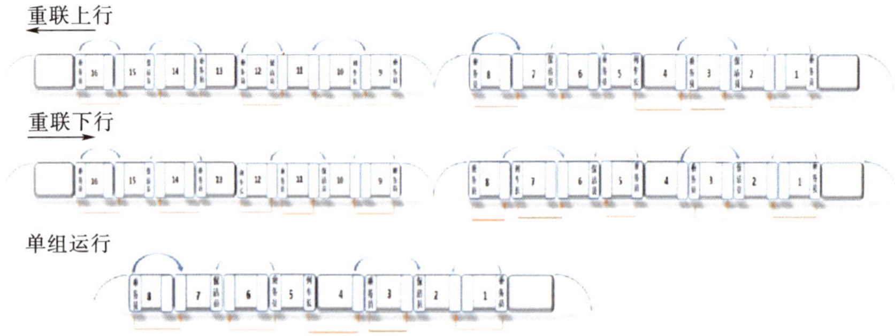

(h)CR200J动力集中动车组列车(站台交叉走位互控)乘务岗位安排及车门分工(1长4员)

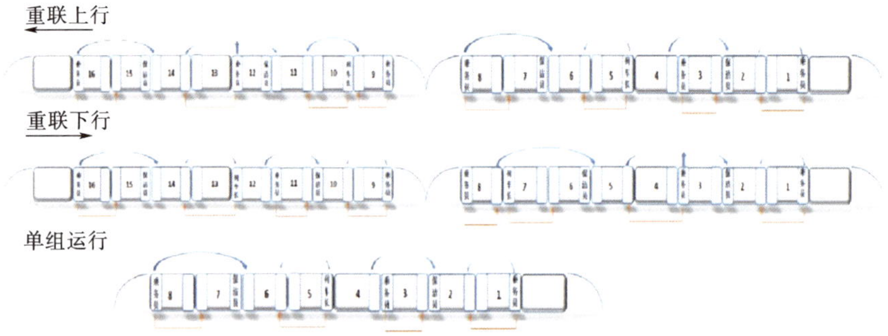

(i)CR200J动力集中动车组列车(站台交叉走位互控)乘务岗位安排及车门分工(1长3员)

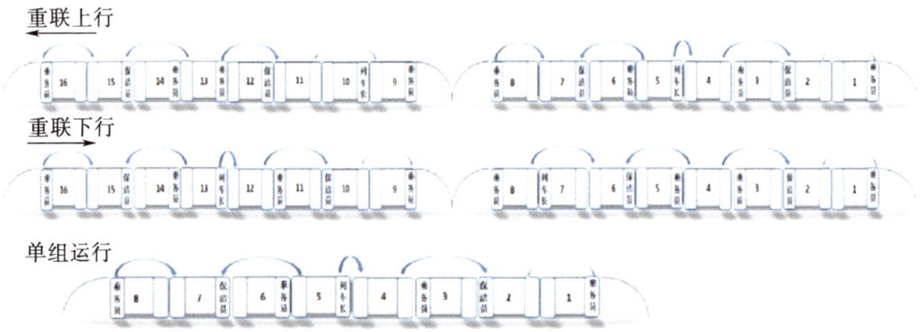

(j)CRH3A城际动车组列车乘务岗位安排及车门分工(1长4员)

注：

1. ⌒:列车员监控车门范围。
2. ↑:对应乘务人员的监控车门范围。
3. 本图按照列车员就近车门监控的原则划分车门分工:每组列车长除对监控范围车门负责外,还监控整组车门。
4. CR200J 动力集中动车组列车站停时间 8 min 及以上时执行站台交叉走位互控。
5. 动车组列车反编组运行时按照对应车门立岗、对应监控范围监控车门。

图 4-1　主要动车组列车乘务岗位安排及车门分工

动车组列车到站前车门出场作业情况如图 4-2 所示，具体要求包括以下几点。

1. 宣传：到站立岗前先到非出场门进行重点宣传，宣传内容为“旅客先下后上，小心站台缝隙，注意脚下安全”。

2. 立岗：非出场门宣传后到如图 4-2 中②的位置立岗，兼顾左右。宣传内容为“旅客先下后上，小心站台缝隙，注意脚下安全”。

3. 立岗、监控、联控：旅客乘降完毕后，到图 3 位置立岗，监控站台旅客乘降情况，按规定汇报乘降。

4. 保洁员车门出场作业按上述要求同样办理，不需汇报乘降。

5. 出场车门为独立车门时省略作业环节。

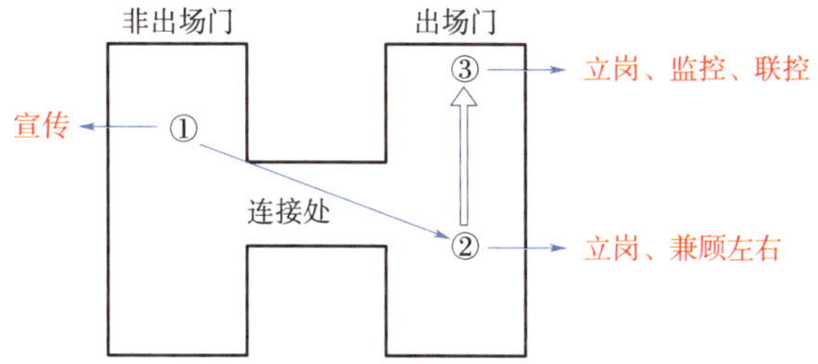

图 4-2　到站前车门出场作业

三、站车交接

办理交接时，列车长在指定位置出场，办理站车交接，短编组动车组列车在 4、5 号车厢之间；长编组动车组列车在 8、9 号车厢之间；重联时，车站与前组列车长办理交接，在列车运行方向前组第 7、8 位车厢之间，遇特殊情况后组需与车站办理交接时，可提前向客服调度员报告，由客服调度员通知车站做好交接准备。

四、给水作业规定

（一）动车组列车给水原则

1. 当日第一趟车始发时应辆辆满水。

2. 单程运行时间 10～14 h 的，途中安排重点车厢补水 1 次。16 辆编组的，优先安排紧邻餐车的前部 2 辆、后部 2 辆车厢补水；8 辆编组及重联的，每组优先安排紧邻餐车的前部 1 辆、后部 1 辆车厢补水；部分车型紧邻餐车车厢没有厕所的，向邻近车厢顺延。

3. 单程运行时间在 14 h 以上的，途中（运行 7 h 前后）安排 1 次全列满水。

4. 车底连续套跑 10 h 以上的，中间（运行 6 h 前后）安排 1 次折返站全列满水。

5. 在给水站停时 8 min 及以上时，辆辆满水；停时 6～8 min，辆辆补水；停时 4～5 min，重点车厢补水；停时 3 min 及以下的，不安排给水作业。

6. 列车终到后折返停留无法供水，且整备保洁工作有用水需要，终到站应安排每组动车安排 2 辆满水。具体位置由列车担当局确定，在上水方案中公布。

（二）动车组列车应急补水

1. 遇到动车组列车需要途中临时补水时，列车长必须提前与所在局客运调度员、前方给水站联系,告知车次、缺水车厢号、缺水程度等,给水站接到调度指令后,应提前组织给水人员按给水原则重点给水。

2. 遇列车长时间滞留非给水站或给水站设备故障无法给水时,根据列车需要,由所在局集团公司客调安排停靠车站为旅客和餐车送水。

(三)其他规定

1. 列车应做好节约用水、爱护设备等宣传。运行途中列车工作人员加强巡视,发现浪费用水、损坏设备等行为应及时劝阻。

2. 动车组列车不进行上水量核对,如遇途中长时间(1 h 以上)且大面积(短编组 3 辆及以上、长编组或重联 5 辆及以上)断水的,列前一上水站未上水,上水辆数均记做 0,其他情况均视作按方案上水。动车组列车随车不增设台账,列车乘务人员利用站车客运信息无线交互系统手持终端做好上水情况记录。

五、作业流程和标准

(一)列车长作业流程和标准

列车长作业流程如图 4-3 所示,列车长作业标准见表 4-2。

图 4-3 列车长作业流程

表 4-2　列车长作业标准

作业内容		质量标准
出乘作业	班前学习	组织召开出乘会,传达文件命令、电报,总结上趟乘务工作,布置本趟乘务任务。收缴列车员烟火,检查列车员仪容仪表、标志、证件
	设备调试	检查电报、客运记录、便携式补票机、防盗防抢箱、站车客运信息无线交互系统手持终端、GSM-R 手持终端、手持电台等乘务备品,确认设备状态良好,电量充足
	点名出乘	派班室点名,接受命令、指示。按时出乘,命令、指示记录准确、无遗漏,乘务任务明确
接车作业	列队进站	列队整齐按规定线路行走,步伐一致,箱(包)在同一侧,列车长在队伍尾部。始发前 30 min(站台交接时,进站前 15 min)到达站台指定地点接车,检查确认列车外显车次信息
	登乘作业	接车后,备品定位摆放,调整担当车次,登录站车客运信息无线交互系统,进行铁路畅行码开班作业。与质检员(交班列车长)办理业务交接,做到交接清楚全面
	设备检查	检查列车设备设施情况,对设备问题进行确认,对新出现的设备故障及时通知随车机械师进行处理,无法修复时做好记载,与随车机械师确认,记录在手持终端内
	备品检查	检查应急、反恐等备品状态;检查列车出库卫生保洁质量及易耗品、清扫工具定位情况;确认列车满水情况,督促列车员检查视频监控设备状态
	结合部管理	检查餐售等人员着装、证件、手机收缴情况,收缴烟火,统一保管并做好登记。布置趟班重点工作,检查商品摆放等情况
		与商务座、特等座、一等座车厢的列车员确认商务座、特等座、一等座饮品、休闲食品和专项服务备品领取数量,与餐车长签字交接
	高铁快运	检查快件堆码情况,在立岗位置与车站指定高铁快件交接人员按装载清单办理交接
始发作业	联控对时	与司机对时后交换 GSM-R 手持终端号码,与列车员对时,做到时间准确一致
	放客作业	车站检票时,在指定车门处面向旅客放行方向立岗,迎接旅客上车,与车站办理业务交接
		开车前 5 min,提示兼职广播员播放广播、监听音量及内容
	关门作业	开车前,接到车站与客运有关的作业完毕通知和列车员乘降完毕汇报后,按规定通知司机关闭车门(重联时,后组列车长确认本组作业完毕后,向前组列车长报告)
	应急处置	遇动车组列车初起叫停等特殊情况时,及时采取措施,妥善处理
途中作业开车后	始发播报	确认视频、广播、电子屏播放及显示内容准确、音量适中、播放及时
	巡视作业	加强安全、禁烟宣传和危险品查堵,落实岗位防火责任制,对灭火器、紧急破窗锤等消防、安全设备进行巡视检查,提示旅客遵守安全乘车规定和动车组列车禁烟制度。发现旅客损坏车辆设施、违规吸烟等影响列车安全的行为及时制止,按规定移交公安部门依法处理
		车容、设备检查。检查车门、翻板、各柜门锁闭状态;检查行李架、衣帽钩、大件物品摆放及商品、高铁快件堆码情况;巡视电茶炉、卫生间等部位,做到设备良好,通道畅通,卫生整洁,备品充足,温度适宜。检查车厢视频监控设备工作状态。上水站开车后在站车客运信息无线交互系统中据实填记、提报。发现上部设备设施故障及时告知随车机械师进行处理
	文明服务	掌握车内旅客动态,积极做好服务工作,耐心解答问询,落实首问首诉负责制,积极响应旅客诉求,遇有重点旅客主动提供帮助

续上表

作业内容		质量标准
途中作业运行中	验票补票	掌握乘车人数,检查列车员席位核对执行情况,办理实名制补票等业务,处理违章态度和蔼,执行规章熟练准确,减少对旅客干扰
	巡视作业	落实巡检制度,做好安全宣传,检查防火、安全隐患,检查车容车貌和动态卫生,检查饮食品质量,检查各类备品停放、摆放情况,检查消耗品补充情况,检查高铁快件码放和包装,监督餐售人员售货行为,规范乘务人员作业标准,规范电器设备使用,发现问题及时纠正、跟踪整改、准确考核
		做好爱车宣传,发现故障及时通知随车机械师到场处理,对不能立即修复的设备问题,及时在站车客运信息无线交互系统中进行记载
	文明服务	掌握车内旅客动态,积极做好服务工作,耐心解答问询,落实首问首诉负责制,积极响应旅客投诉,及时处理站车客运信息无线交互系统提示的旅客服务信息,遇有重点旅客主动提供帮助,态度和蔼,用语文明
	疏导组织	到站前组织乘务人员疏通下车通道,到指定车门位置立岗,加强宣传引导
	应急处置	遇有列车晚点时,向司机了解晚点原因,及时上报晚点情况,统一口径向旅客做好解释和安抚工作,掌握中转换乘旅客情况。遇有突发情况时,立即通报相关人员,启动应急预案
途中作业停车时	乘降组织	在指定位置立岗,监控旅客乘降情况,与车站办理交接
	高铁快运	高铁快件办理站,监督押运人员组织高铁快件快速装卸,与押运人员办理交接
	关门作业	开车前,接到车站与客运有关的作业完毕通知和列车员乘降完毕汇报后,按规定通知司机关闭车门(重联时,后组列车长确认本组作业完毕后,向前组列车长报告)
	应急处置	遇动车组列车初起叫停等特殊情况时,及时采取措施,妥善处理
途中作业终到前	巡视作业	全面巡视车厢。检查防火安全、设备设施状态、全面卫生清理。检查乘务人员使用清洁车收取垃圾、垃圾袋撤换及空余座位小桌板、遮光帘(幕)收起复位等情况。提醒旅客整理好随身携带物品,做好下车准备
	赠品清算	检查餐售到站前作业。餐台、后厨、前厅卫生全面清理,按规定时间收取商品、货物,与餐车长核对饮品、休闲食品使用数量,签字确认
	数据上报	填记表报簿册,审核票据、清点票款
		车底入本属库时,终到前将服务设施故障问题填写在站车客运信息无线交互系统内,与随车机械师确认;客运班组交接班时,对设备问题与接班列车长做好交接
	疏导组织	组织乘务人员疏通下车通道,到指定车门位置立岗,加强宣传引导
终到(折返)作业	乘降组织	在指定车门处立岗,与车站办理业务交接
	高铁快运	在立岗位置与车站指定高铁快件交接人员按装载清单办理交接
	巡视检查	旅客下车完毕后,对车厢进行全面巡视,检查终到卫生,发现旅客遗失物品及时交车站处理
	整理备品	列车终到后,组织乘务人员收取剩余易耗品,整理乘务备品,清洁工具定位。对随车保洁员作业情况按标准进行考核
		折返时,检查卫生整备和备品补充情况,按标准进行考核

续上表

作业内容		质量标准
退乘作业	组织退乘	在终到站(不含折返站)列车长确认终到作业结束后,通知司机关闭车门;终到后在站进行吸污、上水作业的动车组列车,确认具备退乘条件时,列车长与车站站台客运人员联控后组织退乘
	票款解缴	有现金进款时,由专人护送到规定地点解款
	设备移交	按规定线路退乘,组织乘务班组召开退乘会,点评趟班工作,返还烟火、手机。列车补票、通信等设备,相关备品、表簿按规定交接
	退乘保休	入公寓时,按照规定线路统一列队行走,遵守待乘纪律,外出执行请假制度,坚持两人以上同去同归。折返出乘前组织召开出乘会,收缴烟火、手机

(二)列车员作业流程和标准

列车员作业流程如图 4-4 所示,列车员作业标准见表 4-3。

图 4-4　列车员作业流程

表 4-3　列车员作业标准

列车员作业流程		
作业内容		质量标准
出乘作业	班前学习	准时参加出乘会,接受上级命令、指示,趟班乘务任务明确,主动上交烟火、手机
	整理着装	整理仪容仪表,着装规范整齐,备品证件携带齐全,设备状态良好
	点名出乘	列队到派班室点名,接受派班员命令、指示及业务考试

续表

作业内容		质量标准
接车作业	列队进站	列队整齐按规定线路行走,步伐一致,箱(包)在同一侧,始发前 30 min(站台交接时,进站前 15 min)到达站台指定地点接车
	接车整备	接车后,乘务备品定位摆放,检查视频监控、设备设施、卫生质量及易耗品、清扫工具定位情况,检查上水情况。发现问题及时报告列车长
		负责商务座、特等座、一等座车厢的列车员与餐售人员清点饮品、休闲食品及专项服务备品数量,检查定置摆放
	高铁快运	在高铁快件办理站检查车站装卸人员装卸、码放作业,确认施封、外包装及件数,并向列车长报告
始发作业	核对时间	与列车长对时,做到时间准确一致
	放客作业	车站检票时,在分工车厢,引导重点旅客就座、协助安放行李物品。商务座列车员到指定位置车内立岗,致欢迎词面带微笑引导旅客
		开车前 5 min,到指定车门处车内立岗,兼职广播员播放广播,乘务人员监控广播、电子屏、视频播放及显示情况
	关门作业	开车前接到列车长确认乘降的指令后,对旅客乘降、高铁快件和餐车物品装卸情况进行汇报
	应急处置	遇特殊情况时,立即向列车长汇报,采取措施,妥善处理
途中作业开车后	始发播报	兼职广播员播放广播,乘务人员监控广播、电子屏、视频播放及显示情况
	巡视作业	加强安全、禁烟宣传和危险品查堵,落实岗位防火责任制,提示旅客遵守安全乘车规定和动车组列车禁烟制度。发现旅客损坏车辆设施、违规吸烟等影响行车安全的行为及时劝阻并报告
		检查车门、翻板、各柜门锁闭状态;整理行李架、衣帽钩、大件物品摆放,检查商品摆放、高铁快件堆码、施封、外包装及件数等情况,清理电茶炉、卫生间等部位。做到设备良好,通道畅通,卫生整洁,备品充足,温度适宜
	文明服务	掌握车内旅客动态,积极做好服务工作,耐心解答问询,落实首问首诉负责制,积极响应旅客诉求,遇有重点旅客主动提供帮助
途中作业运行中	车票核验	席位核对,根据站车客运信息无线交互系统,差异化对旅客乘车信息进行核实,发现乘车条件不符的人员及时引导,报告列车长
	车内整容	对空余座位的小桌板、遮光帘(幕)、座椅扶手等及时复位;对行李架、衣帽钩、大件行李存放处及时整理,保持通道畅通;协助保洁人员做好车内卫生清理,对满溢垃圾袋及时更换,系紧扎严,放于非乘降车门侧
	文明服务	掌握车内旅客动态,积极做好服务工作,耐心解答问询,落实首问首诉负责制,态度和蔼,用语文明;加强爱车宣传,及时制止不文明乘车行为;宣传旅行常识,主动向旅客介绍设备设施使用方法,对使用轮椅的旅客引导至专用区(有安全带时应使用安全带固定);监控餐售行为,及时制止餐售人员频繁进入车厢及高声叫卖;主动为商务座旅客免费提供餐食、饮品、休闲食品和专项服务备品
	监控疏导	兼职广播员播放广播,乘务人员监控广播、电子屏、视频播放及显示;上水站对车厢水位进行检查确认并在站车客运信息无线交互系统中进行填记、提报
		到站前疏通下车通道,到指定车门位置立岗,加强宣传引导
	应急处置	遇有列车晚点,要坚守岗位,统一口径向旅客做好解释和安抚工作。列车晚点时间较长时,掌握特殊重点旅客服务需求,对中转换乘的旅客进行统计。运行途中遇有突发情况时,立即报告列车长,按照岗位职责分工,做好应急处置

续上表

作业内容	质量标准	
途中作业停车时	乘降组织	中途站停时，监控旅客乘降情况，按要求做好提示
	垃圾投放	在垃圾投放站指定位置投放垃圾袋
	关门作业	接到列车长确认乘降的指令后，对旅客乘降、高铁快件和餐车物品装卸情况进行汇报
	应急处置	遇特殊情况时，立即汇报、采取措施，妥善处理
途中作业终到前	巡视作业	做好车厢巡视，检查防火安全、设备设施状态
	卫生清理	全面做好车厢整容和卫生清理
	清点赠品	负责商务、特、一等座车的列车员与餐售人员清点饮品、休闲食品和专项服务备品数量，并向列车长报告
	疏导组织	兼职广播员播放广播，乘务人员监控广播、电子屏、视频播放及显示
		到站前，提醒旅客整理好随身携带物品，帮助特殊重点旅客提前到车厢门口处做好下车准备，到指定车门位置立岗
终到(折返)作业	乘降组织	列车到站停稳后，在指定车门处立岗，组织旅客下车
	巡视检查	旅客下车完毕后，巡视车厢，协助保洁员全面清理卫生，整理车容。发现旅客遗失物品及时报告列车长
	整理备品	补充(回收)剩余易耗品，整理乘务备品，清洁工具定位
		折返站协助保洁员旋转座椅方向
	垃圾投放	在垃圾投放站指定位置投放垃圾
退乘作业	设备移交	收取剩余易耗品，整理乘务备品，确认齐全，下车列队，按规定线路退乘
	退乘保休	入公寓时，遵守待乘纪律，外出执行请假制度，坚持两人以上同去同归。折返出乘前参加出乘会，主动上交烟火、手机

第二节　广播知识

动车组列车广播分为列车自动播报、手动播报和直播播报三种播报方式。列车广播除部分客运基础广播采取双语录制外，其他广播均为中文普通话。动车组列车广播通用部分分为：客运基础广播、安全服务广播、营销服务广播、公共应急广播四类。

一、客运基础广播

客运基础广播见表4-4。

表4-4　客运基础广播

播放时段	作业内容	作业时机	播放方式	广播词	语种
始发前广播	开车前通告	列车始发和折返站开车前5 min	手动	女士们、先生们，欢迎乘坐本次列车，请您核对车次，对号入座，随身物品请妥善保管，放置在行李架或大件行李处，避免掉落，砸伤旅客。列车环境关系每一名旅客的出行体验，需要大家共同营造和维护。请您按照车票区间、席位有序乘车；遵守列车秩序，不大声喧哗，看护好随行儿童，爱护公共设施和环境卫生，正确使用设备设施，尊老爱幼，文明礼让。因列车中途停站时间较短，未到站的旅客请不要下车，以免耽误您的行程。列车就要开车了，祝您旅途愉快	中英/蒙

续上表

播放时段	作业内容	作业时机	播放方式	广播词	语种
途中广播	始发后通告	始发开车后	自动	女士们，先生们，欢迎乘坐本次列车，为确保您的安全，动车组列车实行全程禁烟，严禁携带危险品乘车，请您爱护车内设备设施，文明乘车，谢谢您的合作	中英/蒙
	一站三报（预报）	始发站开车“始发后通告”播放完毕后	CRH5A型动车组列车自动，其他手动	女士们，先生们，欢迎乘坐中国铁路沈阳局集团有限公司动车组列车，列车前方停车站是××站。本次列车全列禁止吸烟，感谢您的配合	中英/蒙
		途中站开车后	自动		
	一站三报（通报）	时速160 km/h列车距前方停车站5 km处，其他列车距前方停车站10 km处	自动（2遍）	女士们，先生们，列车前方停车站是××站，请您整理好随身携带物品，提前做好下车准备	中英/蒙
	便捷换乘	到达便捷换乘站前，二报播放完毕后	手动	到达便捷换乘站前，二报播放完毕后，手动播放提示持联程票旅客换乘服务的广播	中文
	一站三报（确报）	列车到站停稳后	自动	女士们，先生们，列车已经到站，请下车的旅客携带好随身物品，注意列车与站台间的缝隙	中英/蒙
	调向提示	调向站到站前二报结束后、调向站开车后一报结束后各播报一遍	自动	调向站到站前：女士们，先生们，列车前方到站后，即将转换方向运行，您可踩下座椅外侧下部旋转脚踏，轻轻推动座椅靠背旋转方向，旋转座椅时，请妥善安放自己的行李物品，防止丢失、损坏。 调向站开车后：女士们，先生们，目前的运行方向发生了转换，座椅尚未调整方向的旅客，您可踩下座椅外侧下部旋转脚踏，轻轻推动座椅靠背旋转方向，旋转座椅时，请妥善安放自己的行李物品，防止丢失、损坏	中文
终到前及终到广播	问卷扫码	终到站到站前，二报及便捷换乘播放完毕后	手动	为适应新时代的社会发展要求，实事求是的了解旅客对铁路站车服务质量的评价和意见，有效监督铁路客运服务质量。国家铁路局在全路范围内开展铁路客运服务质量问卷调查，欢迎各位旅客扫描车站售票处、候车室服务台、卫生间和各次列车乘务室门上、卫生间、动车餐桌板上的二维码，积极参与。感谢各位旅客对铁路客运服务质量的监督和评价	中文
	终到提示	“扫码问卷”播放完毕后	手动	女士们，先生们，列车就要到达终点站了，请您协助我们将茶桌板归位，窗帘归位，将垃圾放到垃圾箱内，您在下车时请携带好随身物品，注意列车与站台间的缝隙。感谢您的协助与配合	中文
	终到广播	列车进站停稳后	自动	女士们，先生们，列车已经到达终点站，感谢您乘坐本次动车组列车，再见	中英/蒙
备注	便捷换乘站 局管内：长春、长春西、沈阳北、沈阳、沈阳南、大连北、吉林、辽宁朝阳、凌海南。 局管外：哈尔滨西、天津西、太原南、石家庄、郑州东、郑州、商丘、武汉、武昌、汉口、西安北、济南西、南京南、上海虹桥、杭州东、合肥南、宁波、徐州东、苏州、温州南、昆山南、芜湖、蚌埠南、南昌南、福州、福州南、厦门北、厦门、南昌、长沙南、广州南、深圳北、广州、佛山西（客专场、城际场）、长沙、衡阳东、南宁东、成都东、重庆北、重庆西、贵阳北、昆明南、兰州西、乌鲁木齐、吐鲁番、西宁				

二、安全服务广播

(一)安全文明宣传

单程运行时间在 3 h 以内的，仅始发开车后播报；单程运行时间在 3 h 以上的，除始发外，还应在客流较大车站开车后播报，单程累计不超 3 次。

广播词：女士们，先生们，为共同营造舒适、整洁的旅行环境，请您不要在车厢内脱鞋、躺卧、食用异味食品，接打电话或使用电子产品时要音量适宜。动车组列车严禁携带易燃、易爆危险品；为了您的安全，请不要在大件行李处、电茶炉下坐卧；取放行李物品时请抓紧放牢；不要随意触碰列车红色按钮和把手；请您不要倚靠车门。列车电源仅供笔记本电脑、手机、平板电脑、电动剃须刀、单块额定能量不超过 100 W·h 的移动充电器充电，禁止插入多功能插线板；您在接打开水时请不要过满；小桌板上放置的高温食品、饮品请注意安全，防止烫伤自己及身边旅客，小桌板承重有限，请不要放置重物或趴在小桌板上；带小朋友的旅客，请看管好您的孩子，以免发生意外。谢谢您的配合。

(二)征信宣传

关于限制铁路旅客运输领域严重失信人购买车票的广播。单程运行时间在 3 h 以内的，仅始发开车后播报；单程运行时间在 3 h 以上的，除始发外，还应在客流较大车站开车后播报，单程累计不超 3 次。

广播词：女士们，先生们，为弘扬诚实守信的文明新风，倡导文明出行，请自觉遵守国家法律规定和铁路有关规定，铁路部门将依据中华人民共和国国务院《征信业管理条例》等法律规定，对违反规定的旅客进行处置，并将记录个人身份信息，在一定期限内限制购票，并按规定向国家、地方政府相关部门和有关征信机构提供铁路旅客信用信息，请自觉维护铁路旅客运输良好秩序，谢谢配合。

(三)设备设施介绍

对列车客运设备设施功能、位置、使用方法的介绍仅限新开行动车组列车的线路，仅在始发后播报，广播时限不应超过 180 天；其他动车组列车不再播报。广播时长不超过 60 s，广播词根据车型由各铁路局集团公司自定。

(四)禁烟宣传

列车可根据运行实际，手动插播禁烟宣传，可不受时间、次数限制。

广播词：女生们、先生们，为确保铁路行车安全，动车组列车上严禁吸烟，也不要在卫生间内使用香水发胶等喷雾式用品，上述行为会引发烟雾报警，影响列车运行，凡在动车组列车上吸烟者，视情节轻重根据《铁路安全管理条例》处以 500 元以上 2 000 元以下的罚款，同时依据《征信业管理条例》记入个人信用信息系统，处以 180 天内限制购票的失信处罚。为避免对个人信用造成影响，请您自觉遵守国家法律规定和铁路有关规定。动车组列车全列禁烟，谢谢您的合作！

(五)铁路畅行扫码

单程运行时间在 3 h 以内的，仅始发开车后播报；单程运行时间在 3 h 以上的，始发站不播报，较大车站开车后播报，单程累计不超 3 次。

通用广播词:女士们、先生们,为进一步提升旅客在途服务体验,铁路部门在本次列车推出了铁路畅行扫码服务,您扫描座椅右方扶手上的二维码,可以查询到列车正晚点信息、运行位置、接续车次、畅享餐饮选购、补票升席等便捷服务,欢迎您使用,期待您的宝贵意见。

车体广播词:女士们、先生们,为进一步提升旅客在途服务体验,铁路部门在本次列车推出了铁路畅行扫码服务,您展开桌板扫描内侧的二维码,可以查询列车正晚点信息、运行位置、接续车次、畅享餐饮选购、补票升席等便捷服务,欢迎您使用,期待您的宝贵意见。

三、营销服务广播

(一)餐饮供应

对餐车位置、餐食品种供应服务的广播介绍。广播时段仅限 7:00—9:00,11:00—13:00,17:00—19:00,不得发布商品广告。广播时长不超过 30 s,每时段广播不超过两次。

广播词:女士们、先生们大家好,为了满足大家的饮食需求,在列车餐吧为您准备了多种营养套餐。冷热饮品及休闲食品,欢迎您到位于列车中部的餐吧选购,也可以与列车上的服务人员联系。

(二)座席升级

对动卧、特等座、一等座、商务座等高票价剩余席位的营销宣传。广播时长不超过 30 s。广播时机视现场情况自定。

广播词:女士们、先生们,目前列车仍有剩余一等座(商务座、特等座),有需要的旅客尽快联系列车工作人员或通过铁路畅行扫码办理座席升级手续,谢谢。

四、公共应急广播

列车运行中遇紧急突发情况时,根据实际情况播报应急广播,直播播报。

(一)广播寻医

遇旅客意外伤害、突发疾病时寻找医生救治的广播。广播时机视现场情况自定。

广播模板:女士们,先生们,列车上有旅客突发疾病,请从事医护工作的旅客与列车长联系。感谢您的支持。

(二)应急广播

发生火灾爆炸、空调失效、临时停车等突发情况,引导旅客快速疏散、换乘组织时播报的广播。广播时机视现场情况自定。

临时停车广播模板:女士们、先生们,列车现在是临时停车,没有到达前方停车站。

寻人广播模板:女士们、先生们,现在广播找人,××女士(先生),听到广播后,请到×号车厢有人找您。

(三)晚点通告

动车组列车晚点 15 min 及以上,列车长应及时向旅客公告列车晚点时间,已确定原因的要说明晚点原因,并做好宣传解释和客运服务工作。向旅客通报时,列车广播每次间隔不超过 30 min。

1. 自然灾害(降雨、降雪、大雾、雾霾、大风、山体滑坡、泥石流……)造成列车晚点时:

广播模板：女士们、先生们，我是××××次列车列车长，本次列车受××（降雨、降雪、大雾、雾霾、大风、山体滑坡、泥石流……）影响，（需要降速时还需播报：为确保旅行安全，本次列车需降速运行），现在大约晚点××小时××分。谢谢您的配合。

2. 铁路原因（事故影响、设备故障等）造成列车晚点时：

广播模板：女士们、先生们，我是××××次列车列车长，本次列车因××原因晚点，现在大约晚点××小时××分。

3. 原因不明时：

广播模板：女士们、先生们，我是××××次列车列车长，本次列车现在大约晚点××小时××分。因列车晚点给您造成不便，请您谅解。

（四）超员疏散

发生列车部分车厢超员报警，需要车内疏导，且因超出运输能力，无法为旅客办理延长票务业务，可通过广播公告。广播时机视现场情况自定。

广播模板1：女士们、先生们请注意，本次列车已严重超员，触发列车超员报警装置，导致列车在该站无法开车，为了您的旅行安全，请没有席位的旅客听从列车工作人员的疏导，到客流较小的车厢，感谢您的配合。

广播模板2：女士们、先生们请注意，本次列车已严重超员，触发列车超员报警装置，导致列车在该站无法开车，为了您的旅行安全，请已经购买车票的旅客按照票面到站下车，本次列车停止办理补票业务，请旅客听从站车工作人员的引导，共同构建和谐乘车环境。

（五）旅客吸烟引发列车降速（停车）

广播模板：女士们、先生们，××点××分在×号车厢，由于一名旅客在卫生间（车厢内）吸烟引发列车降速（停车），这名旅客已经受到治安处罚，请大家不要在列车上吸烟。谢谢合作！

（六）紧急疏散旅客

广播模板：女士们、先生们，我是本次列车列车长，由于列车（自然灾害、设备故障等）原因无法运行，列车停靠在××隧道（桥），给您旅行带来的不便，我代表铁路部门向您表示歉意。因列车无法运行（列车故障无法修复），为确保大家的人身安全，我们将把大家疏散到安全地带，请您按照广播疏散程序进行疏散，听从工作人员引导，确保安全。现在列车已经在×车、×车安装了应急逃生梯，请大家带好随身携带物品，按照先后顺序排队下车，下车时注意脚下防止滑倒摔伤，下车后跟随手持引导旗和爆闪灯列车员方向进行转移，如果您有困难请及时和工作人员取得联系，对您的配合表示感谢。

（七）更换车体

广播模板：女士们、先生们，我是本次列车列车长，由于列车设备故障无法运行，列车需更换车体，请大家带好随身携带物品，按照先后顺序排队下车，下车时注意脚下防止滑倒摔伤，下车后按照工作人员的引导，按所持车票的席位信息对号入座，谢谢您的配合。

（八）遇动车组列车空调失效

广播模板1：女士们、先生们，我是本次列车列车长，列车空调系统发生故障，工作人员正在全力抢修，请您稍作等待，希望得到您的谅解与配合。谢谢！

广播模板2：女士们、先生们，我是本次列车列车长，列车空调系统发生故障，工作人员正在全力抢修,为保持车内通风良好,需要打开×车车门,安装防护网限速运行,希望得到您的谅解与配合。谢谢!

(九)遇动车组列车集中调控系统临时发生故障

广播模板:女士们、先生们,由于列车集中调控系统临时发生故障,需要人工打开车门,请大家不要着急,不要拥堵在车门附近,以免发生意外。我们工作人员将迅速逐个车厢打开车门,耽误您下车时间了,希望得到您的谅解与配合。谢谢!

(十)列车停车打开车门安装防护网时

广播模板:女士们、先生们,为了您的安全,请您不要靠近打开的车门,谢谢您的合作。请列车工作人员做好打开车门的安全防护值守。

(十一)折返退差(确认车站使用闸机检票后方可播出)

广播模板:女士们、先生们,因××月××日××××次列车在××站折返(中止)运行,请您下车后通过闸机检票出站,出站后至所购车票乘车日期后 30 日内(含当日),您可通过 12306 网站或前往任意车站人工窗口,办理折返(中止)列车已收票价与已乘区间票价差额退还手续,免收退票费。如您未通过闸机检票出站,导致所持车票无出站检票记录,将按照您在折返站终止旅行,办理已收票价与已乘区间票价差额退还手续,不便之处,敬请谅解!

五、其他作业要求

1. 列车始发后连续广播时长不宜超过 300 s,中途站开车后连续广播时长不宜超过 180 s。

2. 站间运行时间较短的市域城际列车,可结合实际,自行制定广播内容。

3. 为减少对旅客干扰,营销宣传等广播,根据列车运行实际情况适时点播,7:00 前,13:00—14:00,21:30 后运行的列车,不播放服务营销广播(服务营销广播指铁路畅行扫码、升席及餐饮供应广播)。

4. 广播音量应设置合理,列车日常广播音量不应超过 30～40 dB,应急广播音量不应超过 50 dB。动车组列车音量原则不超过总体音量的 75%,同一音量标准下,其他类音频文件音量不得超过列车“一报”和“二报”音量。

5. 除非正常情况下应急广播以直播播报外,其他广播均以录音播报,列车工作人员不得在车内大声口头宣传。

6. 使用车载电话广播时要做到普通话播报、音量适宜、吐字清楚、语速适中、无停顿、无错字。

第三节　快件作业

一、基本概念

高铁快运是指铁路运输企业依托但不限于利用动车组列车(含载客列车、确认列车以及利用客运站车资源开行专门装运快件的高铁快运列车)等快捷运输资源为客户提供的小件物品运送服务。按高铁快运承运的物品称为高铁快件,原则上应使用集装容器以集装件的形式在列车上运输。

二、办理条件

1. 原则上所有列车均允许装运高铁快件。

2. 因运输调整、车辆检修等原因需临时停装、停卸时，由国铁集团或铁路局集团公司按职责下达调度命令调整。

3. 载客列车发生超员预警、报警时，本列停装高铁快件。

4. 遇其他特殊情况的按上级有关规定执行。

三、办理限制

1. 法律、行政法规、规章、规范性文件中规定禁止运输的物品；
2. 危险品及铁路运输企业不能判明理化性质的物品；
3. 动物、有异常气味及妨碍公共卫生的物品；
4. 可能损坏或污染车辆的物品；
5. 其他不符合高铁快运装载条件的物品。

四、业务管理

高铁快运常用集装容器及用途介绍，见表 4-5。

表 4-5　高铁快件集装容器

序　号	品　　名	用途介绍	图　　例
1	集装包	全称：高铁快运安全防护专用包。主要材料为尼龙布，有轻质框架	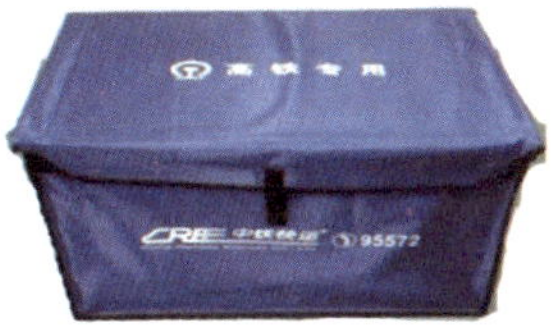
2	周转箱	全称：高铁快运安全防护专用箱。主要材料为工程塑料。箱盖有凹槽用于固定码放，空箱时可互相层叠摆起码放，便于回收搬运	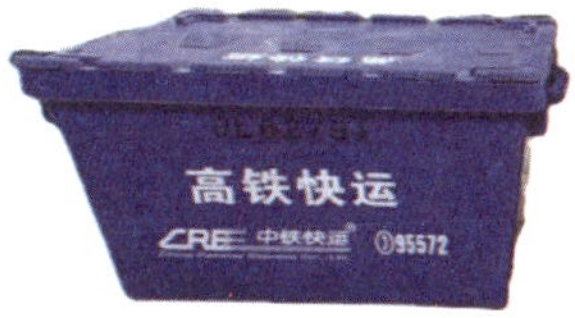
3	蓄冷箱	全称：铁路快运蓄冷箱。主要材料为尼龙布、泡沫隔层，内置蓄冷板和温度监控器，按容积（4 L、15 L、30 L、45 L、50 L、70 L 等）和保温时间（48 h、96 h 等）分为不同型号，部分客户自备蓄冷箱外部套有带客户标识的纸箱	 
4	集装袋	全称：高铁快运集装袋。主要材料为合成纤维编织布，封口处为施封条	

续上表

序　号	品　　名	用途介绍	图　　例
5	包装箱	全称:铁路快运纸箱。主要材料为牛卡纸、瓦楞纸、蜂窝纸和封口胶带	
6	矩阵箱	全称:高铁快运矩阵箱。内置物联网闭锁装置,为终端用户提供智能密码签收等功能。主要材料为工程塑料	
7	食品周转箱	全称:食品周转箱。目前常用于食品物流项目,常用颜色为白色、透明等,箱体上盖可完全分离。主要材料为环保食品级工程塑料	
8	雪具包装	全称:雪具包装。目前用于分(子)公司雪具运输物流项目,主要材料为涤纶和防水 PE 材料	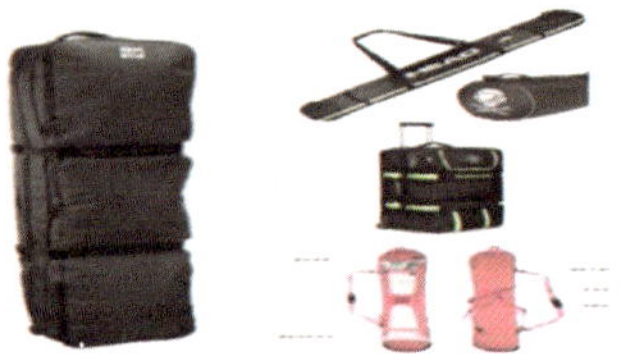

(一)集装件列车装载位置

1. 集装件载客列车可装在高铁快运柜、大件行李存放处、二等座车车厢最后一排座椅后空当处等位置。

2. 高铁快运柜应保持柜体整洁无异味,日常应处于锁闭状态,任何单位、部门、人员不得损坏或挪作他用。

3. 确认列车可装在二等座车车厢座椅间空当处。集装件原则上不得码放在座椅、铺位上,特殊情况下需码放时,应采取有效防护措施,不得污损座椅、铺位。

4. 载客列车集装件装载要考虑旅客旅行需求,载客车厢内大件行李存放处和最后一排座椅后空档处应预留不少于 1/3 的空间供旅客使用;集装件放置在最后一排座椅后空档处时,不得影响座椅靠背后倾和途中调向作业。

5. 部分方向列车运能不足时,中铁快运股份有限公司(以下简称快运公司)与铁路局集团公司协商后,可利用动卧预留包厢、二等座预留车厢等装载集装件。

6. 单节车厢装载集装件总重量不得超过列车允许载重量(载客列车、确认列车为二等座车车厢标记定员乘以 80 kg)。

7. 集装件装载应稳固牢靠,码放整齐,不得堵塞通道,不得偏载、偏重。

(二)押运员作业要求

1. 快运公司承运保密物资、金银珠宝等重要物品,或利用载客列车组织高铁快件批量运输时,可根据需要安排押运员随车作业;开行高铁快运列车或利用确认列车装运高铁快件时,应安排押运员随车作业。

2. 押运员应统一着装、持押运证上车作业。

3. 对载客列车,押运员上车后应主动向列车长报告,遵守列车相关规定,服从列车长指挥。列车长应对押运员的证件进行检查,回收押运人员烟火并做好登记。

4. 快运公司车站作业人员和押运员证件,纳入客运管理信息系统,其中作业人员和押运人员为劳务派遣工或业务外包单位人员的,证件中"单位"栏应填写与其建立劳动关系的单位名称。高铁快运押运证如图 4-5 所示。

图 4-5　高铁快运押运证

五、运输组织

(一)载客列车装卸车作业

1. 快运公司应根据装车计划,安排工作人员提前将集装件搬运至站台指定位置,准备作业。

2. 工作人员应统一着装、佩戴作业证。车站工作人员、列车乘务人员发现非快运公司作业人员搬运高铁快运集装件进出车站、列车时应予以制止。高铁车站作业证如图 4-6 所示。

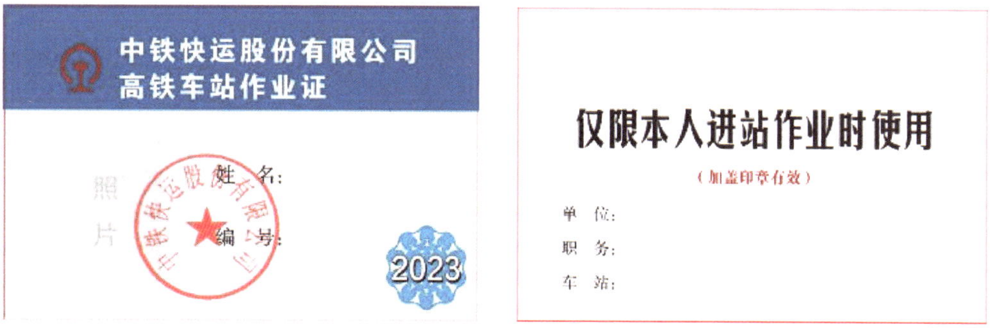

图 4-6　高铁车站作业证

3. 载客列车装卸车作业应执行旅客乘降优先的原则,避免干扰旅客乘降,始发(折返)站应在旅客开始上车前完成装车,列车中途站应待旅客下车完毕后进行装卸作业。

4. 中途停车,载客列车停时 1 min 的不作业;停时 2 min 的,单人单门装卸集装件不超过 2 件,双人作业不超过 4 件;停时 3 min 的,单人单门装卸集装件不超过 4 件,双人作业不超过 8 件;停时 4 min 及以上的,作业件数可适当增加,但不得超过本车指定位置装载空间容许的件数,不得影响列车正点发车。

5. 载客列车装车完毕后,快运公司工作人员应向列车长提交装载清单,明确集装件装车位置及件数,双方不办理签字交接。列车客运乘务人员发现集装件码放不符合规定的,应要求装车人员当场纠正。对拒不纠正的,应通知快运公司及铁路局集团公司客运部。

(二)载客列车客运乘务人员作业要求(有无押运员)

1. 无押运员跟车作业的载客列车,列车客运乘务人员应将集装件码放及外包装、施封等状况纳入途中巡视内容,发现集装件外包装、施封破损时,应立即报告列车长,列车长应开具客运记录,载明异常集装件数量、编号或内装物品的实际状况等,到集装件卸车时将客运记录交快运公司工作人员处理,必要时可报警。

2. 有押运员随车作业的载客列车,押运员负责途中巡视、检查工作,自行处理有关事项,必要时报告列车长协助处理。

(三)载客列车运输途中临时更换车底或终止运行作业要求

1. 载客列车运输途中临时更换车底或终止运行时,列车长应通知押运员;无押运员时,列车长应将本列集装件装载情况报告运行所在地铁路局集团公司客运行包调度员(客运调度员),铁路局集团公司客运行包调度员(客运调度员)通知所在地快运公司。在不影响热备(备用)车出动的情况下,快运公司应安排人员随热备(备用)车出动。

2. 快运公司人员无法及时登乘热备(备用)车时,换乘地点在车站的,车站应协助原列乘务组完成集装件换乘,不具备换乘条件时,集装件可随原列回程或将集装件卸下交车站临时看管;换乘地点在区间的,集装件随原列回程。

3. 集装件随原列回程时,列车长应在换乘前开具客运记录附于集装件上明显处;交车站临时看管时,列车长应开具客运记录与集装件一起交车站。客运记录上应载明车次、集装件件数及随原列车回程事由等信息。

4. 未换乘的集装件,快运公司应与铁路局集团公司客运行包调度员(客运调度员)联系在合适的车站接收。

5. 车站临时看管的集装件,由车站通知所在地快运公司到站接收。

6. 集装件的换乘,有押运员时由押运员负责;不具备换乘条件时,押运员应随集装件同行,负责途中集装件看管和交接。

第四节　餐饮管理

一、生产经营

(一)餐售人员要求

列车餐售人员上车经营必须携带中华人民共和国居民身份证、上岗证、健康证、进出站证;乘务中统一着装,佩戴工号牌,裸露部位无文身;每趟乘务承包公司需提供餐售服务人员名单，乘务班组纳入客运乘务报告。

（二）配置标准

1. 动车组列车的餐车人员职名：餐车长、服务员。列车单程运行 5 h 及以上的，每班组配备 2～4 人；单程运行 5 h 以下的，每班组配 1～2 人。

2. 售货车配备数量：每 8 辆编组的动车组列车原则上售货车不超过 2 辆，每节车厢内经营的售货车不超过 1 辆，经营过程中人车不得分离；非经营期间，售货车定位制动存放。

（三）乘务管理

动车组列车餐售经营项目承包商及从业人员纳入“一体化”管理。承包商从业人员必须服从列车管理，参加乘务班组或旅服车间点名（学习）会，做到重点信息及时、有效传达。

客运班组是列车餐售工作的现场管理和监督执行落实单元，列车长作为餐售安全、乘务、服务质量的第一责任人，主要负责包括：

1. 负责对铁路局集团公司、客运段下发的相关要求落实情况进行监督检查。对列车餐售经营涉及旅客投诉问题及时进行现场调查、取证并妥善处置。乘务中按要求对餐车进行巡检，监督餐售经营销售范围，落实作业标准、食品安全、服务质量。

2. 按照乘务“一体化”管理原则，对餐售人员销售行为、劳动纪律、作业标准、安全制度、服务质量等实施监督，及时反馈信息。对违章、违纪及违规经营行为立即纠正，按照规定考核，发现情节严重问题及时向上级汇报并现场取证，经同意后有权停止其经营行为。

3. 严格落实“三必看、三杜绝”“八必查”制度。“三必看、三杜绝”：始发前必看餐售人员资质，杜绝无证上岗。始发前、途中补料点、折返站必看上货上料单，杜绝私自上货行为。途中必看经营行为，杜绝销售过程中夸大宣传、演示销售、扰民推销、质价不符等影响服务质量的问题。“八必查”：必查车门管理是否落实责任；必查电气化设备及重点部位（包括储藏室、冰箱、后厨炉灶、微波炉等）是否存在安全隐患；必查油垢“一餐一清”、烟火收缴制度执行情况；必查夜间值班人员是否在岗在位；必查经营行为是否违规（抬高物价、只收费不服务、出售“回头菜”等）；必查餐车饭菜质量，杜绝质次价高；必查始发（含折返始发）冷藏盒饭是否按比例配备；必查食品安全卡控措施是否落实。

（四）监督考核

列车餐售实行三级考核，即铁路局集团公司对各客运段考核，各客运段对科室、车间（车队）、班组考核，铁路局集团公司和客运段对餐售承包商考核。

列车长作为列车餐售工作日常监管的第一责任人，凡餐售班组发生一般问题，视情节给予列车长联挂考核、降级处理；发生严重问题，视后果给予列车长内部下岗、免职等组织处理和处分。

二、互联网订餐

（一）查询订单

互联网订餐（特产预订）站到站前列车长利用站车交互系统查询旅客互联网订单情况，并组织列车配送人员（列车员）按照规定位置做好与车站配送人员的交接准备。

(二)餐食配送

1. 列车配送人员在站台上核对各商家集装袋(箱)的数量以及集装袋(箱)是否包装完好、封条无损后,将集装袋(箱)分 1～4、5～8、9～12、13～16 车厢装入列车的集装器具中,并分别与各自的车站交接配送人员在交接本上签字后将商家集装袋(箱)、配送袋带上列车。交接时间紧张时,仅按车厢号核对是否包装完好、封条无损及数量。

2. 列车配送人员依据列车餐食派送单分车厢依次派发餐食,应在 30 min 内将餐食发放完毕,派发时需通过车票或手机号核验旅客身份。

列车派发餐食时,1～4 号、9～12 号车厢由大号车厢向小号车厢派发,5～8 号、13～16 号车厢由小号车厢向大号车厢派发。无座订餐(特产预订)人(旅客)应在票面标记的车厢号,等候列车派发人员送餐(货)或联系餐车服务人员,凭订单手机号码后 5 位领取餐食。

第五节　保洁管理

一、人员配备与作业组织

(一)人员配备

折返保洁:原则上每组车体按 1 车 1 人配置。

随车保洁:每组车厢(8 节)不少于 2 人。

(二)作业组织

1. 折返保洁

列车到站前 15 min,保洁人员统一着装,在站台指定位置立岗接车。旅客下车完毕,保洁人员迅速按照折返保洁标准,在开车前 5 min 完成保洁工作,主要进行座椅调向,卫生间、洗面间全面清理、消毒,通过台、车厢地面清扫、擦抹,座椅网兜内杂物清理,茶桌板、遮光帘复位,垃圾投放和备品整理补充。

2. 随车保洁

(1)保洁人员必须按规定着装,佩戴职务标志、对讲机及耳机,携带相应证件,随客运乘务班组统一列队出退乘;仪容仪表符合职场形象,外露部位无文身,除婚戒外不得佩戴其他首饰;使用文明用语,落实首问首诉负责制。

(2)列车始发前 30 min,随客运乘务班组在站台指定位置立岗接车。接车后,按照作业程序动态对车内各部位进行途中保洁作业,重点对卫生间、洗面间进行动态卫生保洁,及时清理回收车内垃圾、补充备品;站停时(以列车进入站台开始、驶离站台为止)按分工协助做好车门监控及旅客乘降,做好安全提醒提示;终到前对车内卫生进行彻底清理,与客运班组共同下车。

(3)保洁作业时,不得干扰和影响旅客,与旅客走对面时,主动示意让行,严禁与旅客抢道、并行。收取垃圾时应征得旅客同意,不得手持垃圾袋收取垃圾,不得戴胶皮手套进入客室作业。遇有工作失误应及时表示歉意,对旅客配合表示感谢。清扫工具定位隐蔽摆放,抹布、地板擦对卫生间、洗面间、客室等部位进行区分配置,不得混用。运行中,严禁在旅客座椅靠背后直接向清洁车内倾倒垃圾,清洁车静态停放时关闭垃圾投放口。

二、质检验收

(一)质检员基本要求

1. 客运质检员(列车长)负责对动车组列车库内、折返、随车保洁作业过程进行监控,对保洁作业质量打分考核。

2. 验收环节必须严肃认真、执行标准、实事求是、合理评价,严禁弄虚作假,虚假打分。

3. 动车组列车保洁验收严格执行签认制度,质检员(列车长)不按规定验收、不组织保洁人员签字确认的,责任人离岗培训考核,并联责管理干部。保洁人员拒绝签字的,一律按不合格列车进行考核。

(二)保洁验收

1. 折返保洁验收

折返保洁由列车长负责考核验收。列车终到旅客下车完毕后,保洁人员迅速进入各自岗位进行保洁作业,客运班组要全程指导、协助完成折返保洁作业。保洁工作结束后,列车长进行考核,并在"动车组列车保洁质量鉴定表"上进行签认。

2. 随车保洁验收

随车保洁由列车长负责考核验收。运行中客运班组对动态卫生进行全程监控,指导随车保洁员进行保洁作业,保洁质量未达到标准,退乘前进行考核,并在"动车组列车保洁质量鉴定表"上进行签认。

【学习思考题】

1. 车门管理的要求是什么?请描述不同情况下车门联控对象和用语。
2. 列车员的作业流程及其作业标准分别是什么?
3. 列车基础广播有哪些?播放时机分别是什么时候?
4. 高铁快件的装载位置及要求有哪些?
5. 随车保洁员作业时有哪些要求?

第五章　安全与应急处置

学习任务

本章简要介绍了铁路旅客运输安全管理的有关制度，客运安全红线及处理办法。详细介绍了不同情况下的应急处置流程，职工人身安全的相关管理规定，列车消防和反恐安全的有关规定、相关保障设备的位置及使用方法。

通过学习，掌握基础的安全管理制度，清楚客运红线的内容和严重性。重点掌握不同情况下的应急处置流程，列车员、安全员反恐职责。会使用列车消防器材，清楚反恐设施的数量和使用方法。

第一节　安全管理

一、安全管理制度

（一）禁烟管理制度

全列各处所禁止吸烟，加强禁烟宣传，卫生间、通过台等重点部位加强巡视。发现吸烟行为及时劝阻，由公安部门依据《中华人民共和国治安管理处罚法》或《铁路安全管理条例》进行查处。发生烟火报警时，随车机械师、列车长和乘警根据司机通知立即到报警车厢查实确认，查看指定车厢的客室、卫生间，随车机械师重点查看电气设备。若发生客室或设备火情，列车长或随车机械师应立即通知司机实施制动停车，并启动应急预案进行处理；若确认因吸烟等非火情导致烟火报警时，由随车机械师做好恢复处理，乘警依法调查处理；未配备乘警的，由列车长向公安指挥中心汇报，交公安部门处理。站停时，对在车门口吸烟的旅客加强安全宣传，防止旅客将未熄灭的烟头带入车内；开车后，加强对翻板下和垃圾箱的检查。

（二）安全巡视制度

开车后、到站前对车厢进行巡视；运行途中，列车长每隔 1 h 巡视一次车厢，列车员每隔 30 min 巡视一次车厢，全程运行不足 1 h 的动车组列车按始发站、中途站和终到站对车厢进行巡视。发现行为、神情异常旅客时，重点关注，配备乘警的列车通知乘警到场处理；未配备乘警的列车由列车长处理，情形严重时交列车运行前方停车站处理。发生旅客伤病时，提供协助，通过广播寻求医护人员帮助；情形严重的，及时汇报。

（三）危险品检查制度

掌握常见易燃易爆危险品的种类、性质和识别方法。掌握危险品的处置方法。发现旅客携带可疑及无人认领的物品时，配备乘警的列车通知乘警到场处理；未配备乘警的列车由列车长处理，对危险品做好登记、保管及现场处理，并交前方停车站（公安部门）处理。实施安全检查遵守以下规定。

1. 旅客列车成立由列车长负责，其他客运乘务组成员参加的安检工作小组，加强日常安全巡视，对发现的可疑物品及时检查处置。

2. 实施人工检查时，原则上应由旅客、托运人自己开箱（包）或出示携带物品，必要时可由处置人员进行重点开包查验，但应确保旅客、托运人在场并确认箱包归属，尽量保持旅客物品完好。人工检查应当在视频监控覆盖的场所实施。

3. 安全检查人员认为不适合当场开包检查或旅客申明不宜公开检查的，可以根据实际情况，移至适当场合检查。

4. 对怀疑为危险物品，但受客观条件限制无法认定其性质的，旅客或托运人又不能提供该物品性质或可以经旅客列车运输的证明时，车站有权拒绝其进站乘车或托运，列车应终止其旅行或托运，由列车长编制客运记录，交前方停车站处理。

5. 安全检查（含旅客自弃）中发现的禁限物品，属于枪支子弹、炸药雷管、导火索、管制器具、军警械具等违禁物品和爆炸性、毒害性、放射性、腐蚀性物质或者非法携带违反治安管理的易燃易爆品以及传染病病原体等危险物品或物质，涉嫌违法犯罪的，送交公安机关处理，并采取必要的先期处置措施。鞭炮、发令纸、摔炮、拉炮等易爆物品应立即浸湿处理。

6. 在列车上查获的禁限物品由列车工作人员妥善保管，并根据物品性质按站车交接程序向前方停车站或车站派出所移交。

7. 铁路工作人员和进入车站区域作业的人员及携带品通过旅客安检通道进入站内必须经过安全检查，严禁未经安检从出站口进入车站。进入车站区域作业的人员必须佩戴明显标志或持有效作业证件，严禁列车工作人员从客技站（动车所）内带人随旅客列车车底进站。车站及站区相关单位应制定措施严禁非工作人员通过行李房等处所进站。

（四）旅客携带品安全管理

行李架、大件行李存放处物品摆放平稳、牢固、整齐。大件行李放在大件行李存放处，不占用席位，不堵塞通道。铁器、锐器、易碎品、杆状物品及重物等放在席位下面或大件行李存放处。衣帽钩仅限挂衣帽、服饰等轻质物品。使用小桌板不超过承重范围。严禁携带超过规定尺寸的自行车进站乘车，携带允许尺寸范围内的自行车，使用纸箱等硬质包装物妥善包装完整，不拆卸包装，放置在大件行李处等位置，不影响旅客通行或应急疏散。

（五）车内秩序管理

运行中做好安全宣传和防范，车内秩序、环境良好，无闲杂人员随车叫卖、捡拾、讨要。发现可能损坏车辆设施和影响安全、文明的行为及时制止。

二、客运安全红线管理

（一）客运安全红线定义

本书所指客运安全红线，是指在铁路旅客运输生产过程中，客运管理或作业人员违章违纪，严重危及旅客列车安全的行为。

（二）安全红线内容

客运安全红线是旅客运输生产过程中不可触碰的高压线，更是不可逾越的行为界限。安全红线的制定要坚持底线思维，坚持问题导向，坚持行为定义。要突出重点、找准关键、精简实用，防止红线过多而降低严肃性，见表 5-1。

表 5-1 安全红线主要内容

序号	内　容
1	干部职工班中饮酒或酒后上岗
2	客车运行中边门未锁闭上下锁，塞拉门未锁闭隔离锁
3	站台客运相关作业人力推车(不含轮椅)未实施常态制动
4	临时停车擅自组织乘降
5	看车人员在车内抽烟、使用明火照明

其中，因设备原因导致的客车车门未锁闭，经客运、车辆部门确认后，不列入红线。

在此基础上，铁路局集团公司对于关闭、破坏直接关系生产安全的监控、报警、防护、救生设备设施，或者篡改、隐瞒、销毁相关数据、信息的行为，也纳入红线管理。

(三)客运安全红线问题追责

1. 触碰客运安全红线的人员，将依据“沈阳局集团公司职工奖惩管理办法”进行处理，原则上至少三个月内不得从事本岗位或其他涉及旅客安全的关键岗位，同时应对相关管理人员进行责任追究。

2. 触碰安全红线，同时又构成责任铁路交通事故的，按从重原则处理，但不得重复考核。

三、列车设备设施安全

1. 落实设备检查制度。出所(库)前应达到出库质量标准，由车辆、客运人员对上部服务设施故障修复情况进行检查，在手持终端内办理交接；运行途中，发现上部服务设施故障时，客运乘务人员立即向列车长报告并通知随车机械师及时修复；对不能修复的设备问题，由列车长与随车机械师共同确认，车体入库维修。

2. 各车厢灭火器、紧急制动阀(手柄或按钮)、烟雾报警器、应急照明灯、防火隔断门、紧急门锁、紧急破窗锤、气密窗、卫生间紧急呼叫按钮及车门防护网(带)、应急梯、紧急用渡板、应急手电筒(爆闪灯)、扩音器、引导旗等安全设备设施配备齐全，作用良好，定位放置。乘务人员知位置、知性能、会使用。

3. 紧急制动阀、紧急开门按钮、紧急破窗锤、灭火器无破封。

4. 安全使用电源，正确使用电器设备。电器元件安装牢固，接线及插座无松动，按钮开关、指示灯作用良好；不乱接电源和增加电器设备，不超过允许负载。配电室(箱)、电气控制柜锁闭，无堆放物品。不在电源处及配电柜、电暖气、电茶炉等电器装置上部及附近堆放或搭挂物品；不得用水冲刷车内地板、连接处和车内电器设备，不得用湿布擦拭电器，防止造成线路短路引起火灾。

5. 列车电源仅限于笔记本电脑、手机、平板电脑、电动剃须刀、移动充电器及列车办公通信设备的充电，禁止插入多功能插线板，乘务人员要对旅客带上车的充电宝加强检查，充电宝要标志清晰，单块额定能量不超过 100 W·h。

6. 餐车配备的微波炉、电烤箱、咖啡机等厨房电器符合规定数量、规格和额定功率，规范使用，使用中有人监督，用后清洁，周围不得放置杂物，餐车离人断电。冰箱、立式保温柜随时清理，微波炉“一餐一清”。随车机械师和餐售服务员要定时检查餐车电器设备，用餐高峰使用微波炉时，出现过热或其他异常情况，立即断电处理并停止使用。

7. 安全标志齐全，规范明显，符合标准。车厢、卫生间内有禁烟标志，电茶炉有安全标志，车门内侧有“紧急开门说明”及“禁止倚靠”标志等。

8. 利用广播、视频、服务指南等方式宣传安全常识、全列禁止吸烟和车辆设备设施的使用方法，提示旅客遵守安全乘车规定，对损坏车辆设备设施和不安全的行为及时制止。

9. 清洁车、售货车内外清洁，外沿安装防撞胶条，有制动装置，离人制动，停放时与墙面保持距离，不得靠近车门。

第二节　应急处置

一、应急管理工作原则

按照以人为本、安全第一、预防为主、统一领导、集中指挥、归口负责、分级管理、分工协作、快速反应、紧急处置的原则，不断提高对高速铁路突发事件的应急处置能力，保证高速铁路 运行安全有序。

二、应急响应

(一)应急响应标准

应急响应分为特别重大、重大、较大、一般四级(即Ⅰ、Ⅱ、Ⅲ、Ⅳ级)。发生突发事件时，由相应部门启动应急预案，作出相应级别的应急响应。

1. Ⅰ级应急响应标准

出现以下情况之一，启动Ⅰ级应急响应：

(1)造成 30 人及以上死亡或者 100 人及以上重伤；

(2)铁路直接经济损失 1 亿元及以上；

(3)中断铁路行车 48 h 及以上；

(4)其他需要启动Ⅰ级应急响应的事件。

2. Ⅱ级应急响应标准

出现以下情况之一，启动Ⅱ级应急响应：

(1)造成 10 人及以上 30 人以下死亡或者 50 人及以上 100 人以下重伤；

(2)铁路直接经济损失 5 000 万元及以上 1 亿元以下；

(3)中断铁路行车 12 h 及以上 48 h 以下；

(4)其他需要启动Ⅱ级应急响应的事件。

3. Ⅲ级应急响应标准

出现以下情况之一，启动Ⅲ级应急响应：

(1)造成 3 人及以上 10 人以下死亡，或者 10 人及以上 50 人以下重伤；

(2)铁路直接经济损失 1 000 万元及以上 5 000 万元以下；

(3)中断铁路行车 2 h 及以上 12 h 以下；

(4)其他需要启动Ⅲ级应急响应的事件。

4. Ⅳ级应急响应标准

因突发事件造成以下条件之一者，启动Ⅳ级应急响应：

(1)造成 3 人以下死亡,或者 10 人以下重伤;

(2)铁路直接经济损失 1 000 万元以下;

(3)中断铁路行车 1 h 及以上 6 h 以下;

(4)其他需要启动Ⅳ级应急响应的事件。

(二)应急响应启动

1. Ⅰ级应急响应由国铁集团报请国务院,由中华人民共和国国务院或中华人民共和国国务院授权国铁集团启动。铁路局集团公司同时启动应急响应。

2. Ⅱ级应急响应由国铁集团负责启动,铁路局集团公司及以下各级相关单位启动相应级别的应急响应,铁路局集团公司立即启动事故灾害指挥,采取事故灾害应急行动。

3. Ⅲ、Ⅳ级应急响应由铁路局集团公司负责启动,铁路局集团公司及以下各级相关单位同时启动应急响应。

三、应急处置流程

(一)发生火情及火灾、爆炸应急处置

1. 列车发生火灾、爆炸事故处置流程

列车发生火灾、爆炸事故处置流程,如图 5-1 所示。

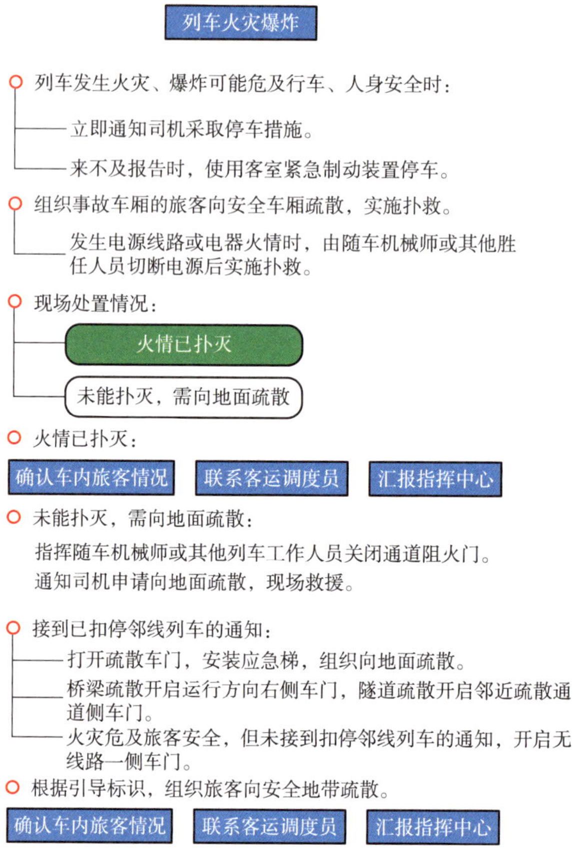

图 5-1 火灾爆炸应急处置流程

2. 列车旅客疏散流程

(1)站内组织

靠站台停车时，应迅速组织旅客向站台撤离；未靠站台停车时，按照调度要求打开一侧车门，先组织旅客向地面疏散，在通过扶梯或站台两端补提向站台撤离，如图 5-2 所示。

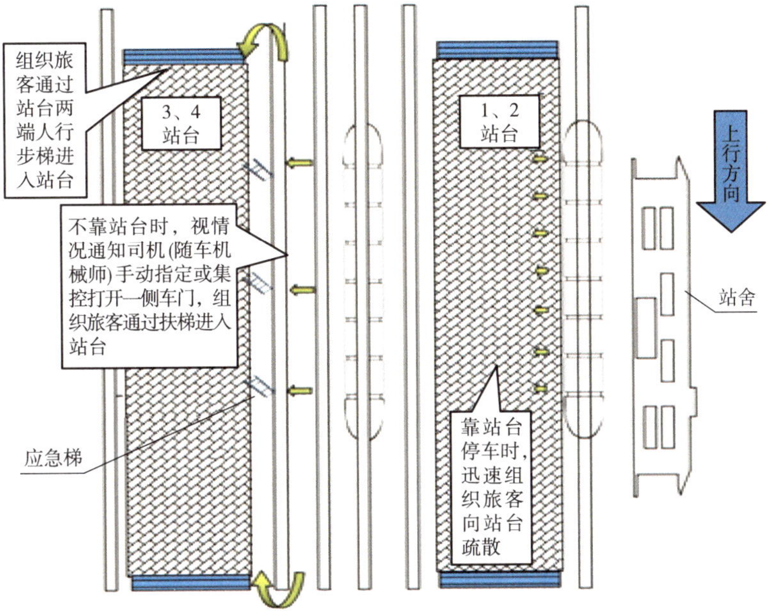

图 5-2　站内旅客疏散

(2)区间组织

①当列车停靠在救援站且列车两端停于隧道内，着火车厢位于列车中部时，应组织旅客向紧急救援站两端隧道内的紧急出口疏散；着火位置位于列车一端时，组织旅客向另一端隧道内的紧急出口疏散，如图 5-3 所示。可采用手动打开隧道内列车左侧车门。

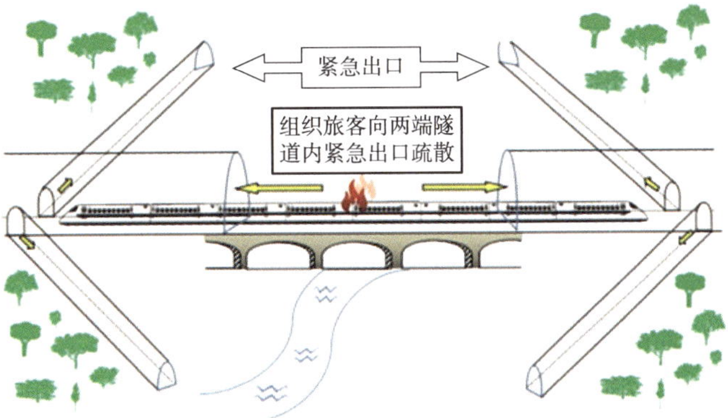

图 5-3　救援站疏散(两端停于隧道内)

②当列车停靠在救援站且列车一端停于隧道内，如有部分车厢停于隧道外，集控开门时须开启列车运行方向右侧车门；当全部停于隧道内时，集控开门时须开启列车运行方向左侧车门。根据着火车厢组织旅客向合适位置疏散，如图 5-4 所示。

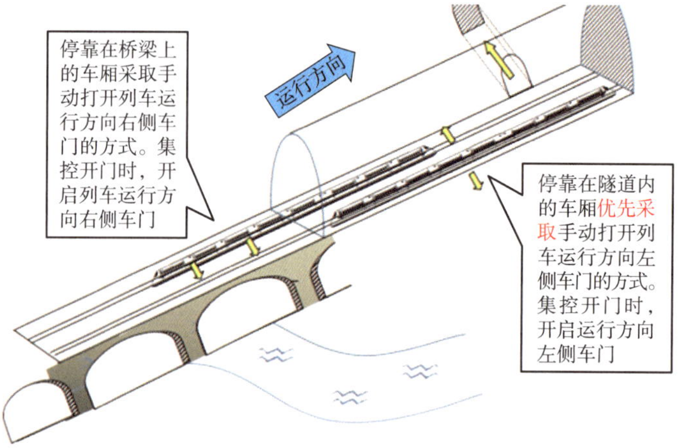

图 5-4 救援站疏散(一端停于隧道或全部停于隧道)

③当较近的紧急出口、应急通道、救援站位于线路右侧时，需组织旅客通过隧道内人行通道(水沟盖板)踏步处上、下，如图 5-5 所示。

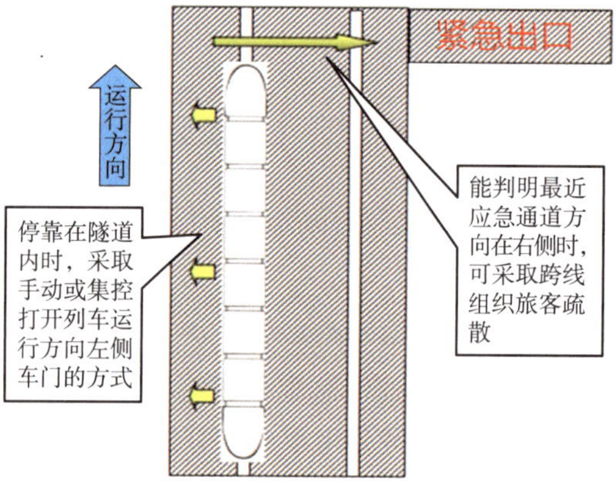

图 5-5 隧道内跨线疏散

④组织旅客向避难所、横洞、斜井疏散时，先要按照首尾兼顾的原则，组织下次旅客按照引导标识向应急疏散通道疏散；使用通道内应急电话联系调度请求救援；打开通道大门，组织旅客进入避难，全部进入后关闭大门，必要时手动开启照明和风机电源，如图 5-6 所示。

⑤当列车停靠特大桥时，须打开列车运行方向右侧车门，组织旅客通过高架桥应急疏散梯门疏散至安全位置，如图 5-7 所示。

⑥当列车停靠在非救援站桥梁上时，打开列车运行方向右侧车门，组织旅客向桥梁两端隧道内的紧急出口疏散，如图 5-8 所示。

(二)列车故障应急处置

1. 列车故障旅客换乘处置流程

动车组列车旅客换乘处置流程，如图 5-9 所示。

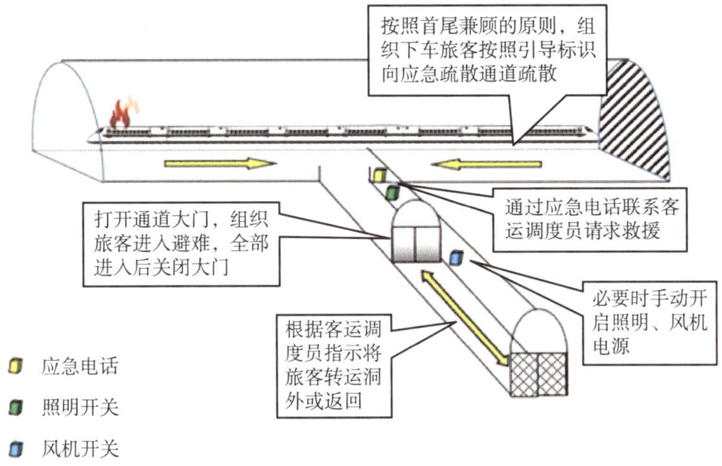

图 5-6　避难所、横洞、斜井疏散

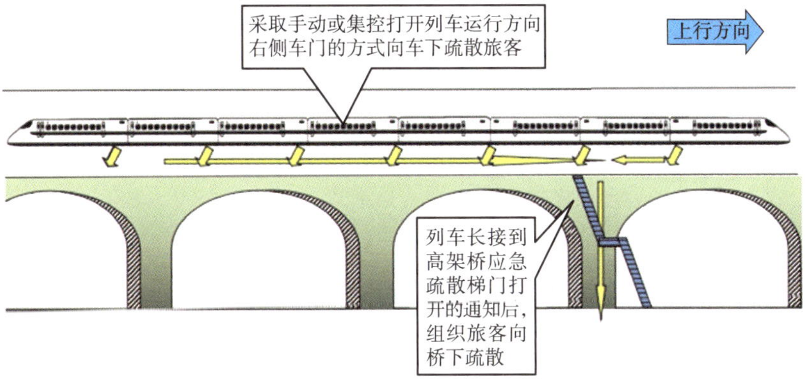

图 5-7　列车停靠在特大桥疏散

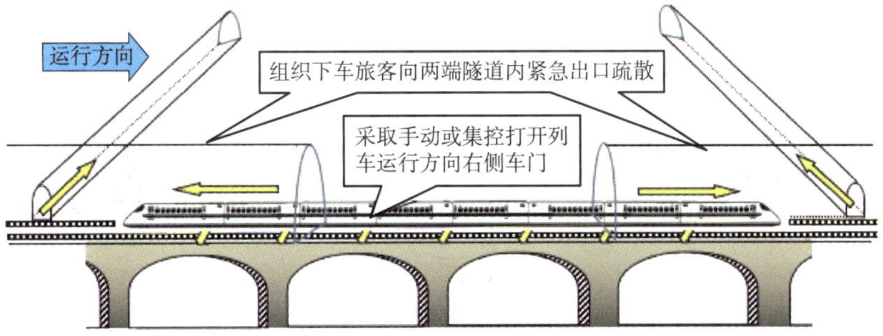

图 5-8　列车停靠在非救援站桥梁疏散

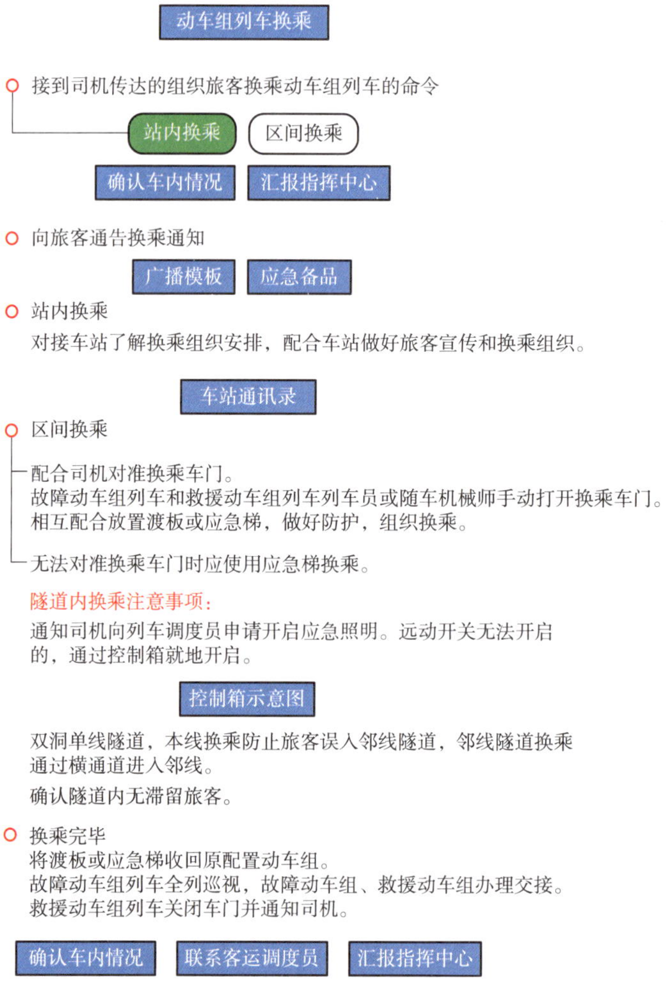

图 5-9　动车组换乘处置流程

2. 列车旅客疏散流程

(1)站内换乘分为同站台换乘和不同站台换乘，以旅客车票对应车厢和座位号不变为原则，组织旅客从故障列车转移到救援列车，如图 5-10、图 5-11 所示。

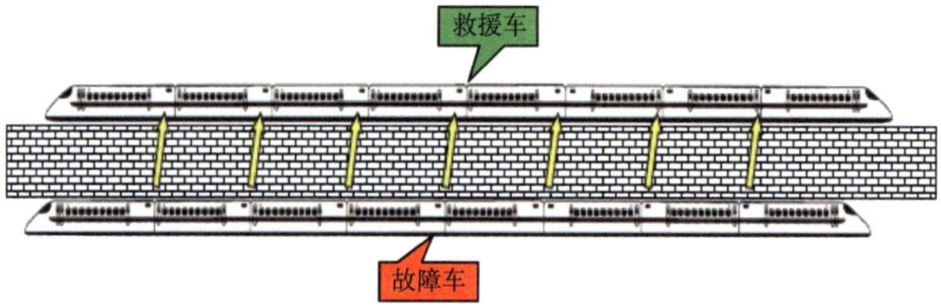

图 5-10　同站台换乘

(2)区间换乘分为同型和不同型车体换乘，需要列车搭建应急渡板(应急梯)，组织旅客依次换乘，如图 5-12～图 5-14 所示。

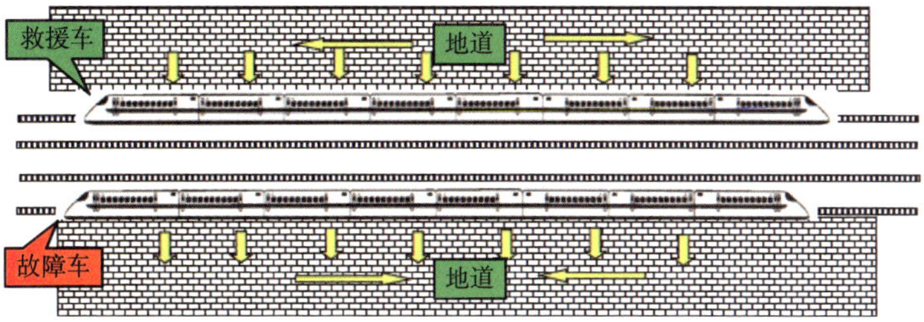

图 5-11　不同站台换乘

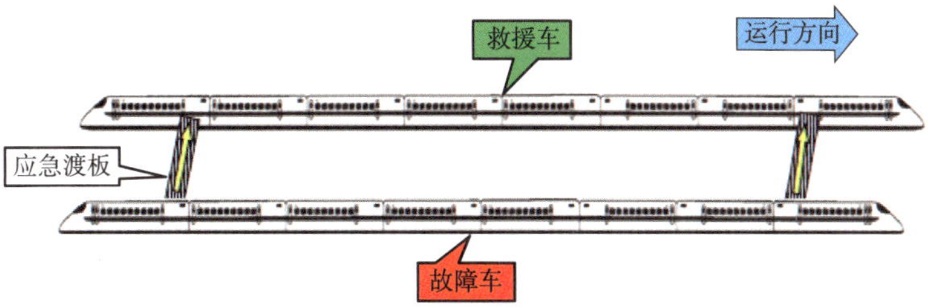

图 5-12　同型动车组列车区间换乘

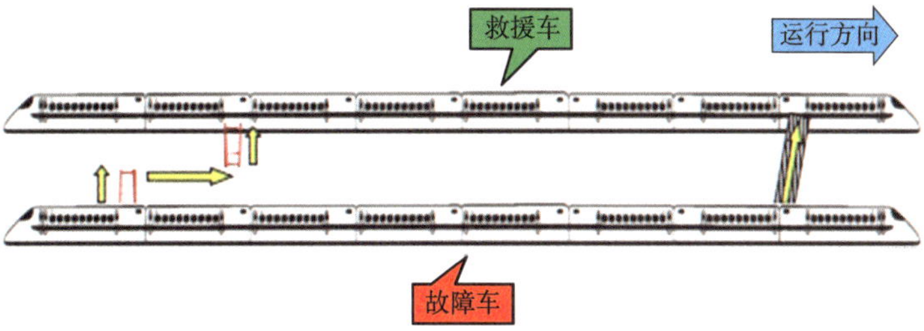

图 5-13　不同型动车组区间换乘(首位门可对齐时)

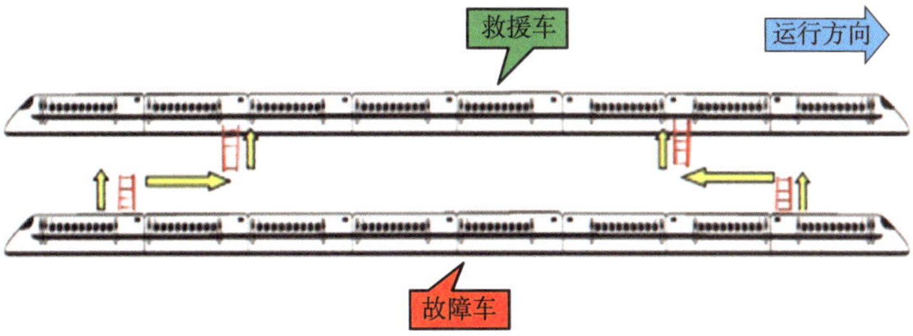

图 5-14　不同型动车组区间换乘(无法对位时)

(三)列车长时间晚点应急处置

列车长时间晚点应急处置流程,如图 5-15 所示。

旅客列车晚点

动车组列车晚点15 min以上，普速列车晚点30 min以上时：

根据客运调度员、本段生产指挥中心或车站的通报，向旅客公告列车晚点信息，说明晚点原因、预计晚点时间。

广播每次间隔不超过30 min，可利用电子显示屏实时显示。

广播模板

晚点过程中：

列车长要组织列车员积极主动做好客运服务，与乘警密切配合，经常巡视车厢，维持好车内治安秩序。

遇有应急上水、应急吸污、应急供餐等需协助解决问题时，列车长联系运行所在铁路局集团公司客运(客服)调度员或列车停留站，提出需求。

应急上水　应急吸污、排污　应急供餐

应急上水：

联系运行所在局集团公司客运(客服)调度员，告知车次、缺水车厢号、缺水程度等。

列车长时间滞留非给水站或给水站设备故障无法给水时，根据列库需要，由所在局集团公司客运(客服)调度安排停靠车站为旅客和餐车送水。

未同意上水　已上水　上水站：

应急吸污、排污：

动车组列车按动车组列车应急吸污力理，

动车组列车应急吸污

普速客车集便式厕所应急排污：

1.厕所超过半数不能使用时，列车长、检车长商定后分别向客运调度员、车辆调度员报告，安排地面固定或移动吸污作业。

2.无法安排时，调度部门发布调度命令，由车辆乘务员开启集便器直排。

3.列车运行过程中厕所管理应比照非集便式厕所，遇站停及长大桥梁、隧道等按规定锁闭厕所(列车长时间滞留时除外)。

未同意吸污、排污　已吸污、排污

应急供餐：

动车组列车晚点1 h以上且逢餐点(11:30—13:00、17:30—19:00)。

列车长向属地铁路局集团公司客运(客服)调度提出应急饮食品供应申请(内容包括车次、定员、现员、需求份数，重联时应分前后组)，需求量不应超列车现员的110%。

站车快速做好数量清点、搬运和交接工作，车站应填写并向列车长提供“动车组列车应急饮食品交接单”，列车长和客运值班员双方签字确认，加盖名章。

应急供餐站

未同意供餐　已供餐　供餐站：

后续处置：

由于列车晚点影响后续中转换乘的旅客，开具客运记录。

客运记录

因终到晚点，旅客在列车上拒不下车时，列车长应当立即通知车站客运值班员，由车站立即转报铁路局集团公司调度所和公安部门，车站领导应及时协调公安干警到场解决。

报警电话

查看车内情况　联系客运调度员　汇报指挥中心

图 5-15　列车长时间晚点应急处置流程

(四)动车组超员影响运行

1. 动车组超员处置流程,如图 5-16 所示。

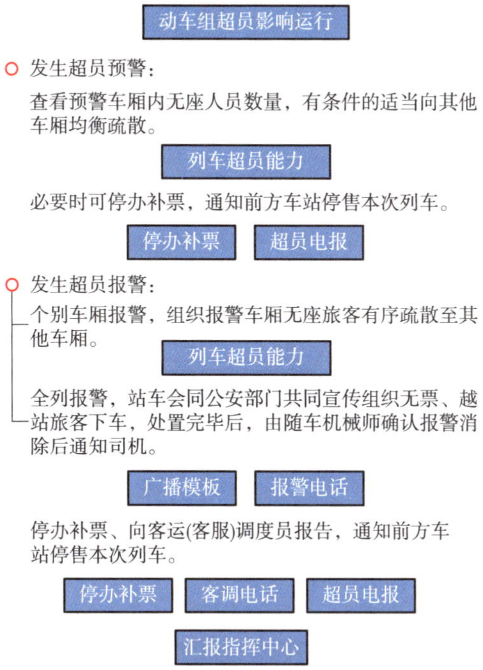

图 5-16　动车组超员处置流程

2. 动车组列车超员影响运行时,列车应停止办理无票、越站补票业务,列车长向客运(客服)调度员报告,并立即通过客运管理信息系统通知相关车站。对停止车补业务的动车组列车,前方各办客站停止本次列车车票发售,并加人出站口旅客车票查堵,对查出的无票旅客按规定补票并加收票款。

3. 设置有超员预警、报警功能的动车组列车。发生超员预警时,列车长应加强预警车厢巡视,关注车厢内无座人员数量,有条件的可适当向其他车厢均衡疏散。发生超员报警时,司机或发现超员报警信息的列车工作人员应立即通知列车长、随车机械师,遇部分车厢报警时,列车工作人员组织报警车厢无座旅客,有序疏散至其他车厢。遇全列车厢报警时,站车会同公安部门共同宣传组织无票、越站旅客下车,处置完毕后,由随车机械师确认报警消除后通知司机。

4. 站车对拒绝下车或强行闯闸、强行上车人员应进行说服劝离,对强占列车、车辆,扰乱站车运输秩序,危害铁路运输安全的应配合公安部门依法处置。

(五)空调失效

1. 空调失效应急处置流程

空调失效应急处置流程,如图 5-17 所示。

2. 发生空调失效

发生空调失效,列车长会同随车机械师立即赶赴现场处理。空调不能及时修复时,列车

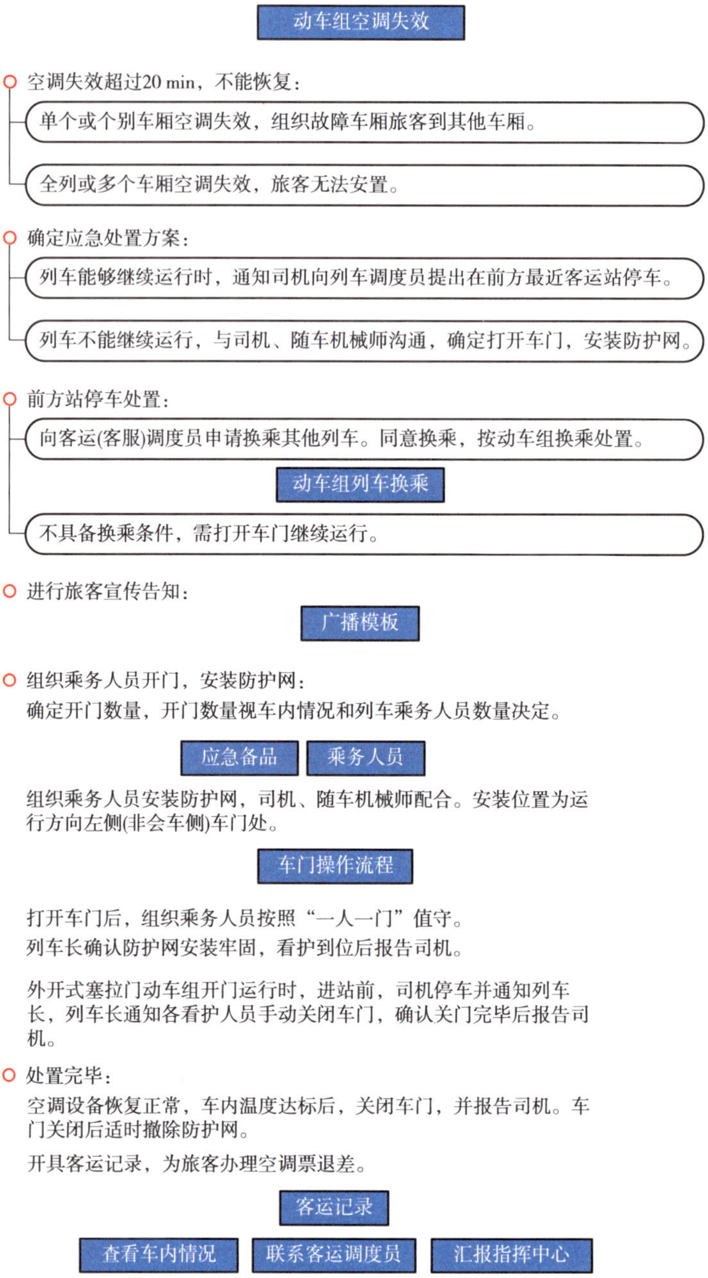

图 5-17　动车组超员处置流程

长组织乘务人员密切关注车内温度及通风状态，并做好解释服务工作。如果冬季发生空调失效，要将列车内端门设置成为自动状态，保持车厢内温度。

3. 疏散旅客

疏散旅客。部分车厢空调失效时，列车长应根据车内客流、故障车厢旅客人数等情况，在保证服务质量的前提下疏散旅客至其他车厢。

4. 开门挂放防护网

(1)列车长负责向所在铁路局集团公司客运(客服)调度员报告,视情况提出列车在前方最近客运站停车的请求;组织列车乘务人员安装防护网、打开动车组列车车门;组织旅客安全疏散、换乘至其他旅客列车。

(2)旅客列车空调失效超过 20 min 不能恢复且列车不能维持运行时,列车长应及时与司机、随车机械师(车辆乘务员)沟通,视车内温度和旅客舒适度作出动车组列车开门、其他旅客列车(含速度 160 km/h 动力集中动车组列车)开窗的决定,并通知司机转报列车调度员。

(3)旅客列车空调失效超过 20 min 且不能恢复但列车能够正常运行时,列车长可视车内温度和旅客舒适度通知司机向列车调度员提出在前方最近客运站停车的请求,列车调度员安排列车在前方最近客运站停车。列车在停车站安装好防护网、打开部分车门后可继续限速运行,具备条件时也可组织旅客换乘其他列车。

5. 动车组列车开门运行基本要求

(1)装有外开式塞拉门的动车组列车开门运行时,开车前随车机械师向司机提出进站前需停车关闭车门的申请。司机停车后通知列车长,列车长通知各看护人员手动关闭车门,确认关门完毕后报告司机。

(2)动车组列车安装防护网、打开车门由列车长组织列车乘务人员进行,司机、随车机械师配合。防护网安装位置为运行方向左侧(非会车侧)车门处。车门开启数量应根据车内情况及列车乘务人员数量决定。各型动车组原则上按照单侧全部车门数量配备防护网。

(六)运行中遇有旅客伤、病应急处置流程

1. 及时报告组织救治

(1)发生旅客伤病时,列车员应立即到场了解情况,迅速向列车长报告。发生旅客人身伤害时,需同时通知乘警到场处理。

(2)列车长应通过列车广播寻找旅客中的医务工作者,红十字救护员采取急救措施,列车员稳定旅客情绪,维护车内秩序。

2. 了解情况收集证言

发生旅客人身伤害后,列车长、乘警及时组织现场查验,详细了解发生伤害的时间、原因、经过、伤害部位程度(外伤需拍照),全面收集、梳理受伤旅客、责任旅客、目击者相关证据资料,检查旅客所持车票的票种、票号、发到站、车次、有效期及有效身份证件信息等,收集不少于两份同行人或见证人(具有完全民事行为能力)的证言、现场照片、录像、监控视频等其他相关证据,形成比较完整的证据链,能够证明发生的过程和原因,初步明确性质和责任,并妥善保管。

3. 妥善处理及时下交

(1)列车长应编制客运记录将伤病旅客移交前方停车站(具备公共医疗条件的车站)处理,并拍发电报声明。

(2)如果伤病旅客要求继续乘车,可移交旅客到站或换乘站处理(由旅客出具拒绝下车治疗的书面声明)。如果旅客伤病情况严重必须临时停车抢救(需要 120)时,列车长立即通知动车组列车司机,由动车组列车司机向有关部门报告。列车长应提前与办理站确定交接位置及重点事项。

(3)来不及编写客运记录时,列车乘务人员不下车参与处理,在3日内补交相关材料。

(4)如果旅客人身伤害系治安或刑事案件所致,属于公安机关管理职责范围的,由公安机关(乘警)依法处理,因治安或刑事案件所致旅客重伤以上的,列车长要第一时间向所在及所属铁路局集团公司调度、段调度指挥中心报告。旅客需要立即救治的,列车长应编制客运记录(乘警在客运记录上签字)移交车站处理,并拍发电报。

(七)发生旅客食物中毒应急处置流程

1. 列车发生旅客疑似食物中毒事件,列车长应立即向客运(客服)调度员报告,并通知司机。司机向列车调度员报告,客运(客服) 调度员立即向值班主任报告,值班主任通知铁路食品安全监督管理机构,内容包括发生食品安全事件的单位(车次)、列车运行区段、时间、中毒人数、主要症状、可疑食物等有关内容。

2. 需停站处置时,列车调度员应安排列车在具备医疗抢救救助条件的最近前方车站(由各铁路局集团公司提前明确)停车,并命令前方停车站做好抢救准备,需跨铁路局集团公司时通知前方铁路局集团公司列车调度。

3. 列车工作人员应对有关人员进行登记,通过广播寻找医护人员进行救治,封锁现场,封存导致或可能导致食品安全事故的食品及其原料、工具及用具、设施设备、中毒人员的呕吐物、排泄物等,铁路食品安全监督管理机构派专业人员开展现场调查和处置。

4. 列车工作人员应积极配合监督、医疗和疾控机构现场工作。

(八)动车组列车在客运办理站滞留期间临时开门

1. 动车组列车在客运办理站长时间滞留时,遇应急送餐、下交疾病旅客或旅客提出取消行程等紧急情况需临时开启车门时,列车长及时与司机、随车机械师沟通,视情况做出打开车门决定并明确开门位置,通知司机转报列车调度员(车站值班员),同时通知车站客运值班员开门决定及开门位置。动车组重联时,由前组列车长负责。

联系用语如下:

列车长:×××次机械师、司机,需开启×车左/右侧车门。机械师:×××次机械师明白。

司机:×××次司机明白。

2. 车站接到列车长开门决定及开门位置通知后,安排客运人员提前到达站台指定开门位置。列车长组织列车员或随车机械师手动打开指定位置车门,客运乘务人员会同乘警做好开门处的秩序维护及盯控,防止其他旅客下车。滞留站站台为低站台时,使用列车应急梯组织旅客乘降,车站、列车工作人员做好旅客安全防护,并做好下车后的后续处置。列车长确认下车人数,做好站车交接。

3. 餐食配送完成或旅客乘降完毕后,列车长组织列车员或随车机械师手动关闭车门,并由列车长通报司机、随车机械师,同时通知车站客运值班员,司机同时转报列车调度员(车站值班员)。联系用语如下:

列车长:×××次机械师、司机,×车左/右侧车门已关闭。机械师:×××次机械师明白。

司机:×××次司机明白。

(九)站台紧急停车

1. 动车组列车停站或初起动,列车乘务人员发现危及旅客安全或行车安全时,应立即呼叫司机停车。呼叫用语为“×××次司机,请立即停车。×××次列车长(列车员)报告”。

2. 司机在接到紧急呼叫时,如列车没有起动则不起动,如列车已起动要立即停车,同时应答呼叫者“×××次司机明白”,停车后呼叫者告知司机停车事由。司机将相关情况立即报告列车调度员(车站值班员),车站根据现场情况组织相关人员及时到场,做好应急处置。动车组列车在站起动的范围为客运营业站开车后至列车尾部过出站信号机前。

3. 紧急事件处理完毕后,呼叫者通知列车长,列车长与车站客运值班员共同确认后通知司机紧急事件处置完毕,同时按规定程序通知司机关闭车门,司机报告列车调度员(车站值班员),按规定程序开车。

(十)动车组列车未完全停靠站台

1. 办理客运作业的动车组列车因故未到动车组列车停车位置标停车,导致未完全停靠站台时,不得集控开门、不得擅自移动,司机应立即通知列车长、随车机械师,并报告列车调度员(客运值班员)。列车长通知客运值班员,客运值班员确认站台安全后通知列车长,列车长通知司机重新对标停车。若列车无法再行移动时,司机通知列车长、随车机械师,列车长组织列车员或随车机械师手动打开已停靠站台侧车厢的车门组织乘降。

2. 办理客运作业的动车组因故越过动车组停车位置标停车,导致未完全停靠站台时,不得集控开门、不得擅自移动,司机应立即通知列车长、随车机械师,并报告列车调度员(车站值班员)。经检查确认列车部分车厢停靠站台时,列车长组织列车员或随车机械师手动打开已停靠站台侧车厢的车门组织乘降。如需重新对标停车时,列车长通知车站客运值班员,客运值班员确认站台安全后通知列车长,列车长通知司机,司机报告列车调度员(车站值班员),经列车调度员(车站值班员)同意后,采取退行或换端方式办理。

第三节　职工人身安全

一、乘务作业人身安全

1. 严禁摸黑、湿手开关电器设备,防止触电,电气化区段停站不冲洗车皮,严禁攀登车顶作业。库内作业时,不得擅自打开非平台一侧车门,不得在无防护情况下登高作业。擦拭棚顶及行李架时,不得踩踏座椅扶手或穿鞋踩在座席上。

2. 乘务人员进出车站和动车所(基地、客技站)时走指定通道,通过线路时走天桥、人行地道,走平交道,并做到“一停、二看、三通过”,不横越线路,不钻车底,不跨越车钩,不与运行中的机车车辆抢行,进出车站时集体列队。

3. 乘务人员在出乘前充分休息,保持精力充沛,不在班前、班中、折返站饮酒。

二、劳动安全作业规定

(一) 从业人员劳动安全规定

1. 新职、晋升、转岗人员未经劳动安全培训或考试不合格,不准上岗作业。

2. 特种作业人员未经专业安全技术培训、考核,未取得特种(设备)作业操作证,不准上岗作业。

3. 班前充分休息。

4. 从业人员要认真确认工作职场环境、上下工径路、设备、工具、机具以及列车运行、调车作业等情况,确保状态安全良好。

5. 不准带酒气上岗,当班不准饮酒。

6. 工作时不准嬉戏打闹。

7. 工作中坚守岗位,严格遵守劳动纪律和作业纪律,不得做与工作无关的事情。

8. 作业中必须按规定着装,正确佩戴和使用劳动防护用品、用具。禁止穿高跟鞋、凉鞋、拖鞋、塑料底鞋。在铁路既有线作业禁止着用迷彩服。行车有关人员冬季着用的防寒帽必须有听耳孔,耳孔必须外露。在线路上作业不得着用影响视觉、听觉的帽子,不得着用连体帽子。作业时,禁止戴妨碍视觉的色镜。

9. 横越线路时,应"一停、二看、三通过",注意左右机车、车辆动态及脚下有无障碍物,严禁在运行的机车车辆前面抢越;严禁从地沟上跳越。

10. 横越停有机车车辆的线路时,先确认机车车辆暂不移动,然后在该机车车辆一端5 m以外绕行通过,严禁钻车底。必须横越列车、车列(组)时,应先确认列车、车列(组)暂不移动,然后由车辆通过台或两车车钩上越过,勿碰开钩销和关闭折角塞门,上下车时要抓紧蹬稳并注意邻线有无机车车辆运行;经车辆通过台越过应从车梯上下车。

11. 严禁在机车车辆底下、端部、线路中心、钢轨上、轨枕头、道床边坡、桥涵上、隧道内坐卧休息、乘凉、避风、避雪或避雨。除调车人员以外严禁扒乘运行中的机车车辆,以车代步。在作业休息时,应到线路以外安全的地方休息。

12. 禁止在线路上或侵入机车、车辆限界内接打手机。

13. 在站场、区间侵入机车、车辆限界内的作业必须按规定设置防护人员。

14. 高处作业时要遵守下列规定:

(1)凡患有高血压、心脏病、贫血病、癫痫病等病症的人员不得从事高处作业(距基准面2 m及以上)。

(2)作业人员必须正确佩戴安全帽、系好安全带,安全带必须挂在牢固适当的位置(高挂低用)。

(3)高处作业使用的工具、零部件和材料,不得抛掷传递;工具用毕应随手放入工具袋内。

(4)高处作业时人员不宜位于线(绳)索受力方向的反侧,并采取防止线(绳)索滑脱的措施。

(5)使用梯子作业时,应摆放平稳,上、下端安装防滑装置,地面设置专人防护。

15. 严禁由旅客高站台直接爬上、跳下。

16. 除牵引供电专业人员按规定作业外,任何人员及所携带的物件、作业工器具等须与牵引供电设备高压带电部分保持2 m以上的距离,与回流线、架空地线、保护线保持1 m以上距离,距离不足时,牵引供电设备须停电。

17. 距牵引供电设备带电部分不足4 m的燃着物体,使用水或灭火器灭火时,牵引供电设备必须停电。

18. 距牵引供电设备带电部分超过 2 m 的燃着物体，使用沙土灭火时，牵引供电设备可不停电，但须保持灭火机具及沙土等与带电部分的距离在 2 m 以上。

19. 持有长大、飘动等物件通过电化区段线路时，不得高举挥动，应与牵引供电设备带电部分保持 2 m 以上的距离。

20. 不得手湿时操纵和触摸电气设备，严禁用水冲洗带电设备和向电气设备泼水。

(二)列车乘务人员劳动安全规定

1. 列车乘务人员出入库、出退乘要集体列队行走，途中要整队上岗、换班，严格执行自控、互控制度。

2. 动车组列车车门瞭望时要紧握扶手，站在车门内侧，不得在站台补偿器上站立。

3. 不准飞乘飞降，抢上抢下。不准从翻板上直接上下。

4. 不准运行中开边门。

5. 禁止携带危险品上车。

6. 禁止在列车运行中开门处理故障。

7. 禁止将锐器、铁器物品和车辆配件工具放在行李架上；配电室内严禁堆放杂物。

8. 客车体在整备库内高架线路停留时，作业人员必须使用辅助车梯上、下车。

9. 在列车运行时登高作业，应站稳抓牢。

(三)安全防护

1. 为有效预防和控制车辆伤害事故，班组应设置防护员，防护员应由责任心强，身体健康，思维敏捷，语言表达清楚、有一年(不含实习、见习期)及以上工作经验、经培训考试合格，并取得“防护员上岗证”的正式职工担任。

2. 乘务人员进出车站和动车所基地时走指定通道，通过线路时走天桥、人行地道、平交道，三人以上进出车站时应集体列队，按规定防护并做到“一停、二看、三通过”。

第四节　列车消防安全

一、法律法规

1.《中华人民共和国消防法》规定，消防工作贯彻预防为主、防消结合的方针。任何单位和个人都有维护消防安全、保护消防设施、预防火灾，报告火警的义务。任何单位和成年人都有参加有组织的灭火工作的义务。

2.《中华人民共和国消防法》规定，任何人发现火灾都应当立即报警。人员密集场所发生火灾，该场所工作人员应立即组织、引导在场人员疏散。任何单位发生火灾，必须立即组织力量扑救。

3. 违反《中华人民共和国消防法》规定有下列行为之一，尚不构成犯罪的，处十日以上十五日以下拘留，可以并处五百元以下罚款；情节较轻的，处警告或者五百以下罚款；

(1)指使或者强令他人违反消防安全规定，冒险作业的；

(2)过失引起火灾的；

(3)在火灾发生后阻拦报警，或者负有报告职责的人员不及时报警的；

(4)扰乱火灾现场秩序,或者拒不执行火灾现场指挥员指挥,影响灭火救援的;

(5)故意破坏或者伪造火灾现场的;

(6)擅自拆封或者使用被消防救援机构查封的场所、部位的。

4. 人员密集场所发生火灾,该场所的现场工作人员不履行组织、引导在场人员疏散的义务,情节严重,尚不构成犯罪的,处五日以上十日以下拘留。

5. 违反《中华人民共和国消防法》规定,构成犯罪的,依法追究刑事责任。

二、本局集团公司消防安全管理

"沈阳局集团公司客运系统消防安全管理细则"规定,客运站段消防工作坚持人民至上、生命至上,贯彻预防为主、防消结合的方针,按照"铁路局集团公司统一领导、保卫部门牵头组织、业务部门系统管理、所属单位全面负责、职工群众积极参与"的原则,严格落实"管行业必须管安全、管业务必须管安全、管生产经营必须管安全",以及领导负责、分工负责、专业负责、岗位负责的要求,实行消防安全责任制。

(一)职工要求

1."四懂四会"要求:

"四懂":懂得本岗位的火灾危险性、懂得预防火灾的措施、懂得扑救火灾的方法、懂得逃生的方法。

"四会":会使用消防器材、会报警、会扑救初起火灾、会组织疏散逃生。

2. 任何单位和个人都有维护消防设施、器材完好有效的义务。

(二)管理要求

客运站段依法承担消防安全主体责任。

1. 贯彻执行消防法律、法规、规章和有关制度,落实消防安全责任制和岗位消防安全责任制,建立健全本单位消防安全制度、消防安全操作规程,制定灭火和应急疏散预案。按照"一站一图、一段一图"的原则绘制分布图、疏散图,建立消防管理档案,动态修订。

2. 实施消防安全网格化管理。站段要明确各层级消防安全责任,建立健全以消防关键处所为点,车站、车间、车队为单元,站段为面的消防安全网格化管理模式。对外与对应的地方消防应急救援机构建立同层级网格化联络机制。

3. 防火巡查制度。消防重点场所实行定点定时防火巡查,并建立巡查记录。车站候车厅、售票厅、行包房、旅客列车在营业期间应至少每 2 h 巡查一次。其他消防重点场所每日应昼夜各巡查不少于一次。防火巡查应当填写巡查记录,巡查人员及其主管人员应当在巡查记录上签名。防火巡查人员应当及时纠正违章行为,妥善处置火灾危险,无法当场处置的,应当立即报告。发现初起火灾应当立即报警并及时扑救。

4. 动车组列车消防小组成员:由列车长担任组长,随车机械师、本务司机、乘警、保洁、餐售人员参加。

(三)灭火器配备数量及位置

1. CR400BF 型动车组列车灭火器配置:列车每节车厢在 1、2 端分别配有 1 台 2 kg 干粉灭火器和 1 台 2 L 水雾灭火器,并在司机室左侧机柜中配有 1 台 5 kg 干粉灭火器。

厨房中配有 2 台 4 L 水雾灭火器，如图 5-18 所示。

图 5-18　CR400BF 型动车组列车灭火器配置

2. CRH380BG 型动车组列车全列共配备 34 具灭火器，1～8 车每个车厢各设置 4 具(2 具干粉 2 具水雾)灭火器。两端司机室各 1 具 5 kg 灭火器。酒吧车后厨单设 2 具 4 kg 水雾灭火器，如图 5-19 所示。

图 5-19　CRH380BG 型动车组列车灭火器配置

3. CRH5 型动车组列车全列共配备 32 具灭火器，其中 16 具水雾灭火器，放置在车厢 1 位端；16 具 ABC 干粉灭火器，放置在车厢 2 位端；1、8 车司机室内分别放置 2 具水雾灭火器。ABC 干粉灭火器为 2 kg/具，水雾灭火器为 2 L/具，如图 5-20 所示。

4. CRH3A 型动车组列车全列共配备灭火器 38 具：2 kg 干粉灭火器 20 具，2 L 水基灭火器 16 具，5 kg 干粉灭火器 2 具。1、8 车司机室各放置 3 具干粉(1 具 5 kg 干粉灭火器，2 具 2 kg 干粉灭火器)；1～8 车每个车厢内 1 位端为 2 具 2 L 水雾灭火器，2 位端为 2 具 2 kg 干粉灭火器，如图 5-21 所示。

图 5-20　CRH5 型动车组列车灭火器配置

图 5-21　CRH3A 型动车组列车灭火器配置

(四)灭火器检查要点

1. 环境检查

灭火器应存放在通风、醒目、干燥、阴凉及便于取用的场所,并不得影响安全疏散,周围 2 m 内不得堆放杂物。

2. 状态检查

(1)检查灭火器上有没有生产铭牌、出厂日期,是否在使用期内。二氧化碳灭火器使用年限为 12 年,干粉灭火器使用年限为十年,水型灭火器使用年限为 6 年。

(2)检查安全销、喷嘴铅封是否完好无破损,压把是否变形,罐体是否有锈蚀、损坏。

(3)检查灭火器上的压力表,若指针在绿区内为有效,指针在红区内为失效,指针不超过 2.5 MPa 为正常,黄区是超压。

(五)消防安全知识

1. 火灾分类

火灾分类见表 5-2。

表 5-2　火灾分类

类别	适　用　范　围
A 类	固体物质火灾
	如木材、棉、毛、麻、纸张等引起火灾

续上表

类别	适 用 范 围
B类	液体火灾和可熔化固体火灾
	如汽油、煤油等所引起的火灾
C类	气体火灾
	如煤气、天然气等所引起的火灾
D类	金属火灾
	如钾、钠、镁等所引起的火灾
E类	带电设备火灾
	如发电机、电缆、电器等所引起的火灾
F类	烹饪器具内的烹饪物(如动植物油脂)火灾

2. 消防器材使用方法及注意事项

(1)灭火器使用方法及注意事项

①灭火器使用方法:一拔销、二对准、三压把、四扫射。

②灭火器使用注意事项:

干粉灭火器适用于扑救A类、B类、C类、E类火灾;水基灭火器适用于扑救A类、B类、E类火灾。D类火灾可使用沙土或7150灭火剂扑灭;F类火灾可使用窒息法或泡沫灭火器扑灭。

使用灭火器灭火时,人要站在上风口或侧风口,对准起火点根部灭火,钢瓶不能触碰人体以防冻伤;瓶底不能对人以防炸伤;注意保持安全距离。

(2)紧急破窗锤使用方法与注意事项

①使用方法:一握紧、二对点、三敲击、四推出。

②注意事项:

注意敲击位置,一鼓作气,不要慌张;最好有衣服包裹手臂,防止划伤;特殊情况下,可以组织身强力壮的旅客予以协助。

3. 其他注意事项

(1)始终在确保自身安全下灭火。扑灭火灾的最有利阶段是起火初始阶段(起火3~5 min)。

(2)列车乘务人员对列车消防设备要做到“知位置、知性能、会使用”,发生火灾根据应急预案处置。

(3)火灾逃生要点:湿毛巾捂住口鼻,弯腰前行;按照疏散指示线路逃生,迅速逃离;如果火灾在逃生路线或出口堵塞,保持理性选择远离火势的有效出路逃生。

4. 其他客运消防安全要求

(1)配电室、乘务室必须人离锁闭;可燃物品不得贴靠采暖装置,采暖装置上不得有杂物;乘务室除备品和必须用品外,禁止放置其他杂物。

(2)动车组列车餐车电器设备必须严格按照使用说明书操作,操作过程中不得离人。电子设备充电应在车下完成,车上必须充电应在乘务室内集中充电,充电时不得离人。垃圾袋应浸水处理。

第五节　反恐防暴安全

一、旅客列车反恐工作管理

(一)列车长反恐工作职责

1. 负责反恐全面工作。

2. 负责主持召开反恐领导小组会议,传达上级会议精神和要求,研究落实方案部署反恐工作。

3. 负责反恐工作各项制度的落实。

4. 负责对重点职工落实包保、帮教和管控措施。

5. 负责组织开展反恐防范知识培训活动。

6. 负责宣传反恐斗争形势,增强全员反恐工作的危机感、责任感和使命感。

7. 负责列车各类反恐信息的收集,并按规定向段总调度室、相关科室及车队报告,接受上级指示。

(二)安全员反恐工作职责

1. 做好安检查危工作,按规定巡视车厢,对重点人员、重点区段进行重点检查。

2. 协助乘警长、列车长做好本班组日常反恐警具管理工作。

3. 协助列车长召开班组安全反恐怖分析会,组织职工学习安全反恐知识及技能。

4. 乘务中随时收集反恐有关资料。

(三)列车员反恐工作职责

1. 负责安检查危。对车厢内可疑物品、无人认领物品及无票上车人员进行安检。

2. 负责实名制验票。核对“票、证、人”是否相符。

3. 负责车内巡视。对车厢内重点反恐部位进行巡视检查。

4. 负责重点人员监控。对行为异常旅客做到重点监控。

5. 负责旅客生命财产安全。发生反恐案件,要在列车反恐领导小组的指挥下,根据发生事件性质采取应急处置措施。

列车反恐小组工作见表5-3。

表5-3　列车反恐小组工作

反恐小组	工作职责	负责人	组　员
现场指挥组	统一指挥:了解情况,及时回报;组织力量,分工负责;联络司机,确保安全	列车长	乘警、机械师、餐车长、司机
稳控打击组	现场处置:使用器械,控制现场	乘警	安全员(专兼职)
	现场封锁:疏散旅客,迅速隔离	列车长	机械师、列车员
后勤保障组	及时抢救:救助伤员,保证供应	餐车长	餐售人员、保洁员
现场调查组	调查取证:协助公安、保护现场、收集证据	乘警、列车长	机械师、安全员(专兼职)、列车员、餐售人员、保洁人员

(四)列车反恐重点检查部位

动车组列车反恐重点检查部位：餐车、座席下、卫生间、垃圾桶、天棚盖、车厢连接处、电茶炉、(大件)行李架、配电柜、备品柜、监控室、乘务员室。

(五)列车安保工作目标

预防风险、快速响应、保障列车运行安全与旅客生命财产安全。

二、应急处置装备配备要求

1. 防爆毯(含大小防爆围栏各 1 个)1 条。
2. 防暴棍 1 只。
3. 防暴叉 1 只。
4. 小型防暴盾牌 1 面。
5. 约束带 2 副。
6. 防割手套 2 副。

三、存放地点和管理标准

(一)存放地点

存放列车反恐应急处置装备的地点，应根据车体型号及车厢分布情况确定。原则上动车组列车应在餐车或其他车厢储藏柜内存放；存放地点应不少于两处，其中每处应有防暴棍、防暴叉和防暴盾牌、约束带。

(二)管理标准

1. 列车反恐应急处置装备应由资产所属部门负责管理，凡未在广播室、储藏柜内存放的列车反恐应急处置装备，应加配带有锁具的金属存放柜(箱)，其外形和尺寸应以能容纳列车反恐应急处置装备为宜，且以不能滑动、不影响安全、便于取用为原则；钥匙应分别由列车“四长”和所在车厢工作人员保管(以备不时之需)。

2. 配备后的列车反恐应急处置装备如有损坏，由资产所属部门负责维修和补充，确保列车反恐应急处置装备种类齐全，数量齐备，状态良好。

3. 列车反恐应急处置装备的使用只能在列车发生暴恐案(事)件和发现疑似爆炸物时使用。

四、使用方法和注意事项

(一)盾　　牌

1. 使用方法：盾牌使用时将左手臂套入固定环内，手指握牢前部把手。

2. 注意事项：不准在盾牌表面乱涂乱画；存入器具柜内时尽量不要摩擦表面；盾牌使用时尽量贴近身体，手臂不得张开过大。

(二)防割手套

1. 使用方法：直接穿戴于手上，穿戴牢固即可。

2. 注意事项:穿戴手套时,要选用适当尺寸的手套,如果手套太紧,限制血液流通,容易造成疲劳,并且不舒适;如果太松,使用不灵活,而且容易脱落;使用中注意安全,不要将污染的手套任意丢放,避免造成对他人的伤害;摘取手套一定要注意,防止将防割手套上沾染的有害物质接触到皮肤和衣服上,造成二次污染。

(三)防 爆 毯

1. 使用方法:使用时先用防爆围栏将可疑爆炸物罩住,尽量将可疑爆炸物置于中心,然后再将防爆毯盖在围栏上,防爆毯也尽量铺向中心。

2. 注意事项:防爆毯绝对不能存放在强紫外线光照条件下;被爆炸后,不得再次使用。

(四)防 暴 棍

1. 使用方法:防暴棍打开包装袋后,可以将两截组装在一起使用,也可以一手持一根,双手同时使用。

2. 注意事项:注意防暴棍日常保管,放置在规定位置,并告诫无关人员不得随意取用。

(五)约 束 带

1. 使用方法:在使用约束带时,首先要确保其材料牢固可靠,能够承受相应的拉力;在固定约束带时,应选择合适的固定点,确保其稳定性和安全性。

2. 注意事项:保持适度的松紧度,不可过紧或过松,以免造成不适或伤害;定期检查约束带的状况,若损坏或磨损应及时更换,确保其有效性和安全性;在使用约束带时,必须保持监管和注意,以防止意外发生。

(六)防 暴 叉

1. 使用方法:保持钢叉自然下垂,双手握在叉柄上,拇指扣在食指第一节,虎口紧贴叉柄;双脚与肩同宽,重心平均分配,保持身体稳定;根据不同情况,可采用戳、挑、劈、扫等动作,根据实际情况,合理控制力度,避免造成伤害。

2. 注意事项:使用防暴叉前应仔细检查其结构是否完好,有无裂缝、松动或破损等情况;确保所有紧固件(如螺丝、螺母等)都已拧紧,没有松动或脱落的现象;确保钢叉的尖端没有弯曲、断裂或者破损,以保证其能够正常刺出;使用时,保持与目标适当的距离,避免误伤自己或他人;注意周围的环境,避免因障碍物、人员或其他因素造成意外伤害;应遵循现场指挥人员的指挥,确保操作安全有序。

(七)灭 火 毯

1. 使用方法:将灭火毯固定或放置于比较显眼且能快速拿取的墙壁上或抽屉内;当发生火灾时,快速取出灭火毯,双手握住两根黑色拉带;将灭火毯轻轻抖开,作为盾牌状拿在手中;将灭火毯轻轻的覆盖在火焰上,同时切断电源或气源;灭火毯持续覆盖在着火物体上,并采取积极灭火措施直至着火物体完全熄灭;待着火物体熄灭,并于灭火毯冷却后,将毯子裹成一团,作为不可燃垃圾处理;如果人身上着火,将毯子抖开,完全包裹着火人身上扑灭火源,并迅速打 120 急救电话。

2. 注意事项:牢固置于方便易取之处,并熟悉使用方法;每 12 个月检查 1 次灭火毯;若发现灭火毯有损坏或污染应立即更换。

第六节 卫生防疫、应急救护

一、铁路突发公共卫生事件

铁路突发公共卫生事件是指国内突然发生的重大传染病疫情、群体性不明原因疾病，造成或者可能造成社会公共健康严重损害，并有可能借铁路传播的事件；铁路车站、列车发生集体性或者有死亡的食物中毒事件；铁路单位内部发生的重大集体性职业中毒、食物中毒、传染病暴发流行事件。

（一）铁路站车突发重大传染病疫情处理

国内发生重大传染病疫情、群体性不明原因疾病，并有可能借铁路交通工具进行传播时，国铁集团要按照国家统一部署，立即启动铁路突发事件应急处理程序，按照职责分工，开展工作。

列车上发现有国家公布的传染病症状的旅客时，应根据情况，采取以下措施：

1. 报告。列车长应立即向本单位值班室和前方站报告。前方站和有关单位值班室应按照规定上报运输管理及卫生防疫部门。报告内容包括：车次、时间、运行地点、病人简况及主要症状、旅行目的站、病人所在车厢顺号等。

2. 初步处理。列车长应利用软席包房或乘务室，将病人或疑似病人隔离，同时控制病人原所在车厢旅客的流动。

3. 指导处理。卫生管理和防疫部门接到报告后，应立即通过电话或委派专业人员添乘列车，并按规定程序指导、处理疫情。

4. 终末消毒。列车到达目的地后，由所在地铁路卫生防疫部门对全列车进行消毒。

5. 医学观察。对密切接触病人的人员，由卫生防疫部门安排进行医学观察。

（二）动车组列车发生重大疫情时应急处置程序

1. 动车组列车发现疑似鼠疫、霍乱等重大疫情的病例或接到动车组列车上有疑似病例的通知时，列车长、乘警应立即向司机和上级主管部门报告，司机向列车调度员报告，列车调度员立即向值班主任报告，值班主任立即向铁路疾控部门报告。

2. 列车调度员根据铁路局集团公司有关部门确定的处置方案，安排动车组列车在指定车站停车。列车长接到司机指定站停车的通知后，做好疾控人员上车和疑似病例交站等相关准备工作，车站及铁路疾控部门做好接车紧急处置准备。

3. 列车长、乘警应组织隔离传染病人、疑似病人和密切接触者，紧急疏散其他旅客，并对有关人员进行登记。列车长、乘警应组织封锁已经污染或可能污染的区域，同时做好被隔离人员的交站准备。

4. 列车长在指定停车站将传染病人、疑似病人、密切接触者和其他需要跟踪观察的旅客及相关资料移交车站和铁路疾控部门。乘警应维护好车内秩序，确保区域封锁、旅客隔离、站车移交等工作正常开展。

5. 铁路疾控部门应上车对已经污染或可能污染的区域进行消毒。铁路疾控部门确认处置完毕后，方可解除区域封锁。列车应积极配合现场的医疗和疾控部门工作。

二、红十字救护

(一)急救药箱管理

为保证对旅客突发疾病时的应急救助,铁路客运车站和旅客列车上都配备了医疗急救箱。医疗急救箱用于铁路客运车站和旅客列车为突发疾病、受到创伤的旅客、职工实施现场应急救助,医疗急救箱内药品和器械(以下简称药械)配备应符合相关法律要求,宜采用集成形式配置并保证急救箱处于可正常使用状态。

1. 医疗配置要求

(1)医疗急救箱的配置以旅客列车为单位,按班组配备或班组交接使用。急救箱应牢固、轻便、易于携带。

(2)实行编号管理,落实急救箱使用证制度。由疾控所自行确定使用证形式并统一编号,使用证内容应包括统一编号、使用单位(车次)、配置机构、配发日期等,列车自 LC-YX0001 起始编号。

(3)每个药箱需附"药械清单""简明用药指引""药械使用登记簿",药品配备数量由疾控所根据列车日常使用、消耗情况确定。

2. 使用要求

(1)在旅客列车上遇到旅客、职工突发疾病、受到创伤时,红十字救护员应立即到场实施救助并通过广播向旅客中的医务工作者求助。根据病情需要,使用急救箱药械。

(2)使用药械后,红十字救护员应客观、如实填写"药械使用登记簿",详细记录药械使用的车次、使用日期、药械名称、数量、旅客姓名、有效身份证件号码(后 6 位)、发放人签名和旅客(或家属、同行旅客)签名(急病时可不签名)。工作人员使用药械后比照旅客进行登记。

(3)处方药应由现场医务工作者使用,处方药使用后,红十字救护员应填写药品使用记录并请使用处方药的医务工作者签字确认(遇有拒绝签字的,可标注"医生拒绝")。需转送到医院治疗的,红十字救护员要填写简要救助记录,现场有医务工作者参加救助的应征求并记录医务工作者建议,不得自行为任何人提供处方药。

3. 药品目录

(1)口服药:对乙酰氨基酚片、小儿氨酚黄那敏颗粒;沙丁胺醇气雾剂;盐酸小檗碱片、口服补液盐;马来酸氯苯那敏片;盐酸苯海拉明片;速效救心丸、硝酸甘油片。

(2)外用药:小儿退热贴、碘伏、清凉油。

(3)器械类:上臂式表式或电子血压计 1 台、听诊器 1 个、电子体温计 2 支、袖珍手电筒 1 个、弯头纱布剪刀 1 把、16 cm 弯头和直头止血钳各 1 把、12 cm 直镊子 1 把、消毒棉(签、球)若干、医用胶带 1 卷、三角巾 10 个、无菌纱布 1 包、无菌绷带 1 轴、弹力绷带 4 卷、止血绷带若干、创可贴 1 包、头套 3 个、旋压式止血带 3 根、保护带 2 条、无菌手套 3 副、呼吸面膜 2 片、一次性压舌板 4 片、一次性产包 1 个、一次性连体防护服 1 件、一次性医用外科口罩 6 个、N95 口罩 4 个、无醇免洗手消毒液 1 瓶。

站车使用药械后,红十字救护员应客观、如实填写"药械使用登记簿",处方药品应由现场医务工作者使用,并按规定做好处方药使用记录和医务人员签字工作。

(二)红十字救护员

国铁集团负责铁路红十字救护员骨干、师资的培训工作,各铁路局集团公司负责辖区内其他铁路红十字救护员的培训工作，由劳卫、客运、职教部门共同组织实施，对培训合格的红十字救护员发放统一的红十字救护员证书。

旅客列车红十字救护员由取得红十字救护员证书的客运人员担任。旅客列车客运乘务班组每班应配置不少于 1 名红十字救护员。

（三）使用规定

在客运车站和旅客列车上遇到旅客突发疾病、受到创伤时，红十字救护员应立即到场实施救助并通过广播向旅客中的医务工作者求助，根据病情需要，使用急救箱药械。医疗急救箱配备标准参见 TB/T 3234—2010《铁路红十字药箱配备标准及使用原则》。

【学习思考题】

1. 客运安全红线的定义、主要内容及追责处理办法是什么？
2. 发生火灾爆炸的处置流程是什么？
3. 列车故障区间换乘的处置流程是什么？
4. 因洪水断道，发生大面积晚点时，且车体空调失效、需要移交重点旅客时，列车长应如何处置？
5. 乘务作业中人身安全规定有哪些？
6. 消防"四懂四会"的具体内容是什么？
7. 列车员的反恐职责是什么？
8. 列车反恐怖重点检查部位有哪些？
9. 列车医疗急救箱的使用有何规定？

第六章　铁路客运服务

学习任务

本章介绍了铁路客运服务的基本礼仪，规范了列车乘务人员仪容仪表和不同场景下的服务用语。主要介绍了重点旅客、特殊重点旅客的定义和服务基本原则，以及商务座服务的内容和标准。简要介绍了服务质量规范及监督部门，及发生投诉时的处理流程和技巧。

通过学习，并结合现场演练，掌握基本服务用语、引导手势。掌握重点旅客、特殊重点旅客的定义和服务基本原则，掌握商务座服务基本内容。

第一节　服务礼仪

一、礼仪的起源

礼仪即人际交往的基本规则，是人际交往中的行为规范。服务礼仪，就是礼仪在服务行业中的实际运用，也可以说是服务人员在自己的工作岗位上应当严格遵守的行为规范，主要表现为尊重他人和以礼相待。

二、礼仪的内涵

1. 礼仪是一种行为准则或规范，其表现具备普认性特质。
2. 礼仪是一定时期人们约定俗成、共同认可的行为准则或规范。
3. 礼仪是协调人际关系的调节器。
4. 讲究礼仪是社会文明的一个显著标志。

三、礼仪的作用

1. 礼仪对社会的影响和作用

有利于构筑文明社会；有利于弘扬优良民族传统文化；有利于建立良好的社会关系；有利于树立良好的个人品格，维护社会和谐，并创造更好的经济效益和社会效益。

2. 礼仪对个人的影响和作用

有利于培养高尚的道德情操；有利于培养优雅的气质；有利于培养优美的仪表风度；有利于建立融洽的人际关系并促进事业的成功；有利于养成良好的行为习惯。良好的行为习惯不仅可以提高个人的工作能力和服务意识，而且能够提升个人修养，展现人格魅力。

四、礼仪的基本原则

1. 普遍性。在任何国家、任何场合、任何人际交往中，人们都必须自觉遵守礼仪。

2. 规范性。讲究礼仪，必须采用标准化的表现方式，从而才能获得广泛认可。

3. 对象性。在面对不同的服务对象，或者说在不同的场合要根据不同的时宜，讲究不同的礼仪。

4. 可操作性。礼仪在具体运用时，"有所为"与"有所不为"都有各自具体的、明确的、可操作的行为标准。

五、行为举止礼仪

（一）得体的站姿

站立是人最基本的姿势，是一种静态的美。

站立时要保持表情自然，微闭嘴唇（或面带微笑），下颌微收，两肩自然放松。

颈部和躯干自然挺直，立腰收腹，把身体重心放在两脚之间，头、颈、躯干和腿在同一垂线上；身体各主要部分尽量舒展，两臂下垂；手指并拢微屈，做到脖颈挺直，头部端正，下颌微收。挺胸，收腹，胯部上提；两膝并拢，脚跟相靠，两脚尖略微分开；两脚均匀着地，双肩自然下垂或双手在体前交叉（多为女士采用姿态）；男士站立时，可双脚分开，两脚平行，比肩略窄一点，身体直立，双手自然下垂，放在身体两侧，虎口向前或者右手搭在左手上，放在身后，其他姿态不变。

（二）标准走姿

走路时不能大步地奔跑，步伐大小要适中，步子要轻而稳。

1. 开始迈步时以大腿带动小腿，先以脚跟着地，再过渡到前脚掌，身体重心落在前脚掌，步子要柔而轻快。向前迈步时膝关节向前，脚尖稍微外展。

2. 颈部自然挺直，下颌内收，双目平视，面带微笑。

3. 双肩放松，两臂自然协调地前后摆动，向前摆动稍屈肘，后摆幅度不大。一般保持在30°左右，掌心向内，前摆时要避免甩小臂，后摆时要避免甩手腕。

4. 收腹挺胸是保持步态美的关键，即要有节奏地向前移动重心，重心与前进的方向保持一直线。

5. 走路时一般步长约为60～75 cm，虽然个体高矮有一定的区别，但走姿必须自如、轻盈、矫健、敏捷。

（三）坐　　姿

1. 上体保持自然挺直

挺胸、收腹、立腰，肩部放松，两臂自然下垂，高度相同。两膝自然弯曲，大腿保持在水平部位，两脚掌均匀着地。身体坐在椅子的中后部，腰部始终要挺直，保持端正的姿态。

2. 女性标准坐姿

女性标准坐姿是轻轻入座，背部直立不能完全倚靠在椅背上，坐在椅面的2/3处即可，双膝自然并拢；两手相搭放在小腹处，脚尖分开呈"V"字形，双膝并拢，上体挺直坐正；脚跟靠紧，两膝并拢，双腿侧放，大小腿之间保持90°；侧坐时身体向左或向右转体45°，双脚自然开立，要注意双膝并拢，右手搭左手放置左腿或右腿上；双腿并拢，双脚交叉置于一侧或收后脚面朝前,脚尖向下,双手叠放置于左腿或右腿上,上体挺直坐正。

3. 男性标准坐姿

端坐时双脚左右分开,略比肩窄,双手放置双膝上,体挺直坐正。此外,男性可以后背轻靠椅背,若座椅有扶手,小臂也可以平放在坐椅两侧的扶手上。

4. 谈话时的坐姿

对坐谈话时,身体稍向前倾,表示尊重和谦虚。如果长时间端坐,可将两腿交叉重叠,但要注意将腿向回收。

(四)蹲　　姿

下蹲时,要保持优雅的姿态,保持安全。

六、客运人员职业形象

1. 头发干净整齐、颜色自然,不理奇异发型、不剃光头。男性两侧鬓角不得超过耳垂底部,后部不长于衬衣领,不遮盖眉毛、耳朵,不烫发,不留胡须;女性发不过肩,刘海长不遮眉,短发不短于 7 cm。

2. 面部、双手保持清洁,身体外露部位无文身。指甲修剪整齐,长度不超过指尖 2 mm,不染彩色指甲。

3. 女性淡妆上岗,唇线与口红的颜色一致;眉毛修剪整齐,眉笔和眼线为黑色或深棕色;眼影的颜色与制服一致;使用清香、淡雅型香水。工作中保持妆容美观,端庄大方。补妆及时,在卫生间或乘务间进行。不浓妆艳抹。

4. 乘务组换装统一,衣扣拉链整齐。着裙装时,丝袜统一,无破损。系领带时,衬衣束在裙子或裤子内。外露的皮带为黑色。佩戴的外露饰物款式简洁,限手表、戒指各一只,女性还可佩戴发夹、发箍或头花及一副直径不超过 3 mm 的耳钉。不歪戴帽子,不挽袖子和卷裤脚,不敞胸露怀,不赤足穿鞋,不穿尖头鞋、拖鞋、露趾鞋,鞋的颜色为深色系,鞋跟高度不超过 3.5 cm,跟径不小于 3.5 cm。

5. 佩戴职务标志,胸章牌(长方形职务标志)戴于左胸口袋上方正中,下边沿距口袋 1 cm 处(无口袋的戴于相应位置),包含单位、姓名、职务、工号等内容。臂章佩戴在上衣左袖肩下四指处。按规定应佩戴制帽的工作人员,在执行职务时戴上制帽,帽徽在制帽折沿上方正中。除列车长外,其他客运乘务人员在车厢内作业时可不戴制帽。

6. 餐车加热、供应餐食时,服务人员戴口罩、手套;女性穿围裙。餐车吧台实行站立服务,不间断售货。

第二节　服务用语

一、基本服务用语

【场景一:车门立岗服务用语】

情况 1:迎接旅客上车。

列车员:您好,欢迎乘坐本次列车,请注意脚下安全!

情况 2:到站告别旅客。

列车员:请慢走,注意脚下安全!

【场景二：始发及途中查验车票和发放赠品】

情况 1：二等座、管内列车一等座。（精准抽验）

列车员：您好，请出示一下购票证件，谢谢！

旅客：（找到并拿出自己的中华人民共和国身份证/护照……，交由列车员查验）

列车员：（使用站车无线交互系统核验）谢谢，请收好证件！

情况 2：直通列车一等座、管内列车商务座。（验证并发放赠品）

列车员：您好，请您出示一下购票证件，谢谢！

旅客：（找到并拿出自己的身份证/护照……，交由列车员查验）

列车员：（使用站车无线交互系统核验）谢谢，先生/女士，请收好证件，我们为您准备了×××，请问您需要哪一种？

旅客：我想要用×××。

列车员：好的！这是您的×××，这是小食品，请您慢用！

情况 3：直通列车商务座。（验证并发放赠品）

列车员：您好，请您出示一下购票证件，帮您核对到站信息，方便到站提醒您下车！

旅客：（找到并拿出自己的身份证/护照……，交由列车员查验）

列车员：（使用站车无线交互系统核验）谢谢（记录旅客姓氏，途中以×先生/女士称呼），请收好证件！×女士/先生，我们为您准备了……，请问您需要哪一种？

旅客：我想要用×××。

列车员：好的！这是您的×××，这是小食品，请您慢用！我们会在到站前提醒您，祝您旅途愉快！

【场景三：爱车宣传提醒】

情况 1：衣帽钩上挂有重物。

列车员：先生/女士，您好，因为衣帽钩承重范围有限，您的包袋可以放在行李架上，需要我帮您放上去吗？

旅客：好的！

情况 2：小桌板上放有重物。

列车员：先生/女士，您好，因为小桌板承重有限，您的包袋可以放在行李架上，需要我帮您放上去吗？

旅客：好的！

【场景四：行李架放置大件行李/小推车整理】

列车员：您好，请问行李架上的小推车/大件行李是您的吗？

旅客：是我的，有什么问题吗？

列车员：先生/女士，为了保证安全，小推车/大件行李不宜放在行李架上，您可以将行李放置在××处。（为有困难旅客提供帮助）

旅客：可以。

列车员：先请您将贵重物品随身携带，途中停站请您多加留意避免错拿！（提醒旅客中途停站时做好行李确认）

二、文明乘车管理

【场景一：遇车厢内遇大声喧哗或打牌旅客，影响周围旅客休息】

旅客 A：列车员，前面座位旅客打牌的声音太大了，影响到我们正常休息了。

列车员:先生/女士,您的心情我很理解,我们马上劝导!

列车员:各位旅客打扰了,请大家声音轻一些,共同保持旅行环境!(无效时反复劝)

旅客 B:好的!我们注意!

列车员:好的,感谢您的配合!(协调后择机主动向旅客 A 询问结果,展示尊重;商务座旅客如二次提醒后效果不佳,可考虑为旅客 A 提供耳机,赢得好感)

【场景二:遇车厢内遇脱鞋旅客,散发异味处理】

列车员:先生/女士,您好,请您穿上鞋子,感谢配合!

【场景三:遇旅客因调整座椅背发生纠纷】

旅客 A:你看这椅背调的,我都没法坐了!

列车员:先生/女士,请您稍等,我帮您协商一下!

列车员:先生/女士,打扰了!(解释后排旅客困难),您的椅背能稍微向前调整一下吗?

旅客 B:哦!

列车员:感谢您的配合!

列车员:(转向后排旅客 A)

列车员:先生/女士,您看这样合适吗?

旅客 A:可以了,谢谢!(对不配合的旅客,做好解释;有条件的可以帮助其中一人调整位置,化解矛盾)

【场景四:遇动卧旅客坚持要使用上铺】

旅客:列车员!你们这个列车二等座为什么不是一人一座的?

列车员:女士/先生,您好,您购买的是卧铺代替座位的车票,每个下铺是按 3 人座设置的!

旅客:噢,是这样啊,那我今天就将就在上铺躺一下吧。

列车员:先生/女士,卧代座车厢上铺仅限于旅客摆放行李,您躺上去既不卫生也不符合规定,请您配合!

旅客:好吧。

列车员:好的,感谢您的配合!

三、越席乘车及补票

【场景一:遇无票旅客乘车拒绝补票】

列车员:先生/女士,您好,请您出示一下购票证件!

旅客:我没买票。

列车员:好的,那我通知列车长为您办理一下补票!

旅客:我现在不想补票。

列车员:(通知列车长)

列车长:先生/女士,作业记录仪我们已经开启,依据铁路运输规定,旅客乘坐火车需购买车票!如果您拒绝补票,我们将记录您的行为,移交车站纳入失信行为处理。同时告知您:依据《中国国家铁路集团有限公司铁路旅客运输规程》规定,到站补票要加收 50%;依据《铁路安全管理条例》,公安部门可能还会进行罚款处理!

【场景二:遇旅客持过点车票乘车拒绝补票】

列车员:女士/先生,您好,请您出示一下购票证件!

旅客:(找到并拿出自己的身份证/护照……,交由列车员查验)

列车员:(使用站车无线交互系统核验)对不起女士/先生,您的车票已经过点了,属于失效车票,是需要办理补票手续的!

旅客:如果我这个是无效车票,那刚才你们工作人员怎么说我可以先坐这个车啊,他应该不让我上来的啊!

列车员:女士/先生,依据《中国国家铁路集团有限公司铁路旅客运输规程》,“车票当日当次有效”,如果您要继续乘坐本趟列车,需要办理补票手续。

旅客:那你帮我改签一下呗。

列车员:女士/先生,失效车票是不能帮您改签,请您理解!

旅客:不补。

列车员:通知列车长。

列车长:女士/先生,作业记录仪我们已经开启,如果您拒绝补票,我们将记录您的行为,并移交车站纳入失信行为处理。

【场景三:遇超龄儿童乘车家长不配合补票】

列车员:您好,请您出示一下购票证件!

旅客:(找到并拿出自己的身份证/护照……,交由列车员查验)

情况 1:儿童超龄。

列车员:(使用站车无线交互系统核验)谢谢,(转向携带的儿童)小朋友(伙子)真可爱!(转向家长)先生/女士,根据《国铁集团客规》,年满 6 周岁且未满 14 周岁的儿童需要购买儿童票乘车,年满 14 周岁的儿童需要购买成人票乘车,需要我为您办理补票手续吗?

旅客:不补!

列车员:如果您拒绝在车上补票,可能将影响您后续行程,也会给您的孩子一个不好的示范,建议您配合我们的工作!

旅客:不补!

列车员:那我们将如实记录并移交到站交接处理!

情况 2:免费乘车儿童未声明。

列车员:(使用站车无线交互系统核验)谢谢,(转向携带的儿童)小朋友好精神!(转向家长)先生/女士,根据《国铁集团客规》规定年满 6 周岁且未满 14 周岁的儿童需要购买儿童票乘车,未满 6 周岁的儿童乘车需要进行声明,需要我为您办理声明手续吗?

旅客:怎么办理?

列车员:请您出示小朋友的有效身份证件!

旅客:这是居民户口簿。

列车员:(接过证件,进行操作)声明好了,谢谢您的配合!小朋友乘车注意安全,有需要随时找我!

旅客:好的,谢谢!

【场景四:遇旅客持低等级车票乘高等级席位】

列车员:女士/先生,您好,请您出示一下购票证件!

旅客:(找到并拿出自己的身份证/护照……,交由列车员查验)

列车员:对不起,女士/先生,这节车厢是一等座,您车票上对应的座位是二等座,您是需要升舱吗?(提前掌握余票信息,无能力时直接劝离)

情况 1：旅客提出升舱。

旅客：需要的，我想变更一等座，帮我补一下票！

列车员：（需分段时做好说明）好的，××座位可以升舱至××站，现在请您先坐，稍后我通知列车长来为您进行办理升舱业务。（升舱完毕后，宜按规定尽快为旅客发放赠品，提升旅客服务感受）

情况 2：旅客拒绝办理升舱业务且拒绝离开。

旅客：不需要，我看这里空得很，不能坐吗？

列车员：对不起，您所持有的是××等座席，请您对号入座，谢谢配合！（列车员可主动帮助旅客拿好行李送至原票显示的车厢席位）

旅客：我就坐一会儿。

列车员：先生/女士，如果您拒绝离开，我们将移交车站纳入征信处理。同时告知您：依据《铁路安全管理条例》，公安部门可能还会进行罚款处理。（如旅客仍拒绝离开，通知列车长到场处理，由乘警列车通知乘警现场处理）

【场景五：遇铁路职工拒绝出示证件或补票】

列车员：先生/女士，您好，请您出示一下购票证件！

职工：（职工拿出相关证件，但乘车条件不符）

列车员：（悄悄登记、无声截屏信息）先生/女士，您的乘车区间不符/×××，按章需办理补票手续！

职工：不补。

列车员：同志，如果您继续不配合，我们将根据铁路职工乘车规定移交车站处理并上报集团公司！

四、商务座、一等座服务

【场景一：遇商务座旅客供餐】

列车员：×先生/女士，今天我们为您准备了午餐/晚餐，商务套餐品种有……，请问您需要哪一种？

情况 1：旅客需要。

旅客：我要××套餐。

列车员：好的，请问您大约几点钟用餐？/××点左右用餐您看可以吗？

旅客：××点吧。

列车员：好的，×先生/女士！

列车员：×先生/女士，您的××套餐，这是配汤，小心烫，请慢用！

旅客：好的，谢谢。

列车员：×先生/女士，请问您用餐完毕了吗？

旅客：吃好了。

列车员收取托盘后：请问您还有其他需求吗？

情况 2：旅客不需要。

旅客：不需要。

列车员：好的，我们的××套餐大家反馈口味不错！如果您有需要随时告诉我！

【场景二:遇商务座旅客使用红茶杯提出更换需求】

情况 1:备量充足时。

列车员:×先生/女士,茶淡了,需要我帮您换一杯吗?

情况 2:备量无剩余。

旅客:我的茶淡了,可以换一杯吗?

列车员:×先生/女士,非常荣幸您喜欢我们的红茶!非常抱歉今天旅客较多,备量用完了,我们还备有×××,给您换×××,可以吗?

旅客:那就给我一杯×××吧!

列车员:好的!您的×××,请慢用!

【场景三:遇管内一等座旅客提出赠品需求】

旅客:列车员,我的小食品和饮料呢!

列车员:先生/女士,很抱歉,本次列车一等座不赠送小食品和饮料!如果您有需要,可以扫扶手边二维码或者在售货车下车厢时选购,您看可以吗?

旅客:好的!

【场景四:遇商务一等旅客提出多份赠品需求】

旅客:列车员,再给我一份小食品!

列车员:×先生/女士,非常荣幸您喜欢我们的小食品,但赠送食品是根据乘车人数配送的,非常遗憾目前没有富余!我帮您留意,后续有富余的话我给您送过来,您看可以吗?

旅客:好的谢谢。(一人份包装饮品比照红茶杯处理!特殊情况下,如携带的小朋友特别喜欢吃小食品等等,酌情安排赠送)

【场景五:遇旅客拒绝小食品】

列车员:好的,我们的赠品还是蛮有地方特色的!如果您有需要随时告诉我!

五、服务备品需求

【场景一:遇一、二等旅客提出防寒毯需求】

旅客:你好,请问可以给我一条毛毯吗?

列车员:先生/女士,不好意思,×等座席是不配备毛毯的,您是觉得冷吗?需要的话我可以将车厢温度适当调高,您看可以吗?

旅客:好的。(回访情况,体现关怀!)

【场景二:遇座位套潮湿需要处理时】

旅客:不好意思我不小心把饮料打翻了,座位套潮湿无法就座,可以帮我处理一下吗?

情况 1:列车无空余席位。

列车员:没关系对不起,先生/女士,现在没有空余席位,我帮您取一个防潮垫过来吧!

情况 2:列车有空余席位。

列车员:没关系,请问您到哪里下车呢?我查询一下有没有空余座位可以更换,或者帮您取一个防潮垫过来使用,您看可以吗?

旅客:我到××站,帮我看下能不能换另一个空座。

列车员:(使用站车无线交互系统查询)现查询到×车×号座位××区段空闲,我带您过去,请带好随身物品,这边请!

六、其　　他

【场景一:旅客对座椅、车厢等部位卫生提出诉求】

旅客:我座位的夹缝里,座位底下都有小垃圾。

列车员:对不起,先生/女士,很感谢您指出我们工作的不足!我们立刻整改!(小垃圾立即清理,如需工具对讲机呼叫保洁来清理,注意称呼展示文明)

旅客:帮我换个座位可以吗?

列车员:请问您到哪里下车呢?(使用站车无线交互系统查询)现在查到××站区段内,×车×号座位有空,请带好您的随身物品,行李我帮您拿吧,这边请!(列车长回访,保持尊重)

【场景二:遇管内列车餐车领班到车厢销售,旅客至餐车购物】

列车员:先生/女士,您好,有什么需要我为您服务?

旅客:你好,我想买×××。

列车员:先生/女士,餐售人员刚下车厢供应商品,您可以留下您的车厢和座位号,我通知餐售人员将您需要的商品送至您车厢,您也可以自行扫扶手边上的二维码进行选购,您看可以吗?

旅客:好的,给我送过来吧!我要……

【场景三:遇旅客误碰 SOS 求助按钮】

列车员:先生/女士,您好,您刚才按了 SOS 救助按钮,请问有什么需要帮助的吗?

旅客:没有,我不小心碰到了。

列车员:没关系,我来处理一下就好,或者您现在按一下 SOS 救助按钮复位,可以吗?

旅客:我来复位吧!

列车员:谢谢您!

【场景四:遇旅客购买盒饭后要求餐车就座吃饭】

旅客:你好!请问我们买了列车的盒饭,但车厢位置太小了,不方便吃饭。

情况 1:餐车有空余座位。

列车员:您好!先生/女士,请问您几位?我现在询问一下餐车是否有空余座位。

旅客:我们共 3 个人。

列车员:(对讲机询问过后)

列车员:您好,餐车现在有空余座位,在 9 号车厢,这边请!

情况 2:餐车无座位。

列车员:对不起,列车餐车未设有座位,我帮您把小桌板打开吧,吃完了我来帮您收拾一下,您看可以吗?

旅客:不用了,我自己来,谢谢!

【场景五:遇旅客身体不适提出帮助需求】

列车员:您好,先生/女士,有什么可以帮您的吗?

旅客:我×××疼。

情况 1:旅客轻症。

列车员:您带药了吗?需要的话我帮您拿药箱过来,可以吗?

旅客：老毛病了，我自己带了药了/我忍一会就好了。

列车员：那我帮您倒杯热水吃药吧！/需要帮您在车上找一下医生吗？

旅客：不用了，谢谢您！

列车员：那您休息会，有需要可以随时告诉我！（持续的关怀）

情况 2：旅客重症，同意下车治疗。

呼叫列车长：××次列车长，×车×座旅客突发疾病，请立即广播找医生！

列车员：先生/女士，请问您哪里不适？有同行人吗？

旅客：……

列车员：我们以前也遇到过您这样的情况，列车条件有限，建议安排您前方站下车治疗，我们还可以帮您联系 120 救护车，您看可以吗？

旅客：好吧，我自己下车去医院吧！

列车员：好的，我联系一下车站。

（联系安排下车救治，持续关怀，医生到场做好协调，有对症药物可以先用）

情况 3：旅客重症，但坚持旅行。

呼叫列车长：×× 次列车长，× 车× 座旅客突发疾病，请立即广播找医生！

列车员：先生/女士，请问您哪里不适？有同行人吗？

旅客：……

列车员：我们以前也遇到过您这样的情况，列车条件有限，我们建议安排您前方站下车治疗，还可以帮您联系 120 救护车，您看可以吗？

旅客：我坚持一会儿吧，到了××站再说。

（持续关怀，医生到场做好协调，有对症药物可以先用）

列车长：先生/女士，根据医护人员初步诊断结果，我们建议您前方停车站下车治疗，我们会提前与车站联系好，确保您能最快时间得到治疗，您看可以吗？

旅客：我能坚持。

列车长：好吧，您的情况坚持乘车是有风险的，请您再考虑考虑，如果改主意随时告诉我！（音视频记录过程或书面证明）

【场景六：遇空调故障旅客提出不满】

情况 1：其他车厢有空余席位。

旅客：车厢怎么那么热，空调没开吗？

列车员：先生/女士，看您满身大汗，真的非常抱歉！本车厢空调出了故障，工作人员正在抢修，要不帮您换个车厢，您看行吗？

情况 2：车厢内无空余席位。

旅客：车厢怎么那么热，空调没开吗？

列车员：先生/女士，看您满身大汗，真的非常抱歉！本车厢空调出了故障，工作人员正在抢修，我们已经将相邻车厢的空调温度调到了最低，请您谅解！

情况 3：全列空调故障。

旅客：车厢怎么那么热，空调没开吗？

列车员：先生/女士，看您满身大汗，真的非常抱歉！列车空调出了故障，工作人员正在抢修。我们会记录大家的车票信息，到站退还空调费的票价差额，请您谅解！

【场景七:遇旅客之间发生争执时】

列车员:各位请冷静,大家一起乘车旅行也是难得的,请互相谦让,有什么困难我们互相帮助解决吧!

【场景八:遇旅客不满要投诉】

旅客:你们投诉电话多少? 太气人了!

列车长:您好,您不要着急! 我是本次列车的列车长,您可以先告诉我出了什么问题吗? 我立刻帮您处理! 如果我处理了您还不满意,可以随时拨打电话投诉,您看可以吗?

旅客:你们那个列车员服务态度太差了……

列车长:非常抱歉惹您不愉快了,我了解一下情况,马上给您答复! (快速了解基本情况,注意不能光询问工作人员,可侧面向其他旅客了解)

情况 1:工作有疏漏。

列车长:先生/女士,您久等了! 经过了解,我们的工作人员处理时是不专业的,他不应该……非常能理解您的心情,我刚才已经对责任列车员进行了教育,回程后我们会再对他按规定处理! 作为本次列车长我带着他郑重向您道歉!

旅客:算了! 也没什么大事。不过这个列车员你是要好好教育的!

列车长:好的,感谢您提出了宝贵意见,感谢您的谅解!

情况 2:工作无差错。

列车长:先生/女士,您久等了! 经了解,这件事是这样的,……,列车员刚才可能没有跟您解释清楚,非常抱歉您的这个要求目前我们确实无法完全满足您,但您看这样可以吗?

旅客:不行,我不满意! 你把投诉电话给我吧!

列车长:好吧! 沈阳局集团公司的投诉电话是 024-12306,考虑到您的情况,我建议……

第三节　重点旅客服务

一、重点旅客

重点旅客指老、幼、病、残、孕旅客。

二、特殊重点旅客定义

特殊重点旅客是指因年龄、行为、身体状况等原因,在旅行中依靠辅助器具才能行动等需特殊照顾的重点旅客。特殊重点旅客服务细分为无陪伴年长旅客服务、无陪伴孕妇旅客服务、视觉/听觉障碍旅客服务、轮椅/担架(车)行动障碍旅客服务、携带导盲犬旅客服务等。

1. 无陪伴年长旅客服务,一般指面向年龄超过 65 周岁,单独乘车且行动不便,需要进出站引导以及途中随访关照旅客所 提供的服务。

2. 无陪伴孕妇旅客服务,一般指面向怀孕超过 36 周(含)或预产期在 4 周(含)以内,单独乘车,需要进出站引导以及途中随访关照旅客所提供的服务。

3. 视觉/听觉障碍旅客服务,指面向视觉(双目有缺陷、失明)/听觉(双耳听力缺陷) 障碍旅客所提供的服务。

4. 轮椅/担架(车)行动障碍旅客服务,指面向因病因残导致行动不便且有服务需求旅客所提供的服务。

5. 携带导盲犬旅客服务，指面向因视觉障碍，需携带取得导盲犬工作证，辅助视力残疾人工作、生活的导盲犬进站乘车旅客所提供的服务。

三、重点旅客服务基本原则

重点旅客(可包括不超过 2 名随行陪同人员)可享受优先安检、优先验证、优先检票、引导服务，设有重点旅客候车室、母婴室(哺乳室) 等服务设施的车站，提供专区候车等服务。

特殊重点旅客申请成功后，由铁路客运站车安排服务人员提供便利进出站、优先安检、优先验证、优先检票、引导帮扶、协助乘降，以及提供站内免费轮椅、担架(车)以及列车内随访关照等服务，为残疾人携带导盲犬提供便利；设有重点旅客候车室、母婴室(哺乳室)等服务设施的车站，提供专区候车等服务。

四、其他规定

(一)残疾人专用票额发售规定

1. 票额预留规定

票额预留靠近无障碍卫生间的二等座 2 张。

2. 售票时间

为方便残疾人旅客乘坐火车出行，每趟旅客列车预留一定数量的残疾人旅客专用票额，自预售之日起至始发站开车前 24 h，专门发售给符合购票条件的残疾人旅客。

3. 购票条件

购买残疾人旅客专用票额车票，需具备以下条件：

(1)持有中华人民共和国残疾人证，且载明视力、肢体或智力三类残疾，残疾等级为一级或二级的。

(2)持有中华人民共和国残疾军人证、伤残人民警察证、国家综合性消防救援队伍残疾人员证，且载明残疾等级为一至六级的。

(二)视力残疾旅客携带导盲犬乘车规定

1. 导盲犬进站乘车所需证件

取得导盲犬工作证(载有导盲犬使用者信息，盖有公安部门或残疾人联合会公章，或带有国际导盲犬联盟标识“IGDF”)，用于辅助视力残疾人工作、生活的导盲犬进站乘车。旅客进站、乘车时，需主动出示残疾人证、导盲犬工作证、动物健康免疫证明等证件，携带的导盲犬接受安全检查。

2. 导盲犬进站乘车规定

(1)旅客提前预告：购票时、12306 电话(开车前 12 h)、进站、乘车时。

(2)在乘坐同一趟列车时间超过 12 h 的；或购买联程票时，每段接续时间在 2 h 以内，且全程时间超过 12 h 的情况需成年同行人照看导盲犬。

(3)旅客或同行人负责看照顾导盲犬及照顾它吃、喝、排泄。

(4)工作人员可提供其他帮助，但不宜提供喂食、收集排泄物等。

(5)对周边旅客，也可做一些请勿触摸、抚弄、逗玩等适当的提醒。

(6)按规定办理站车交接。

第四节　商务座服务

一、商务座服务内容

要坚持“以旅客为中心”的服务理念,以提高商务座旅客服务品质为目标,将商务座服务纳入客运基本服务范畴,打造商务座全流程服务,切实提升商务座旅客获得感,不断丰富铁路客运服务体系,推动铁路客运工作高质量发展。

以“专人迎送、专用通道、专区候车、便捷检票”为主要服务内容,整合服务资源、优化服务流程、拓宽服务内容,切实提高商务座服务品质。规范服务管理,拓展增值服务,打造专业服务团队,促进商务座服务及管理水平全面提升。

(一)专属信息

12306 网站为购买商务座的旅客发送专属消息提醒服务,提示商务座专用验证迎宾通道位置,专属餐食预定链接等相关信息服务。

(二)专用通道

车站设置商务座专用实名验证和安全检查通道,工作人员迎候商务座旅客,指引旅客到商务座候车区或相应检票口。

(三)专区候车

车站结合实际合理设置商务座候车区,设置明显服务标识,配置商务座服务系统,提供入厅登记、小食饮品、报刊书籍、Wi-Fi 网络、手机充电、视听娱乐、商务打印、特色文旅等服务。在商务座候车区提前检票,提前检票时间由各站结合实际自定。为预定专属餐食的旅客按预定时间供餐。商务座服务系统检票前 10 min 向旅客发送提醒信息。

(四)专人引导

安排专人按车次持检票核验凭条引导旅客至检票口,通过便捷检票通道引导旅客进站,送至车厢门口。主动为旅客提供行李提拉服务。对特定旅客按标记要求安排人员引导。

(五)车内服务

动车组列车按“高速铁路‘强基达标、提质增效’工程客运专业标准”要求配置专项服务备品,配置商务座专职服务人员,提供始发引导、擦手毛巾或纸巾、免费小食饮品、商务餐食(可根据早、中、晚餐安排差异化餐食)、报纸杂志等服务,并按需提供鞋套、眼罩、耳机、拖鞋、防寒毯等服务。到站前提前逐人通告,到站后立岗迎送。

(六)便捷出站

相关车站按要求明确商务座专用出站流线,旅客可以在购票支付前、购票后 12306 网站订单中、车站商务座候车区、车上商务座服务人员(通过站车无线交互系统)四种方式,在到站 1 h 前进行出站引导预约。具备条件客站推进无感出站技术应用研究。根据旅客预约情况,安排专人引导出站。联程票前段为商务座,预约了引导出站服务时,将旅客按照“便捷换乘”通道引导至后段席别对应候车区域。

二、商务座服务具体要求

(一)商务座餐饮食品

1. 小食品:选用非油炸类点心、蜜饯类、坚果、肉制品(不宜使用猪肉制品)类等无壳、无核、无皮、无骨、少油的休闲小食品,独立、密封小包装,包装印有生产日期,且易于打开便于食用,商务座品种不少于 6 种,特、一等座品种不少于 3 种,小食品每季度调整。

2. 饮品:饮品分热茶和饮料,其中热茶配置绿茶、红茶等不少于 2 种,茶水不间断供应;饮料配置矿泉水、苏打水(弱碱性水)、碳酸饮料、果汁、咖啡等不少于 4 种,不宜选用功能性饮料。商务座饮品提供不少于 6 种,特、一等座提供不少于 3 种。

3. 餐食:商务座正餐(午、晚餐)以冷链为主,配用速溶汤,份量适中,可另行配备面点、菜品、佐餐料包等。品种不少于 3 种,配有清真餐食,定期调整。

(二)商务座服务备品

1. 靠垫

规格标准:靠枕套应与商务座椅颜色相协调:长(50±5)cm,宽(30±2)cm;独立内芯,内芯填充物为优质 PP 棉珍珠绵或聚酯纤维,填充物饱满。

配置标准:使用年限 1 年,换洗期限 30 天,遇明显污渍的,应即刻换洗。

2. 防寒毯

规格标准:宜采用单色系为主色调:长 140～160 cm,宽 80～100 cm,重量(400±50)g;防寒毯边缘应绣制“CR(CRH)”标识;面料应阻燃和防静电,无掉毛;适宜机洗,免熨烫,缩水率不大于 4%。

配置标准:单条整齐叠放,“CR(CRH)”标识直观可见,使用年限 2 年,一客一换,遇明显污迹的,应即刻换洗。使用独立封装,包装袋封条应使用一次性破拆封条(热封),打开后无法复原。

3. 耳机

规格标准:应采用白色或黑色;插头直径 3.5 mm;缆线长度 120 cm 左右;采用一次性耳机;单个独立包装。

配置标准:列消耗品,一客一换。

4. 眼罩

规格标准:应采用深蓝或黑色;长(19±0.5)cm,宽(8±0.55)cm;双皮筋,橡皮筋宽 5 mm;正反宜为纯棉质地,也可使用尼龙和海绵、棉布混合材质;宜带鼻托,鼻侧可有效防漏光;单个独立包装并塑封。

配置标准:列消耗品,一客一换。

5. 小毛巾

规格标准:应采用白色,长、宽≥25 cm;全棉面料,无香,无添加剂,重量≥25 g;单块独立包装,外包装有“CR(CRH)”标识。

配置标准:列消耗品,一客一换。

6. 一次性拖鞋

规格标准:颜色淡雅、美观,44 码(长 29 cm,宽 11 cm)为宜;鞋面宜有“CR(CRH)”标识;鞋面材质应采用毛巾、拉毛、真美布等加棉绒材质,厚度不少于 3 mm;鞋底应采用发泡材料,防滑底效果良好,厚度不少于 6 mm;每双鞋独立包装并塑封。

配置标准:列消耗品,一客一换。

7. 一次性水杯

规格标准:

一次性硬质塑料水杯:单杯容量(200±20)mL,上口径(7±0.3)cm,下口径(5±0.3)cm,高(7.5±0.3)cm,重量≥10 g;食品级 PS 材质,6 号循环再生,环保登记符合 GB/T 18006.1—2009 塑料一次性餐饮具通用技术标准;杯口加厚圆润,杯体印制"CR(CRH)"标识。

一次性纸杯:单杯容量(240±10)mL,上口径(7.5±0.2)cm,下口径(5.3±0.2)cm,高(8.5±0.5)cm;食品级 PE 薄膜,原生木浆加厚纸,纸杯厚度≥0.37 mm;安全无毒、无异味,符合国家环保技术标准,外观图案使用环保油墨。

配置标准:列消耗品,一客一换。

8. 其他备品

根据旅客需求配备鞋套、防噪音耳塞、牙签、餐巾纸等。其中,鞋套应以深色为宜,面料宜选用无纺布,开口选用抽绳设计;防噪音耳塞应柔软、光滑的发泡材质,完全膨胀时对耳部压力小,对皮肤无刺激,且独立包装,确保佩戴卫生、安全;筷子(勺)、牙签、餐巾纸应环保无毒,符合国家食品安全标准。鞋套、耳塞:应根据客流情况和列车停站频次确认趟车配备数量,列消耗品,一客一换。筷子(勺)、牙签、餐巾纸:应随餐食一同配送,数量应满足商务座用餐旅客需要,餐具可整套包装,列消耗品,一客一换。

服务备品志应根据列车定员、客流情况、列车停站频次以及一客一换要求,确认趟车配备数量;靠垫应根据列车定员配备,但考虑可能发生途中污染,应适当增配靠垫或靠垫套。

9. 报纸杂志

报纸类。商务座提供《人民铁道》报,种类不应少于 2 种;其他车厢可根据需要自行配置。列车应根据列车定员、客流情况、列车停站频次要求,按照合理数量配备。

杂志类。应提供服务指南、铁路局集团公司自办或招标杂志不少于 2 种。服务指南应及时补充更新;杂志应为月刊,月初集中配发,根据丢失、破损情况,按需补充。

专项服务项目单。商务座专项服务项目单可采用铜版纸印制并加以塑封,内容应包含商务座旅客服务方式、服务内容、服务备品和服务标准,也可将专项服务项目单相关内容印制在服务指南内。

(三)商务座作业流程及标准

1. 商务座作业流程

(1)接车作业

检查设备设施,重点确认座椅方向是否正确、照明是否开启、电动门是否处于自动状态等;检查服务备品,数量品类齐全,对缺失、破损、污染的备品及时补充、更换,定置摆放;检查环境卫生,对座椅、地面、台面等重点部位进行卫生补强。

(2)始发作业

立岗迎客时,服务人员站立在车厢内面向门口,与车站引导人员做好交接,点头问候商务座旅客、准确手势指引至商务座车厢。致欢迎词面带微笑,微鞠躬示意,使用标准普通话。站立时,挺胸收腹,两肩平衡,身体自然挺直,双臂自然下垂,手指并拢贴于裤线,脚跟靠拢,脚尖略向外张呈"V"字形。女性可双手四指并拢,交叉相握,右手叠放在左手上,自然垂于腹前;左脚靠在右脚内侧,夹角为 45°呈"丁"字形。引导旅客到相应席位就座,协助旅客摆放行李物品，轻拿轻放，回答旅客问询时要准确、耐心。

(3)途中作业

每站开车对值乘区域安全巡视后，对商务座旅客进行服务。商务座实施推车服务，相关饮品、小食品、毛巾、眼罩等服务备品应置于推车上，饮品使用防倒架固定。防寒毯等备品可放置于推车内。

①验票服务。核实旅客乘车信息，仅对席位状态不符、特殊票证等特殊情况的旅客查验车票，核验时，双手接过旅客证件，快速、准确查验；掌握旅客姓氏、席位、到站等基本信息。

②赠品服务。列车始发、途中应采取推车到座位边旅客自选的服务方式，依次提供毛巾、小食品、饮品。发放前应检查赠品外包装是否良好，饮食品是否在保质期内，发现外包装破损，超出保质期等情况时，须立即撤下；发放时应双手交给旅客；回收时，应使用托盘；发放饮品时，应按照旅客需求提供，饮料、矿泉水按瓶发放。提供热饮(茶水、咖啡)时，茶水应根据红茶、绿茶配以适温开水，须提醒旅客小心烫手；送咖啡时，杯子边放茶匙、糖包、伴侣(采用速溶咖啡的除外)；茶或咖啡要以杯子七成满为标准，用请的手势请旅客随意；递送饮品时，应拿杯子的下 1/3 处，要提醒旅客注意，避免从旅客身后或头顶上方递送饮料；服务结束后，离开时应自然地后退两步再转身离开，以示尊重；途中应观察旅客饮品使用状态，根据需求及时提供续水服务，原则上续水间隔不得超过 30 min。续水时，热水瓶壶嘴不得对着客人、不能接触杯具；饮料供应应满足旅客在途乘车需求。旅客下车或更换饮料品种时，须将不用的杯、瓶及时收回；使用托盘服务时，赠品应放置于托盘中心位置，服务人员行走途中托盘的高度基本与自身的腰线平齐。商务座、直通“G”字头动车组列车特、一等座全程为旅客送水服务。

③提示服务。在首次服务结束后，主动向旅客介绍铁路畅行码、列车服务电话等服务联系方式，及时掌握旅客需求；乘务人员应及时对手持终端反馈信息工单、呼唤器显示状态进行检查，及时妥善处理，按需提供服务。同时，提示旅客妥善保管手机，不要将手机放在座椅边缘，以免掉落到座椅夹缝内。

④防寒毯服务。应征询每名旅客是否需要防寒毯，需要时应及时提供。提供前，应检查防寒毯包装是否完好、有异味、破损等情况；提供时，应在旅客面前拆封，并将“CR(CRH)”和消毒标识朝上；旅客下车或使用完毕，须将防寒毯及时收回。

⑤报刊服务。杂志按规定定位摆放，报纸折叠整齐，露出报头位置。

⑥餐食服务。要在首次服务时或规定用餐时间前 30 min 内，征询旅客是否用餐；需用餐的，应征询用餐口味、用餐时间；列车应保证商务座旅客餐食优先配送，在供餐时段内(早餐 8:00 以前，正餐 11:30—13:00、17:30—19:00)按照旅客用餐时间提供餐食(最晚不得超过约定时间 10 min)，应做到“一客一餐一托盘”，托盘上放托盘垫纸；送餐时应使用托盘、垫纸，餐具、餐巾纸、牙签等应置于托盘右侧，速溶汤应置于托盘左上侧；速溶汤冲泡时水温不得低于 80 ℃；用餐完毕，须将托盘和垃圾及时收回。

⑦其他服务。提供眼罩、耳机等服务备品前，应检查包装封口是否完好；提供时，应在旅客面前拆封；使用完毕时，须将不用的服务备品及时收回；旅客下车时，检查车厢座位，确保无旅客随身物品遗漏。对有出站引导服务需求的旅客，应在到站 1 h 前通过交互系统提供出站引导预约服务。不具备预约条件时，应告知旅客并做好解释。

⑧收取垃圾。收取垃圾和不用的服务备品时，应使用托盘，终到后收取垃圾时可使用垃圾小推车。

(4)到站作业

①信息通告。应在旅客到站前 5 min 预先告知下车旅客前方到站站名、准确到站时间、车外温度和下车门位置，提醒旅客携带行李物品，车内外温差较大的还应提醒添减衣物。列车中途站停站前，还应再次观察下车旅客，必要时在列车停稳前再次提醒，防止旅客越站。信息通告完毕，征得旅客同意后，使用托盘回收服务备品、垃圾。如旅客未同意提前收取，影响上车旅客使用时，应主动做好解释工作。

②立岗送客。服务人员应站立在车厢内面向门口，手势指引至车门口引导旅客下车。

2. 商务座作业标准

商务座除问候、提示、餐饮服务及问询解答等必要服务过程实施轻声服务外，全程落实无干扰服务。服务流程依次为商务座、(特)一等座、二等座。商务座实施推车服务，相关饮品、小食品、毛巾、眼罩等服务备品应置于推车上，饮品使用防倒架固定。防寒毯等备品可放置于推车内。使用托盘服务时，赠品应放置于托盘中心位置，服务人员行走途中托盘的高度基本与自身的腰线平齐。对始发及途中上车的商务座旅客，主动介绍专项服务内容，征询服务需求，做好按需服务。

在首次服务结束后，主动向旅客介绍铁路畅行码、列车服务电话等服务联系方式，及时掌握旅客需求，按需提供服务。列车始发、途中应采取推车到座旅客自选服务方式。依次提供毛巾、休闲食品、饮品，按需防寒毯等服务备品。

赠品发放车分三层摆放，上层放小食品；中层放防寒毯、耳塞、眼罩、耳机、小毛巾、等备品；下层放矿泉水、饮料、纸杯、太空杯、茶叶盒、热水瓶。

发放赠品前应检查外包装是否良好，饮食品是否在保质期内，发现外包装破损，超出保质期等情况时，须立即撤下；发放时应双手交给旅客；回收时，应使用托盘。

防寒毯、眼罩、耳机、耳塞等服务备品，应征询旅客需求，及时按需提供。提供旅客使用前，应检查包装封口是否完好；提供时，应在旅客面前拆封，并将“CR(CRH)”和消毒标识朝上；旅客下车或使用完毕时，须将不用的服务备品及时收回。

途中应观察旅客饮品使用状态，根据需求及时提供续水服务，原则上续水间隔不得超过 30 min。续水时，热水瓶壶嘴不得对着客人、不能接触杯具；商务座饮料供应应满足旅客在途乘车需求。旅客下车或更换饮料品种时，须将不用的杯、瓶及时收回。

提前出场，站立在车厢内指定位置立岗，面向门口。对上、下车旅客，手势引导，组织先下后上，安全提示、扶老携幼。迎送旅客时，面带微笑、示意、致欢迎词。

对商务座下车的旅客，到站前 5 min 预先告知到站站名、准确到站时间、车外温度和下车门位置，提示携带行李物品；车内外温差较大的还应提醒添减衣物。列车中途站停站前，还应再次观察下车旅客，必要时在列车停稳前再次提醒，防止旅客越站。

信息通告完毕，征得旅客同意后，使用托盘回收服务备品、垃圾。如旅客未同意提前收取，影响上车旅客使用时，应主动做好解释工作。对重点旅客帮助拿行李，提前到车门口处做好下车准备。

第五节　服务监督

一、服务质量要求

铁路运输企业对铁路客运服务质量的要求是：安全、准点、便利、舒适。树立“以人为本，旅客至上”的服务理念，坚持“安全第一，方便快捷”的原则，实现“安全正点、设备良好、环境适宜、饮食卫生、服务文明”的质量目标。

1. 安全

铁路运输必须保证不发生职工伤亡事故和设备事故，同时保证旅客旅行过程中的生命、财产安全，将旅客安全的送达目的地。

2. 准点

铁路运输要求客车严格按照列车运行图正点发车，正点到达；保证旅客不误乘车、不漏乘车、不错到站。

3. 便利

便于旅客上下车，在办理变更旅行路径时手续简便。

4. 舒适

硬件设备设施功能良好，乘降、用餐环境干净卫生，餐食供应及时。

二、服务质量误区

(一)服务标准误区

铁路运输企业长期坚持客运服务标准化、规范化，强调铁路客运服务人员素质、职业道德，以《铁路旅客运输服务质量规范》规定不同列车的服务标准，用服务标准来衡量、评价服务质量。详尽的服务标准有利于对单个服务行为进行精细化、量化管理，实现铁路运输企业对服务质量的整体把控。然而，在现场作业过程中，列车乘务人员不能结合现场实际、按照旅客需求去创新服务意识、完善服务功能、调整服务项点，会导致客运服务固化、僵化，制约了列车服务品质的进一步提升。

(二)服务问责上的误区

在铁路旅客运输组织中，有个别铁路客运服务人员，明明是自己的责任、错误，但不愿负责、认错，一味地遮掩、辩解，害怕被考核、被罚款。这种心态不正确，铁路运输企业应端正铁路客运服务人员对责任承担的认识，出现服务质量问题的时候，铁路客运服务人员应实事求是、勇于承担。

三、服务质量问题

服务质量问题分为服务质量不良反映、服务质量一般问题、服务质量严重问题、服务质量重大问题。

(一)服务质量不良反映

未构成服务质量一般问题的不良反映，为服务质量不良反映。

(二)服务质量一般问题

1. 旅客、货主投诉或新闻媒体曝光，在社会上造成不良影响的。
2. 站车设备、设施、备品未达到规定标准，影响服务质量或旅客、货主提出批评意见的。
3. 站车各项工作标准、基础管理未达到规定要求影响服务质量的。
4. 未按国家或国铁集团有关规定对运价、杂费、商品实行明码标价的。

5. 站车存在安全隐患,但尚未发生旅客、货主伤害和责任事故的。

6. 站车治安秩序差,但尚未发生旅客、货主伤害事故的。

7. 站车环境卫生、饮食卫生差,但尚未发生旅客伤害事故的。

8. 站车工作人员在工作中与旅客、货主发生争执造成不良影响的。

9. 责任造成旅客 10 人以下漏乘、误乘、误降、坐过站的。

10. 责任造成旅客列车晚点的。

11. 责任造成旅客、货主财产损坏、丢失、被盗价值在 500 元以下的。

(三)服务质量严重问题

1. 旅客、货主投诉或新闻媒体曝光,在社会上造成较坏不良影响的。

2. 责任造成旅客、货主轻伤的。

3. 站车设备、设施、备品故障、缺损,严重影响服务质量,旅客、货主反映强烈或给旅客、货主造成人身伤害或带来经济损失的。

4. 利用职权运输无票人员、货物,勒卡、索要旅客、货主钱物,价值在 200 元以下的。

5. 责任发生食物中毒事故未造成人员死亡的。

6. 站车工作人员在工作中刁难、打骂旅客、货主造成较大影响的。

7. 责任造成旅客 10 人及以上漏乘、误乘、误降、坐过站的。

8. 责任造成旅客、货主财产损坏、丢失、被盗价值在 500 元及以上不足 1 000 元的。

9. 违反国家和铁路有关收费标准、规定,乱收费、乱加价造成较大不良影响的。

(四)服务质量重大问题

1. 旅客、货主投诉或新闻媒体曝光,在社会上造成严重不良影响的。

2. 责任造成旅客、货主重伤及以上伤害的。

3. 利用职权运输无票人员、货物,勒卡、索要旅客、货主钱物,价值在 200 元及以上的。

4. 责任发生食物中毒事故造成人员死亡的。

5. 站车工作人员在工作中殴打旅客、货主造成严重影响或轻伤及以上伤害的。

6. 责任造成旅客、货主财产损坏、丢失、被盗价值在 1 000 元及以上的。

7. 违反国家和铁路有关收费标准、规定,乱收费、乱加价造成严重不良影响的。

四、服务质量监督检查一般规定

(一)铁路旅客运输服务质量实行分级监督监察制

国铁集团客运职能部门负责全路旅客运输服务质量监督监察;铁路局集团公司客运职能部门负责本铁路局集团公司和进入本铁路局集团公司管辖内外单位担当的旅客列车的旅客运输服务质量监督监察。下级客运职能部门接受上级客运职能部门监督检查和指导。

(二)对铁路旅客运输服务质量实行持证监督监察

国铁集团客运监察证件为“中国国家铁路集团有限公司客运监察证”,由国铁集团公司统一印制,填发时加盖“中国国家铁路集团有限公司”钢印和“中国国家铁路集团有限公司证件专用章”。

铁路局集团公司客运监察每年下发铁路乘车证,职名为铁路局集团公司客运网络监察,乘车区间为管内各站及铁路局集团有限公司乘务担当旅客列车到达车站。遇工作调整等情况不能从事客运监察工作的，客运部及时收缴铁路乘车证。

(三)客运监察证的有效期

客运监察证有效期为两年，原则上不跨年度填发，本年度客运监察证的有效期可延期使用至次年 1 月 15 日。填写客运监察证使用区间的自至站名，必须与填写的铁路乘车证区间自至站名相一致。客运监察证的编号由国铁集团统一编制。

(四)客运监察执行公务

在执行公务时，客运监察原则上不得少于两名，须出示客运监察证，检查采取不打招呼的方法，通过看、听、问、访、查等方式保证检查结果真实可靠，检查完毕应与被检查站车交换意见，填写“客运服务质量监督监察记录”，如图 6-1 所示，由受检单位主管人员(特、一等车

客运服务质量监督监察记录　　编号No ______

时间：__________ 年 ___月 ___日至 __________ 年 ___月 ___日

地点：__________ 站(车次)区间：__________ 站至 __________站

被检查单位：______________________________

主要内容：______________________________

被检查单位负责人：__________ 签字(盖章)

客运监察：__________、__________、__________ 签字(盖章)

注：本记录一式两份，一份交被检查单位，一份自存。

图 6-1　监督检查记录

站由客运主任、其他车站由站长,列车由列车长)签字确认。受检单位要对客运监察检查发现的问题制定措施,立即组织整改,并在受检的3日内形成整改报告,逐级上报铁路局集团公司客运部。对迟报、漏报的将追究责任并纳入单位考核。

第六节　旅客投诉受理

一、旅客投诉概况

(一)旅客投诉定义

旅客投诉是指在铁路旅客运输服务过程中,旅客对铁路运输企业所提供的服务不满意进行反映或提出解决诉求的行为。积极受理并回应旅客投诉建议,是推动铁路客运服务质量不断提高的重要途径。

旅客投诉通常源于切实存在的问题,我们应该认真对待每一位旅客的投诉。全方位、多角度了解旅客诉求的目的,是为了更深入全面的了解铁路工作存在的不足、旅客日益变化的服务需求,以及通过回应旅客的诉求,提升铁路工作服务质量,更加适应社会的进步,进而实现企业的长远发展。

以下情况不按投诉受理:

1. 经行政、司法、公安、仲裁机构受理或双方达成协议,无新投诉事由的。
2. 违反法律法规、铁路规章制度,或对铁路规章制度、作业流程不理解、误解的。
3. 因不可抗力、非铁路责任或旅客自身原因造成的。
4. 不属于铁路旅客运输服务范围的。
5. 投诉已办结,无新投诉事由的。

(二)旅客投诉处理基本原则

旅客投诉处理基本原则:首诉负责、统一受理、依法合规、专业管理、客观公正、注重时效。

给投诉者留下良好的第一印象,对后续的投诉处理打下良好的基础。为此,应做到:

1. 礼节恰当

一般处理投诉时,工作人员应微笑、发出迎候语、询问事情原委,进入后续处理阶段。根据投诉者的情绪表现、投诉者的年龄、性格、性别等特征采用相应的礼节。从年龄上,岁数越大的人对礼节的要求越高,对其实施高规格、多种类的礼仪效果较好;而年轻人则重视实用性礼节,如感觉其口渴时递上的一杯水。工作人员应练就一双“慧眼”发现投诉者实际的礼节需求,因人施礼、因需施礼。

2. 注重效率

在处理投诉阶段,走一些应有的程序是必要的,大多数人也能理解,例如,对投诉者的基本情况、诉求等进行登记。但规定和程序是死的,人的需求和情况是变的,工作人员应对情况做出准确的判断,以情势决定处置的先后顺序。对正在进行时的问题要打破常规、跨越权限,以效率为准绳,实施快速处置。对过去时问题,应尽量遵循流程,发挥各种力量的作用,讲究处理效能,而不是追求速度,留下隐患。

3. 行为得当

工作人员应时刻牢记自己一言一行都彰显着铁路部门的形象、声誉。行为不可轻浮，语言不可无矩，我们所发出的每个词语、表现的每个动作都会影响投诉的处理。

在协商处理时，工作人员应根据现实情况及问题成因，依照法律和规定来划分责任。在此基础上，还要遵循：尽企业应尽的义务；尽量使旅客满意；尽量给旅客后续关照汇文提供方便的原则。

(三)铁路旅客投诉受理渠道、处理时限、投诉分类

1. 受理渠道：电话、社会监督机构、互联网、App、公众号、上级单位、信函、政府部门流转等方式。

2. 涉诉单位投诉处理时限：涉及动车组列车商务座和普速旅客列车高级软卧旅客的调查处理结果原则上应在 48 h 内反馈，其他调查处理结果应在 72 h 内反馈客服中心。特殊情况需延长调查处理期限的，应说明原因。

3. 投诉分类：服务质量、业务差错、进站安检、餐售服务等类别。

二、列车处理流程及有关规定

涉诉单位应指定部门 24 h 负责投诉问题的调查处理。调查部门收到“涉诉工单”后应立即开展调查、收集证据，必要时可与旅客沟通了解情况。确属铁路责任的，应设法纠正错误，取得旅客谅解，消除不良影响；造成经济损失的，应严格按有关规定处理。不属于投诉受理范围的或非铁路责任的，应做好解释说明或提出处理建议。

投诉处理过程中投诉处理人员应相对固定；与旅客电话沟通时，应使用具有录音功能的专用电话，原则上不得由涉诉人与旅客直接联系沟通处理。

具有下列情形之一的，视为投诉办结：

(1)被投诉单位与旅客之间达成一致意见，投诉问题得到妥善解决的。

(2)旅客不认可投诉处理结果或对投诉处理不服的，但经铁路运输企业业务主管部门认定处理结果依法合规的。

(3)已受理但尚未流转，旅客自愿放弃投诉的。

(4)经调查核实，不属于投诉受理范围，或投诉不成立的。

(5)经调查核实，投诉事实不清，或属歪曲事实、诽谤、敲诈勒索、提出不合理要求的。

处理投诉问题应坚持惩处与教育相结合，做到客观公正、依法合规，宽严有度。对调查属实的投诉问题，应根据有关规定对责任单位、责任人进行考核。对职工正常履责中出现工作方式方法不当等问题，可根据情节酌情处理；未经调查定性或调查不清、责任不明，以及经核查不属实的投诉问题，不得考核涉诉单位和涉诉个人；各级、各部门不得单纯以“涉诉工单”数量作为考核依据。

要对旅客的身份信息、联系方式、投诉内容等资料做好保护管理。受理投诉的所有记录及有关资料需保存完整，建档、归档并保存不少于 1 年，以备查阅。

投诉处理过程中，凡发生工作人员利用职权谋取私利、隐瞒事实、弄虚作假等违规违纪行为的，应视情节，按有关规定给予责任单位和责任人严肃处理。

属非职工责任投诉，或投诉考核不规范不合理的，涉事职工可以通过铁路局集团公司职工热线 024-62012126 进行申诉。

三、避免投诉的注意事项

(一)差异化处理投诉

大多数重复投诉的旅客属于胆汁质型和多血质型,这两类气质的旅客高级神经活动类型属于兴奋型和活泼型,他们的情绪兴奋性高,抑制能力不强,特别容易冲动。投诉处理时,对不同的旅客,我们应根据他们在投诉时的心理,差异化处理投诉。

1. 发泄的心理。这类旅客在接受服务时,由于受到挫折,通常会带着怒气投诉和抱怨,把自己的怨气、抱怨发泄出来,这样旅客的忧郁或不快的心情由此会得到释放和缓解,以维持心理上的平衡。

此时,我们应耐心倾听旅客讲述,做出适当的回应,让旅客将情绪充分宣泄,为接下来的处理做好铺垫。

2. 尊重的心理。多血质型旅客情感极为丰富,他们在接受服务过程中产生了挫折和不快,进行投诉时,总希望他的投诉是对的和有道理的,他们最希望得到的是同情、尊重和重视。

此时,我们应首先向旅客表示歉意,并立即核实问题原因,采取相应的处理措施,为旅客及时解决问题,同时向旅客表示感谢。

3. 补救的心理。旅客投诉的目的在于补救,补救包括财产上的补救和精神上的补救。当旅客的权益受到损害时,他们希望铁路部门能够给予补偿。

此时,旅客确因铁路部门的问题造成一定的损失,我们需第一时间向旅客致歉,并按相关规定处理旅客损失一事。

(二)现场处理投诉环节与技巧

处理投诉的基本技巧:先处理情绪,再处理问题;先解决现场问题,再进行事后分析。

1. 保持冷静

不要把旅客的抱怨当成是针对你个人的问题、这不是人身攻击。旅客投诉,一定是工作的某方面有欠缺。在面对旅客投诉时,以平静的心态处理问题,则更有可能取得良好的进展并满足旅客的心理要求。

2. 认真倾听

通常,如果旅客向你提出问题,他们是希望被倾听的。即使投诉的问题可能微不足道或属于铁路规定范围内的情况,但对旅客来说,他们感觉不舒服了,就是要求表达出来。此时,工作人员应该做的,就是倾听,而不是急于打断去解释,要给旅客足够的时间发泄来解决问题。

3. 保持善意

在大多数情况下,可以通过保持善意和理解来消除旅客的愤怒。情况允许的条件下,也可以直接告诉旅客,很感激他们的反馈,很理解他们的感受。旅客感受到真诚后,沟通上会更顺畅,问题会更快的解决。

4. 确认问题

听清旅客的意见后,需要明确问题并向旅客确认。复述旅客所说的话并重复给他们听,重要信息需要记录下来,用以保证处理问题的正确方向。

5. 道歉感谢

道歉并不意味着同意旅客的意见,也不意味着需要承担责任。但道歉,能够让旅客心态上获得平衡。感谢旅客提出问题,也会表明铁路部门一直在努力改善服务。

6. 引导提问

耐心听取旅客的诉说后,一般的旅客都会冷静下来。此时,我们需要主动提问,对旅客的疑问进行澄清。工作确实存在问题的,需要真诚的向旅客道歉。旅客反映的问题,无法答复或不在工作职责范围内的,需交由上级管理部门酌情处理。非本服务专业业务,应建议旅客拨打相关客服电话咨询。

重点提示:尽量不要问旅客已经回答过的问题,这会让旅客感觉我们没有认真倾听,也会让旅客重复加剧不满的情绪,进一步激化矛盾。

7. 快速处理

一旦收集了所有需要的信息,就需要找到一个让双方都满意的解决方案。越快找到合理解决方案,旅客就会越高兴。处理问题时遵循“规章为准绳”,同时保持灵活性的处理原则。

8. 记录回应

无论何种情况,要确保记录所有旅客投诉,以备用于数据分析及提出服务改进措施。有了投诉记录数据,可以在月度和年度总结上汇总分析,向管理层提供铁路的服务质量现状,改进服务举措,使旅客有更良好的乘车体验。

9. 跟进落实

在为投诉的旅客找到解决方案后,工作人员必须对方案进行跟进,保证该方案能够落实,让旅客看到我们工作的诚意。

10. 回访旅客

问题处理后,若旅客还在列车上,可视情况对旅客进行回访,征求旅客建议意见;若旅客已经下车,可以通过电话进行回访,最终完成投诉闭环处理。

【学习思考题】

1. 重点旅客、特殊重点旅客是如何定义的?重点旅客服务基本原则是什么?
2. 商务座列车员的作业流程及标准有哪些?
3. 现场处理投诉的环节与技巧有哪些?

第七章　客运服务信息系统

|学习任务|

本章主要介绍了几种为现场乘务作业提供数据支持的客运服务信息系统，详细介绍了主要功能模块和操作方法。

通过学习，要基本掌握客运服务信息系统的操作方法。

第一节　调度中心

一、客运段综合指挥中心

(一)组织机构

客运段调度指挥中心主要负责生产调度、应急指挥、视频监控、信息处理、协调结合部、投诉跟踪、乘务派班和各类生产指标分析、信息系统维护等工作，是客运段辅助生产机构，发挥客运生产的核心作用。

(二)工作职能

客运段调度指挥中心设置计划调度台、生产调度台、视频监控台、客服值班台、信息数据台、应急值班台 6 个工作台。

1. 计划调度台负责调度命令接收、核对、传达等工作，掌握运能变化情况，负责运能调整的提示，做好乘务交路审核和动车日计划编制，启动应急时协助领导做好应急指挥工作。

2. 生产调度台负责盯控列车运行秩序，掌握现场运输动态，做好信息传递，沟通协调结合部问题，向列车长发布重点信息并跟踪签收情况，掌握日常运输生产信息，编制每日生产日报。

3. 视频监控台负责利用综合视频监控设备和列车 4G 网络记录仪，对列车站台停留、库内作业及现场职乘情况实行远程监督，做好视频抽查和分析。在列车启动应急时，负责远程视频连线，配合做好应急处置工作。

4. 客服值班台负责处理客服服务单，做好各类服务工单的签收、派发和信息反馈等工作，提示并跟踪列车长做好处理，跟踪旅客投诉调查情况，及时向旅客或客服中心反馈相关信息。

5. 信息数据台负责旅客服务与生产管控平台的基础数据管理和维护工作，检查数据录入上传的及时性和准确性，整理收集各类生产相关信息，根据工作需要对相关生产指标数据进行统计、分析，为站段工作决策提供数据支撑。

6. 应急值班台负责调度指挥中心各台的日常管理工作，应急处置工作，启动应急响应时，协助主管领导做好盯控，协调相关科室做好业务指导，结束应急响应后进行总结分析，完善应急预案。

二、客运段综合调度指挥系统

1. 旅客服务与生产管控平台运行在铁路办公网上，是以向铁路客运段管理人员、客运人员及旅客提供综合客运生产服务为目标的平台。平台的建设目的是以促进客运段信息共享和综合利用、提升客运段生产指挥能力和服务水平、节约客运段运营成本为目标。实现满足客运段面向旅客、日常生产指挥、安全防护与预警等业务需求，为各级客运部门构建统一的系统平台。

2. 该平台通过整合客票、旅服、办公、调度、动车、视频、机电控制等 7 大系统数据资源，平台以列车每日开行数据为基础，融合客运生产组织各业务流程的作业模板和人员配置模板，根据列车实时运行状态，实现客服工单处理、实时数据回传、远程指挥在途列车、列车员上岗作业、应急处置等客运作业计划的一体化编制；实现了旅服、客票、调度、动车和综合视频等系统的网络安全互联、数据全面共享、业务深度融合、资源充分复用，满足了客运段旅客服务、生产组织、安全卡控、应急处置等方面的业务需求，大幅提升客运生产作业效率和旅客服务质量。

3. 站车客运信息无线交互系统安装在客运人员手持终端中，为客运人员提供客流、客票、设备设施等与列车办公作业相关的服务，具有携带便捷、操作简单、功能齐全等优点，通过专用网络和国铁集团安全平台与铁路办公网联通，实现客票数据、调度命令、生产指挥、客服信息等数据互联互通，有效提升列车办公效率，如图 7-1 所示。

(a)普通Android手机　　(b)Android三防定制机　　(c)安卓对讲机一体机

(d)DT50证卡识读一体机　　(e)华旭J20证卡识读一体机

图 7-1　终端设备

第二节 站车无线交互系统

一、操作界面介绍

(一)系统登录

1. 铁路站车客运信息无线交互系统手持终端,按登录界面各项要求分别进行选择、点击、确定(日期、车次、登录账号、登录密码),其中,日期和车次均为列车始发时的日期和车次,账号为本人系统内分配的账号,如图 7-2 所示。

2. 若登录失败,并提示终端机时间与服务器时间相差过大时,请选择终端设备的"系统设置",进入"本机设置",根据品牌调整手持终端机系统时间,并确认。原因是手持终端机时间与后台服务器时间相差超过 3 min 的需要校正时间,如图 7-3 所示。

图 7-2 登录界面

(二)登录后电子票夹配置设置

登录后直接进入电子票夹配置界面,按本人岗位和负责车厢进行选择;同时将餐车有关信息进行设置;"到站提醒"按本人负责的车厢等级进行设置;"提醒设置"按本次担当各站间隔和作业要求进行设置。"负责车厢"按本人负责进行选择,其中"A * 车厢"中的"A"代表"加车",后面的数字为加车序号。"到站提醒"根据

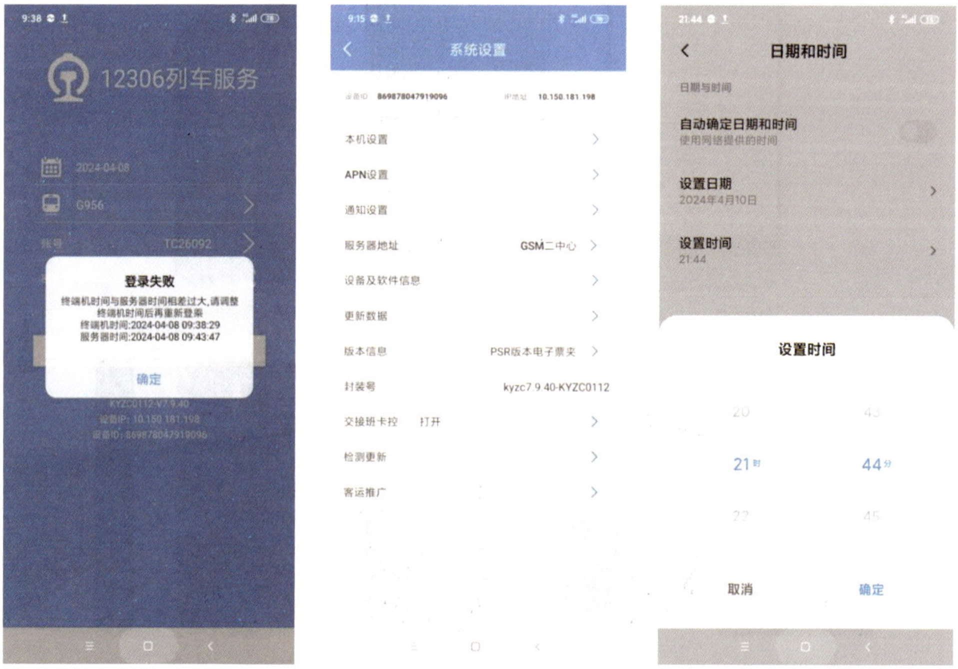

(a)登录失败提示　(b)系统设置　(c)调整设备时间

图 7-3 校正时间操作

本次车体配置及车次等级如“商务座”“一等座”“二等座”“特等座”等进行相关选择，“提醒设置”根据到站前作业要求合理安排好时间，如图 7-4 所示。

(a)配置内容　　(b)负责车厢选择　　(c)座席等级选择

图 7-4　电子票夹配置设置

(三)电子票夹操作

1. 电子票夹基础操作界面分列车长和列车员两种显示模式，如图 7-5、图 7-6 所示。

图 7-5　列车长界面

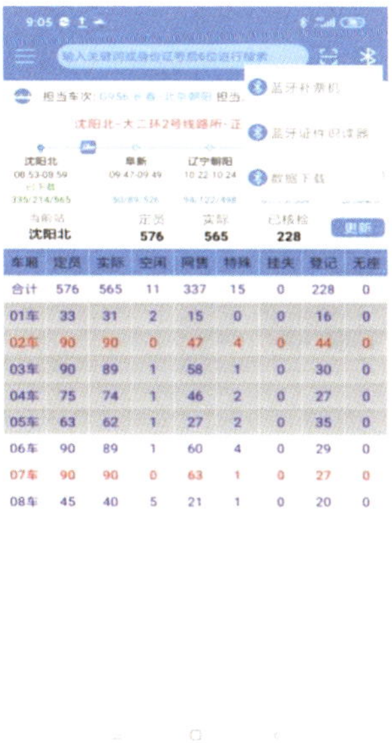

图 7-6　列车员界面

2. 电子票夹基础操作界面各区域标识及显示内容含义,见表 7-1。

表 7-1　电子票夹功能介绍

图　标	功　能　含　义
	左上角主菜单弹出键,弹出主菜单可以查看系统内其他功能,并进行快捷操作选择
	右上角扫描键,点击后直接进入扫描界面
	右上角蓝牙键,进行蓝牙相关连接操作
蓝牙补票机 蓝牙证件识读器 数据下载	点击蓝牙图标后显示如下内容: 蓝牙补票机——通过蓝牙连接补票机,进行补票操作用。 蓝牙证件识读器——连接蓝牙证件识读器,可以通过识读器快速扫描识别旅客证件,完成核验。 数据下载——通过蓝牙进行数据下载用
输入关键词或身份证号后6位进行搜索	搜索栏,按需求输入关键词或需要查询的身份证号后 6 位
担当车次:G956长春—北京朝阳 担当人员:张××	担当车次、区间和担当人信息
姚家窝堡线路所—黑山北—早3分	列车实时运行区段及列车当前运行区段正晚点显示
	列车实时运行区间显示图标
长春	列车运行区间停站站名
11:07—11:10	列车本站到开时刻
已下载	站车交互系统本站数据下载情况
303/98/508	列车本站乘降及车内人数(上车人数/下车人数/车内人数)
2单3份	车本站网络订餐情况(订单数及份数)

续上表

<table>
<tr><th>图　　标</th><th>功　能　含　义</th></tr>
<tr><td>大客流</td><td>重点信息提示</td></tr>
<tr><td>
</td><td>列车当前最近办理业务开出站站名及列车定员、车内人数、已核验人数和数据更新键</td></tr>
<tr><td>

车厢	定员	实际	空闲	网售	特殊	挂失	登记	无座
合计	576	565	11	337	15	0	228	0
01车	33	31	2	15	0	0	16	0
02车	90	90	0	47	4	0	44	0
03车	90	89	1	58	1	0	30	0
04车	75	74	1	46	2	0	27	0
05车	63	62	1	27	2	0	35	0
06车	90	89	1	60	4	0	29	0
07车	90	90	0	63	1	0	27	0
08车	45	40	5	21	1	0	20	0
</td><td>本区域为各车厢车内人数显示，背景深色为本人担当乘务车厢，背景浅色为非本非担当乘务车厢。字体蓝色表示本车有空余座席，字体红色表示本车座席利用率处于满员状态。
本区域显示为各车定员人数、实际乘车人数、空闲座席数量、网售票数量、特殊票种数量(学生票、儿童票、残疾军人票、公免票等)、挂失票等信息及以上数据的分项合计数</td></tr>
</table>

3. 点击相应站名处，显示该站相关信息：该站上车人数、下车人数、中转人数及网络订餐车厢单数和份数等信息，如图 7-7 所示。

4. 点击“当前站”可以对当前站进行选择。

5. 列车运行区段正晚点显示及未到站的各项参数属于变量，随时间变化会产生变化。

6. 点击各车厢车内人数显示区域中“车厢”“定员”“实际”等位置会进入到相应车厢的详细图示界面，如图 7-8 所示。

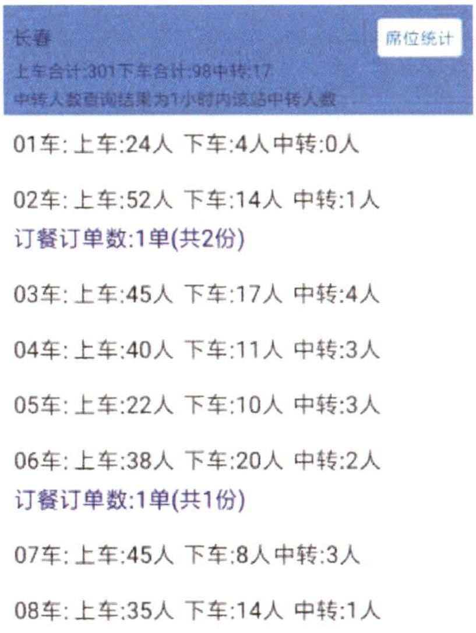

图 7-7　该站相关信息

图 7-8　车厢信息界面

7. 点击各车厢车内人数显示区域中“空闲”“网售”“特殊”“登记”“无座”等位置，该车厢的空闲席位、网售席位、挂失票席位、登记席位、无座旅客等相应信息界面会单独显示出来,登记席位后面有操作人姓名,如图 7-9 所示。

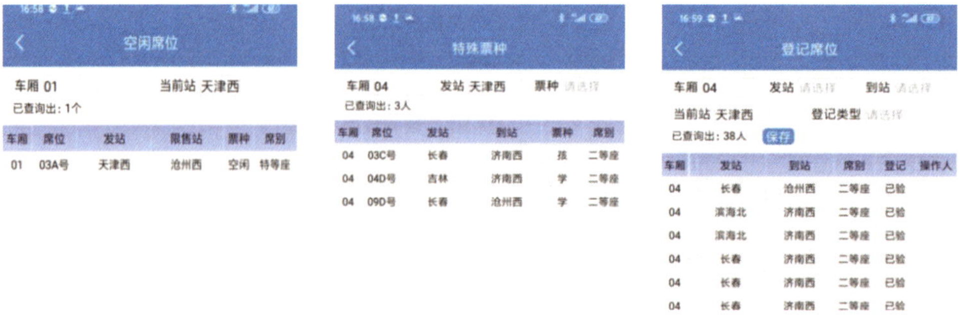

(a)空闲席位　　(b)特殊票种　　(c)登记席位

图 7-9　车厢席位信息

二、车内核验旅客乘车信息

(一)车厢详细示图解析

1. 车厢详细示图各区域内容及代表含义,见表 7-2。

表 7-2　车厢详细图示

图　标	功　能　含　义
	车厢信息及功能区
	左上角功能键,返回上级界面
	录音键,点击开启录音功能,再次点击关闭录音功能
	当前界面显示信息所需车厢
	更新键,进行数据更新用
	上传键,核验旅客乘车信息后进行数据上传用
	右上角菜单键,可以查看系统内其他功能
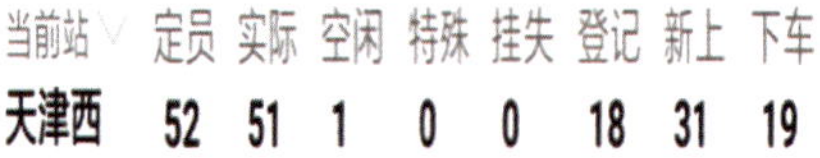 当前站 定员 实际 空闲 特殊 挂失 登记 新上 下车 天津西 52 51 1 0 0 18 31 19	车内信息统计显示区,该区显示本车当前站数据,包括本车当前站定员、本车当前站实际人数、本车当前站空闲席位数、本车当前站特殊票人数、本车当前站挂失票人数、本车当前登记人数、本车当前站新上车人数、本车当前站下车人数等信息

续上表

<table>
<tr><th>图　　标</th><th>功　能　含　义</th></tr>
<tr><td>
</td><td>图例显示区，根据不同颜色显示已核验旅客、未核验旅客、新上车旅客、空闲席位、补票旅客、重点旅客、无座旅客等信息</td></tr>
<tr><td>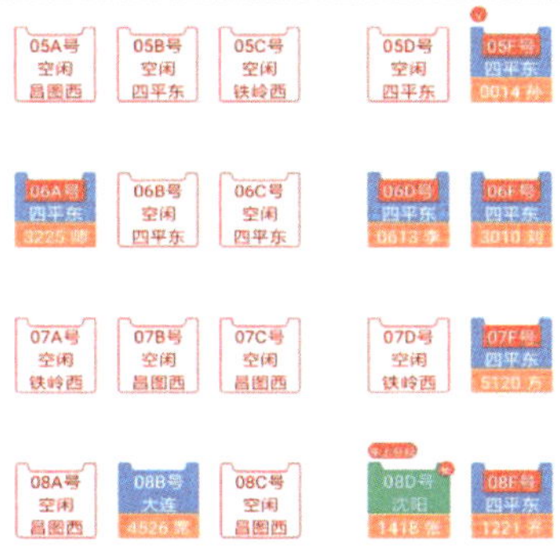</td><td>本车各座席旅客信息显示区域</td></tr>
</table>

2. 不同色块和标识代表本车厢内旅客乘车信息的不同状态，见表 7-3。

表 7-3　座席旅客信息表

<table>
<tr><th>图　例</th><th>功　能　含　义</th></tr>
<tr><td>
</td><td>第一排席位号，第二排旅客到站，第三排旅客身份证后四位和旅客姓氏</td></tr>
<tr><td>
</td><td>显示红框白底红字信息：表示当前空闲座席，站名表示座席空闲至该站</td></tr>
<tr><td>
</td><td>显示蓝底白字信息：表示该旅客列车暂未核验</td></tr>
<tr><td>
</td><td>身份信息为橙色：表示旅客该站新上车，本站暂未核验</td></tr>
<tr><td>
</td><td>座席号红色：表示该旅客下站下车</td></tr>
<tr><td>
</td><td>左上角标带红色“V”字：表示铁路常旅客 VIP 会员</td></tr>
</table>

续上表

图　例	功　能　含　义
	左上角标带“未进检”字样:表示旅客未通过车站自动检票机
	左上角标带红色“车上补检”字样:表示旅客在列车上进行补检
	右上角标红色字:表示旅客特种票标注类型,“免”表示该旅客为持用铁路公免票,“孩”表示该旅客为持用儿童票,“学”表示该旅客为持用学生优惠票,“残”表示该旅客为持用优待票
	显示绿底白字信息:表示该旅客通过车站自动闸机后在列车内核验完毕
	灰色“√”提醒标识:表示对该旅客开启提醒功能
	身份信息为紫色:表示重点旅客,同时右下角标带红色字为标注类型,“老”表示老年旅客,“幼”表示幼儿旅客,“病”表示患病旅客,“残”表示残疾旅客,“孕”表示怀孕旅客
	上角标带红色“申领儿童”字样:表示旅客在列车上申请免费儿童票
	站名红色字体:表示旅客提前下车,红色站名为旅客实际下车站
	身份信息为灰色:表示列车内补票的旅客
	左上角标带“注”字样:表示对该旅客进行标注
	左上角标带“换”字样:表示该旅客为换座旅客

续上表

图　例	功　能　含　义
	左下角角标带“登”字样：表示对该旅客乘车信息进行登记
	色块与角标内容可以多内容同步显示

3. 若空闲座席有旅客，做好该座席就座旅客乘车信息核验，并做好席位预留到站宣传。

4. 未进检标识有两种情况，一是旅客未通过车站自动进站闸机进站，二是旅客没有进站，若核验乘车信息时没有发现该座席旅客，暂时不要标注。

(二)持全价票旅客乘车信息车内核验

1. 列车员车厢内核验旅客乘车信息时，可以通过主菜单内“扫描”“票卡证查询”“车门口验票”等界面进行核验；同时也可在车厢状态显示图中点击需核验的旅客核对或点击“扫身份证”功能直接进入身份证扫描界面，进行旅客乘车信息核验，如图 7-10 所示。

(a)主菜单页　　(b)扫描身份证　　(c)手动录入

图 7-10　车票核验

2. 旅客信息核验扫描，分 OCR 扫描和二维码扫描两种方式。

OCR 扫描：通过数字识别技术直接扫描旅客身份证号码，进行识别，需将旅客身份证号码置于有效扫描区域内。

二维码扫描:扫描旅客在 12306 网站上申请的“临时乘车身份证明”中的二维码,如图 7-11 所示。

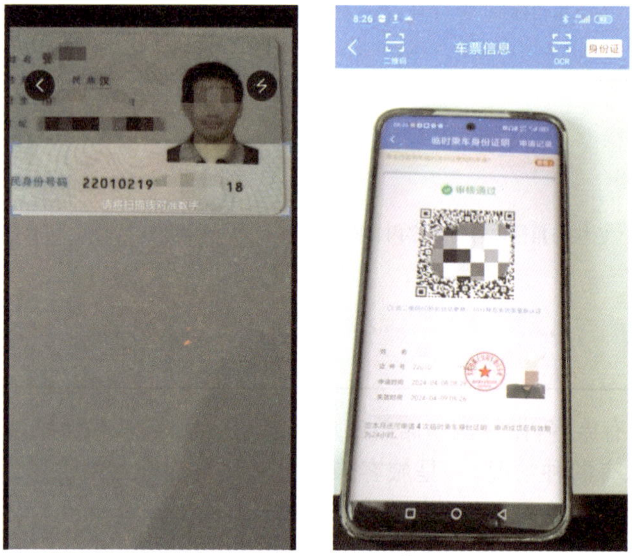

(a)OCR扫描　　(b)二维码扫描

图 7-11　旅客信息核验扫描

3. 扫描核验显示旅客乘车信息后,需要点击“已验旅客”进行标注,或是在旅客核验信息显示界面点击“普通旅客”进行标注,标注后该核验旅客显示主色会从蓝色变为绿色,如图 7-12 所示。

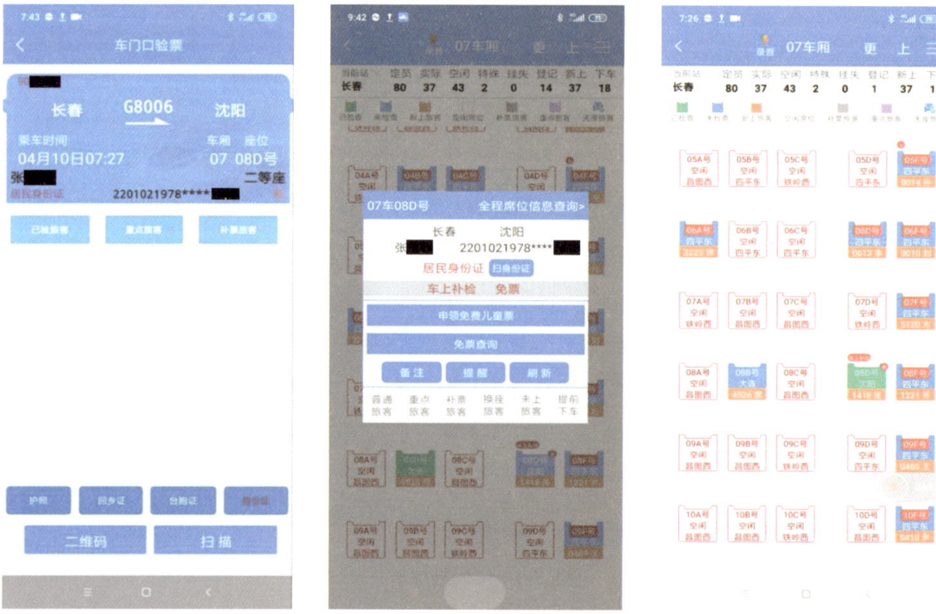

(a)扫描核验显示旅客　　(b)标注核验旅客　　(c)核验旅客显示主色

图 7-12　验证流程

4. 旅客乘车信息填报页，按旅客需求及工作要求进行填报，如图 7-13 所示。

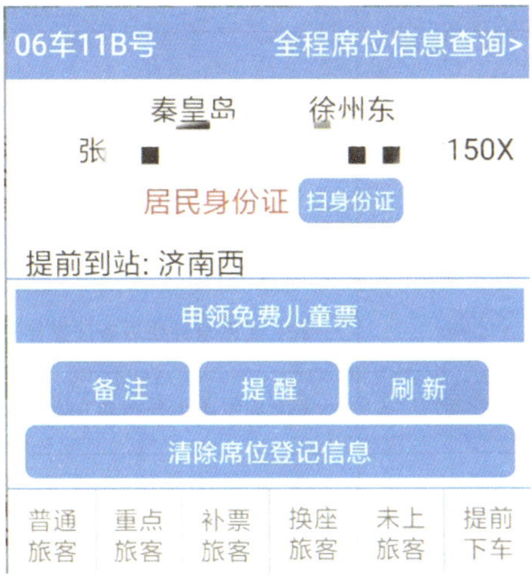

图 7-13　旅客乘车信息填报

5. 旅客乘车信息显示页各区域内容及代表含义，见表 7-4。

表 7-4　旅客乘车信息显示内容

区域显示内容	代表功能和含义
	显示车厢号、座席号及该座席全程占用情况，点击“全程席位信息查询”即可查询该座席全程占用情况
	该区域显示旅客乘车区间、姓名、居民身份证号码、购票凭证类型及“扫身份证”功能键，点击“扫身份证”功能键直接进入身份证扫描界面
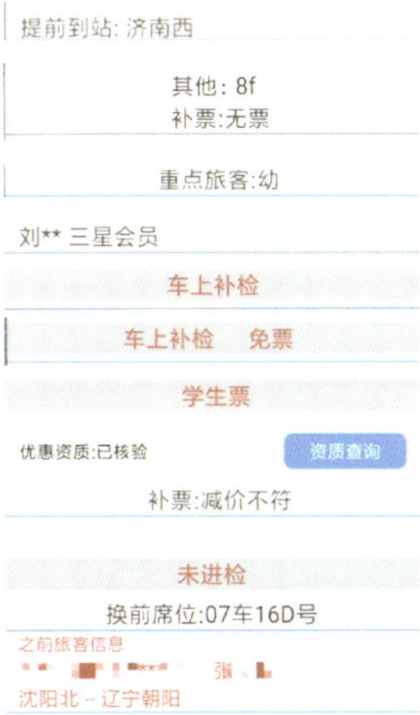	该区域显示特殊旅客类型，非普通旅客类型均在此处进行简单表述

续上表

区域显示内容	代表功能和含义
资质查询	查询学生优惠资质
免票查询	铁路公免票操作专有选项
学生票补票备注	学生优惠票补票后备注操作专有选项
申领免费儿童票	旅客列车内申领免费儿童票专有选项
备注 提醒 刷新	“备注”“提醒”“刷新”键:对旅客进行备注、提醒和刷新数据用
清除席位登记信息	“清除席位登记信息”:将该座席所有的标记清除,恢复原始状态
普通旅客 重点旅客 补票旅客 换座旅客 未上旅客 提前下车	旅客信息登记选项:普通旅客、未上旅客按实际点击即对该座席旅客进行标注;重点旅客信息登记选项、补票旅客信息登记选项、换座旅客信息登记选项、提前下车旅客信息登记选项,按旅客信息及需求选择填记,选择填记完毕自动显示标注

(三)持非全价票旅客乘车信息车内核验标注

1. 持铁路公免票旅客信息登记,点击“免票查询”,进入乘车证查询界面,录入铁路乘车人员公免票号(包括数值前面的字幕),点击“查询”,查看铁路公免票基本信息,检查乘车区间是否符合要求,如图 7-14 所示。

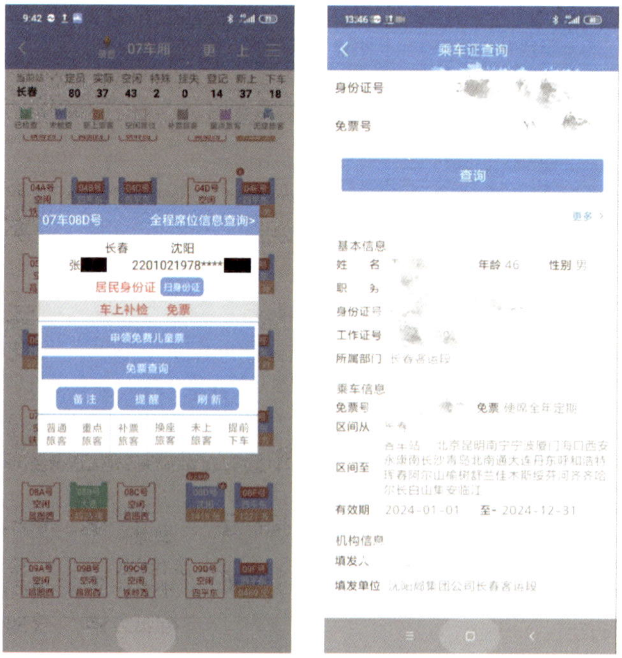

图 7-14　公免旅客信息登记

2. 核验学生票资质

(1)默认显示资质无效的学生优惠票,可根据情况自主选择查询全部或资质有效的学生优惠票,如图 7-15 所示。

图 7-15 学生优惠票资质核验

(2)资质不符的先进行资质核验,核验正确后,做好标记。资质核验未通过需要补收优惠票价差额,先办理补收票价差额,然后按规定进行登记或开客运记录,如图 7-16 所示。

(3)学生优惠票资质采集,滚动显示姓名,解决部分学生姓名过长导致显示不全的问题。

(4)学生优惠票核验未到发车时间,提示"××站未到发车时间,需发车后才能核验",如图 7-17 所示。

3. 列车内申领免费儿童票,点击"申领免费儿童票",进入儿童票免费申领界面,按项点要求填记免费儿童申请相关内容,如图 7-18 所示。

4. 备注填记界面,对公免号、同行儿童、其他项点等内容进行填记,如图 7-19 所示。

5. 旅客信息登记选项:普通旅客、未上旅客按实际情况,点击即对该座席旅客进行标注;重点旅客信息登记选项、补票旅客信息登记选项、换座旅客信息登记选项、提前下车旅客信息登记选项,按旅客信息及需求选择填记,选择填记完毕自动显示标注,如图 7-20 所示。

三、主菜单其他操作

1. 点击屏幕上部"☰"主菜单弹出键,弹出主菜单按需进行快捷操作选择,主菜单各区域显示内容代表的功能及含义,见表 7-5。

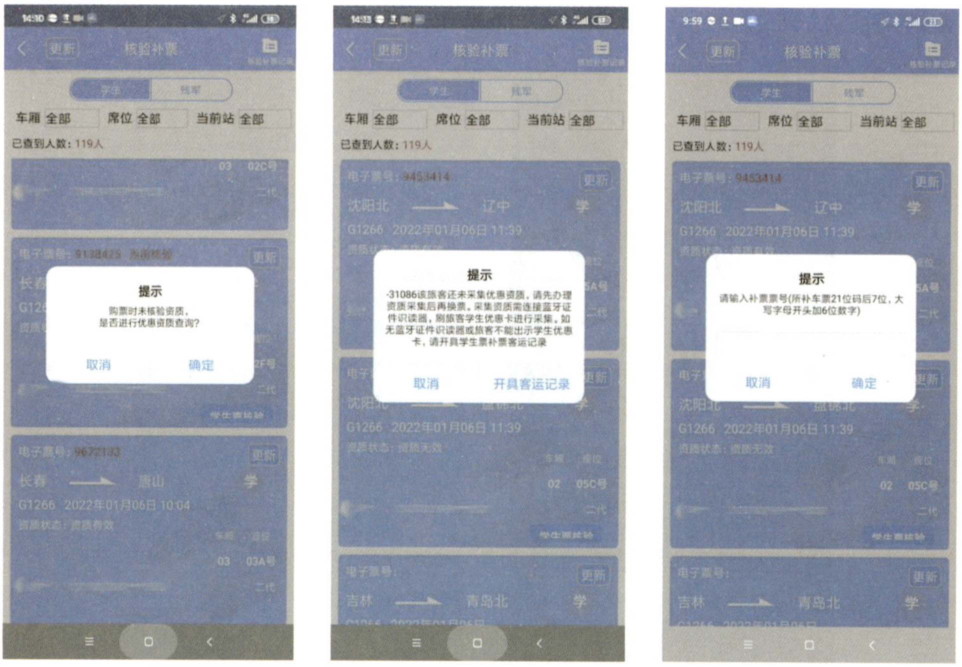

(a)末核验资质提示　　(b)开具客运记录提示　　(c)补票票号录入

(d)资质核验成功　　(e)学生优惠票核验成功　　(f)学生优惠票验票完成

图 7-16　学生优惠票资质核验流程界面

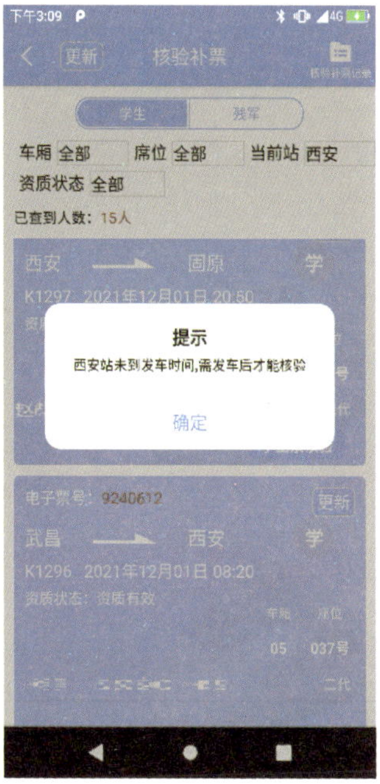

图 7-17　学生优惠票未到发车时间验证

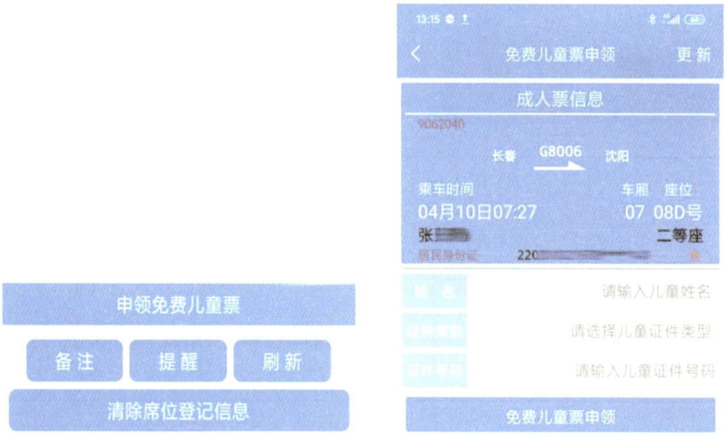

(a)　　　　(b)

图 7-18　免费儿童票申领

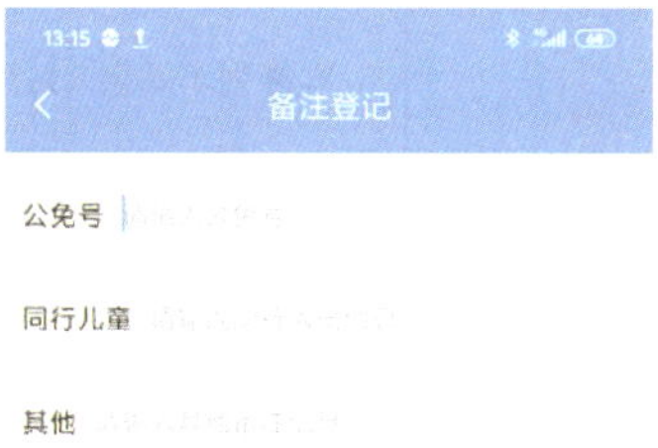

图 7-19　备注添记界面

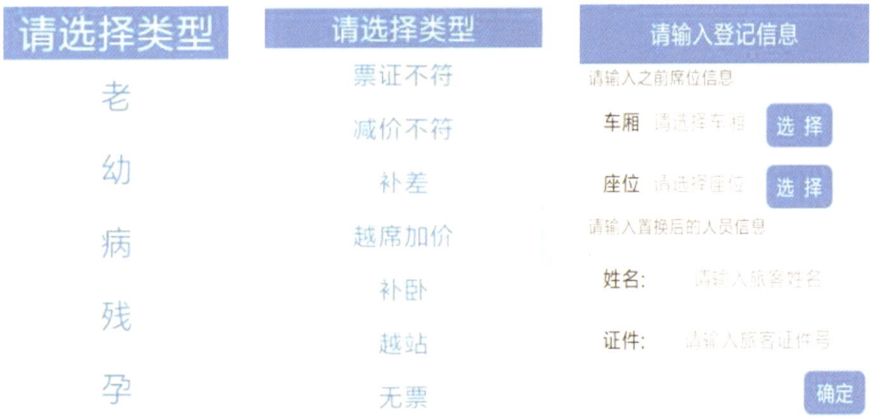

(a)重点旅客类型　(b)车票类型　(c)消息录入界面

图 7-20　旅客信息登记

表 7-5　主菜单内容

区域显示内容	代表功能和含义
 张[redacted] 列车员	当前操作人员姓名及职名
电子票夹设置	对电子票夹内工作负责车厢进行设置
数据下载	对基础数据和业务数据下载情况进行查询和手工下载
我的	本系统内各相关设置
列车信息	本趟列车站名、站序、到开时刻、晚点天数等信息
登记席位	乘车旅客席位情况查询及类型等
扫描	旅客车票信息扫描界面,可进行二维码和 OCR 扫描,同时可选择居民身份证、台胞证、回乡证、护照等证件选择

续上表

<table>
<tr><th>区域显示内容</th><th>代表功能和含义</th></tr>
<tr><td>
</td><td>其他常用功能快捷图标</td></tr>
</table>

2. 主菜单各区域功能介绍，见表 7-6。

主菜单各区域点击即可进入，按显示及需要进行选择和填记，完成各类信息上报工作。

表 7-6　主菜单功能介绍

图　标	功　能　介　绍
 票卡证查询	可对电子票、电子身份证、银通卡、E 卡通、计次・定期票、乘车证、铁路证件、保险等信息进行查询
 车门口验票	直接进入验票界面，可对护照、回乡证、台胞证、身份证进行二维码和 OCR 扫描
 商旅服务	可对商旅服务和用餐服务进行显示、查询
 畅行码服务	可对铁路畅行码绑定和开班信息、旅客提交服务工单、旅客反映故障信息、旅客提出意见和建议等内容进行操作和查询
 系统消息	显示本系统内推送信息

续上表

图　标	功　能　介　绍
席位统计	可对本趟列车各站通知单、车内人数、密度表、车厢定员统计、席别定员统计等数据进行查询
手动登记	对乘车旅客进行手动登记
补检	针对误乘旅客车票进行验票操作
学生残军票	针对学生、残疾军人优惠资质查询及核验补票
特殊票种	针对本趟列车全部非全价票进行统计、显示
席位置换	可查询本趟各站席位置换信息
客运记录	可用于开具核验补票、遗失物品、证件丢失、席位调整、拒不补票、过站、误乘、突发疾病、意外伤害、精神异常、空调故障、挂失补登记、疫情人员等电子版客运记录
余票查询	可对本趟列车各站间剩余各等级、席位数量进行查询
重点人员	可购买对本趟列车车票的重点人员进行查询
中转查询	可对本趟列车多日内、各停车站、1～6 h内、按车厢或换乘车次分组，进行中转和同车换乘查询
会员信息	可对本趟列车多日内铁路常旅客会员乘车信息进行查询，输入证件号码可查询会员信息

续上表

图　标	功　能　介　绍
客服工单	可查看 12306 网站派发客服工单
派班	可查看本趟乘务出退乘时间、车型、编组、线路、出入库、时刻表、沿途各经停站属性等相关信息
编组及检查	可查看本趟乘务车型、车号、编组、各车定员、总定员、应急备品配备数量及存放位置、反恐备品配备数量及存放位置等相关信息
派班重点工作	由段指挥中心派发重点工作，包括调度命令、段内重点要求、运行线路突发情况等，需要列车长及时确认和签收
人员安排	可查看本趟乘务“三乘人员”相关信息
上水填报	可对本趟列车在方案内或方案外上水站的上水情况进行填报
交路客流	可对本趟乘务期间某天、某车次、某站的客流情况进行查询，精确到各车
录音	可进行录音查询，仅可查询本机客管系统录制的音频
席位增删	针对临时更换车体时，对总定员不符时的车厢席位进行增减操作
更换列车员	本趟乘务交接班，设备交由其他客运人员使用时，进行列车员更换操作

续上表

图　标	功　能　介　绍
业务知识查询	针对日常工作中常见问题和基础规章等有关业务知识进行查询
禁限物品查询	国家铁路局 公安部关于公布《铁路旅客禁止、限制携带和托运物品目录》公告(国家铁路局公安部公告第 1 号)和铁路旅客禁止、限制携带和托运物品目录内容,用于查询旅客携带品是否符合规定
软件常见问题	对在本软件使用过程中出现的一些问题进行解答

第三节　补票终端

一、程序启动

打开电子补票机点击“铁科院补票程序”图标启动程序。第一次使用会有权限提示,都选择“允许”。

手机端:点击“去获取”进入拨号界面,输入“＊＃06＃”会显示“IMEI”,长按即可复制,返回到补票程序会自动填上,点击“验证”即可。

补票机:需要到“设置→关于设备→状态信息→IMEI 信息”查看,并输入到输入框中,点击“验证”即可所示,如图 7-21 所示。

二、出　　乘

未出乘状态,打开补票程序进入出乘界面,如图 7-22 所示。

点击铁路局集团公司选择框,弹出铁路局集团公司列表,选择所属铁路局集团公司,如图 7-23 所示。

点击“出乘”按钮,即可出乘,并跳转到登乘界面。

说明:票机的设备 ID 和班组信息是一一对应绑定的,出乘会联网获取对应的班组信息。

三、登　　录

登录界面,“登录”按钮下方显示补票机号、设备 ID、地区、封装号以及班组剩余票号张数,如图 7-24 所示。

选择工号,输入密码,点击“登录”即可登乘成功,进入交路模板界面。

四、编辑班组交路

班组根据实际班组交路情况,编辑班组交路信息,包含添加车次、删除车次、编辑车次、车次排序、下载/更新车次数据。车次数据均联网下载,如图 7-25 所示。

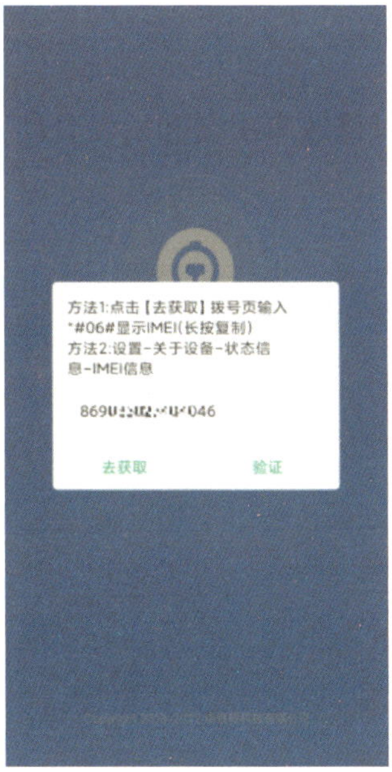

图 7-21　登录验证

图 7-22　出乘界面

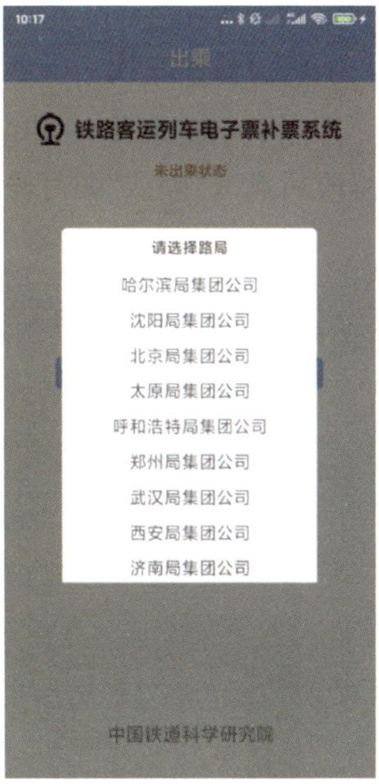

图 7-23　路局列表

图 7-24　登录界面

图 7-25　添加交路车次

(一)添加交路车次

点击“添加交路车次”按钮,弹出添加车次弹窗,输入车次、始发日期,点击“确认”即可添加成功。

(二)删除车次

点击车次条目中“删除”图标按钮,弹出是否删除确认窗,点击“确认”即可删除成功,如

图 7-26 所示。

(三)修改车次

点击车次条目中“铅笔”图标按钮,弹出修改车次信息弹窗,可修改车次名和始发日期,修改后点击“确认”即可修改成功,如图 7-27 所示。

(四)车次排序

长按车次条目,拖动到想要排序的位置即可排序成功,如图 7-28 所示。

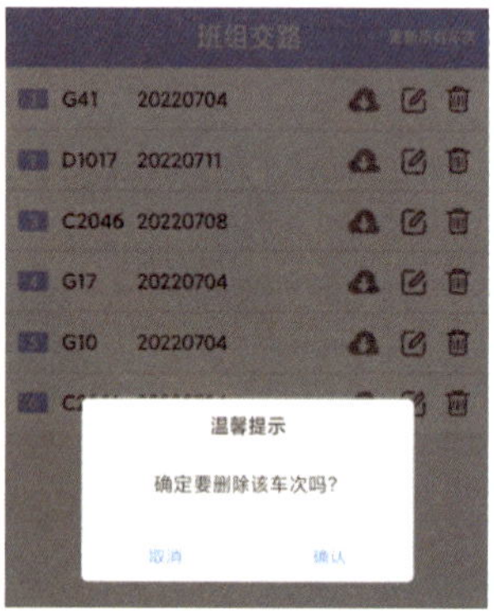

图 7-26 删除车次

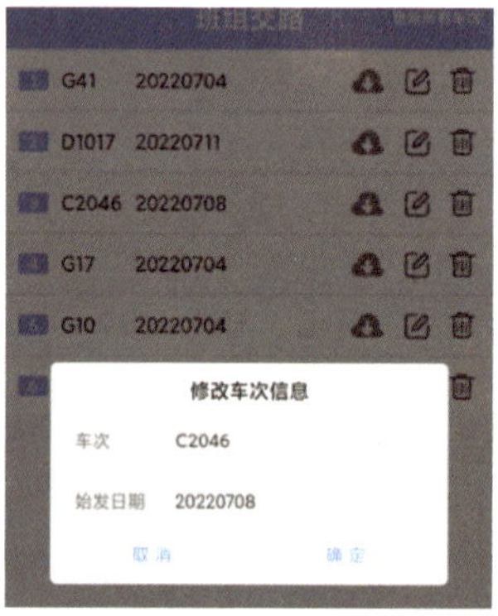

图 7-27 修改车次

图 7-28 调整交路

(五)下载/更新车次数据

1. 点击右上角“更新所有车次”,跳转到车次下载界面,自动下载/更新交路中所有车次信息,如图 7-29 所示。

2. 点击车次条目中“下载”图标按钮,跳转到车次下载界面,自动下载/更新该车次信息,如图 7-30 所示。

图 7-29 更新所有车次

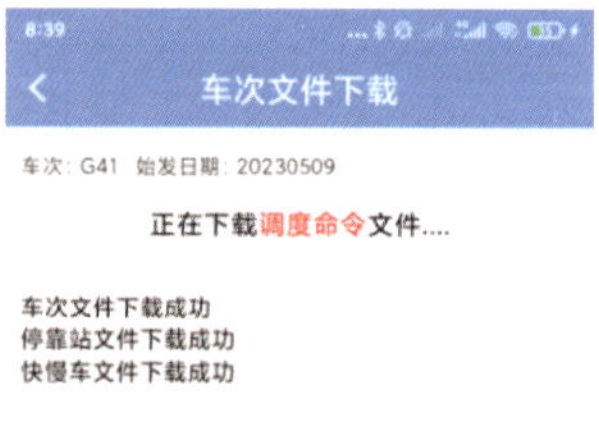

图 7-30 车次下载

五、补票作业流程

(一)无 原 票

选择发站、到站、票种、席别、铺别、事由等进行补票操作,选择支付方式,待旅客支付完成后点击“支付”完成,自动跳转到票面信息界面,确认车票信息无误,输入旅客手机号便于发送行程信息,确认出票即可完成补票流程,如图 7-31 所示。

辅助功能:证件号查询姓名,点击证件姓名右侧图标按钮,查询证件号对应的名字并显示。

(a)补票信息录入　　(b)生成行程单　　(c)录入旅客手机号

图 7-31　无原票补票流程

说明:上传成功后即可在后台看到该条存根。

(二)公免签证

输入身份证号(一定是身份证号),点击公免条目右边的“搜索”按钮,即可搜索公免信息,并显示。也可以手输公免信息。选择公免级别、发站、到站、事由,支付完成,确认出票,如图 7-32 所示。

(a)选择票种　　(b)录入区间　　(c)生成行程单　　(d)录入旅客手机号

图 7-32　公免签证购票流程

六、信息通知

上传存根信息时,必须输入旅客手机号,补票完成后根据该手机号关联的 12306 网站账户通知设置里绑定的渠道进行支付宝或微信通知,若未绑定,进行短信通知。

七、未完成交易

联网抢票未打印或保存上传会生成未完成交易,必须取消才能继续联网抢票。

点击补票作业界面中"未完成交易"进入未完成交易界面,如图 7-33 所示,点击"取消"即可取消未完成交易,如图 7-34 所示。

八、余票查询

查询本列车固定发到站的余票信息(仅供参考,以实际抢票结果为准)。

操作步骤:点击补票作业界面中"余票查询",进入余票查询界面,选择发站和到站,点击"查询"按钮,返回并显示余票结果,如图 7-35 所示。

图 7-33　补票作业界面

图 7-34　未完成交易界面

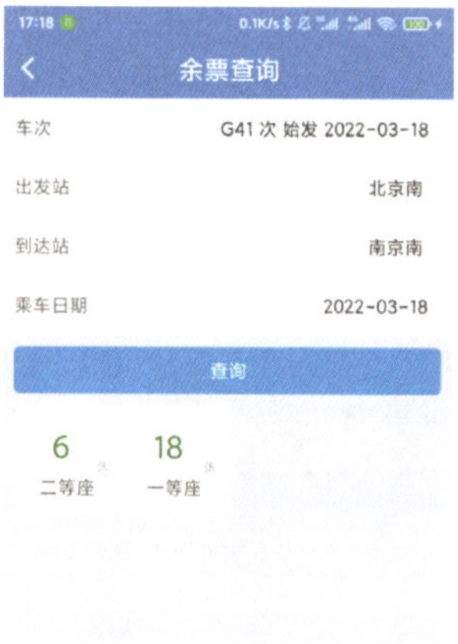

图 7-35　余票查询界面

九、畅行码中提交补票申请

畅行码补票是旅客扫码座位把手上的畅行码,进入小程序提交补票需求,站车交互和车补程序会收到通知。车长可进行查询补票需求、拒绝受理、受理、补票作业操作。

1. 提交需求

旅客在畅行码小程序填写并提交补票需求。

2. 车长查看

点击补票作业界面中"自助补票"进入旅客需求列表界面,自动查询并显示本趟车旅客提交的补票需求列表,每个需求包含车次、发到站、乘车日期、席别、证件类型、证件号、旅客位置以及订单状态,如图 7-36 所示。

3. 拒绝受理

根据现场情况,例如运力不足、条件不符,可以点击"拒绝受理"按钮拒绝受理旅客补票需求订单，如图 7-37 所示。旅客在小程序手机终端可查询订单状态。

4. 受理并补票

在旅客需求列表界面中点击受理按钮，受理成功后自动跳转到补票作业界面，并将相关信息同步引入系统。信息有误可点击修改，没有问题可继续操作进行补票。

5. 完成订单

补票完成后订单即为补票完成状态，补票机需求订单列表和旅客小程序旅客提交记录都会显示完成状态，如图 7-38 所示。

图 7-36　自助补票界面

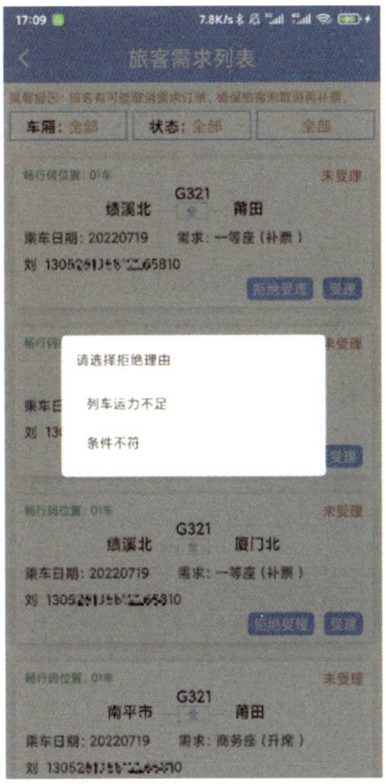

图 7-37　拒绝受理界面

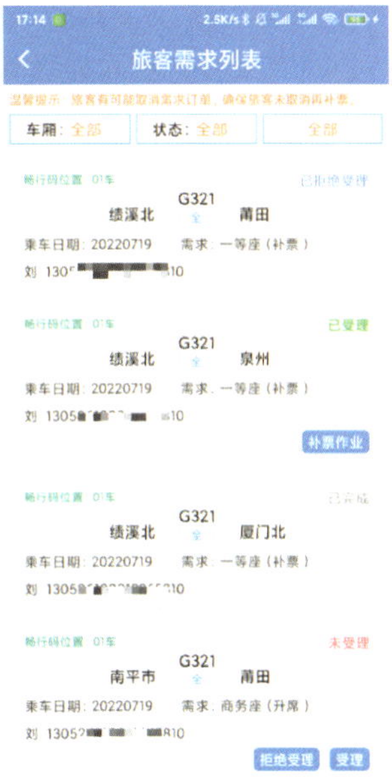

图 7-38　需求受理界面

十、辅助功能

辅助计算年龄、快速查询票价。

1. 点击补票作业界面中“辅助功能”进入到辅助计算界面。

2. 年龄计算，选择旅客出乘日期和乘车日期，自动计算出旅客乘车日期的实际年龄，如图 7-39 所示。

3. 资质查询。

点击辅助功能界面中“优惠资质”，输入证件号，点击查询按钮即可查询优惠资质信息。

4. 票价查询。

点击辅助功能界面中票价查询，选择发站、到站、票种、席别、铺别，即可自动查询出对应票价。

十一、统计计算

统计计算包含车移报告、人数统计、票卷查询、存根查询功能，如图 7-40 所示。

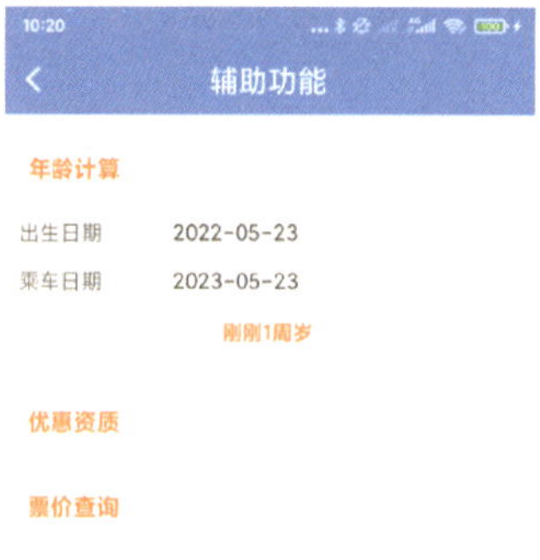

图 7-39　辅助功能界面

图 7-40　统计计算界面

(一)车移报告

统计本趟车补票各个款项总额,如图 7-41 所示。

(二)人数统计

统计无票、补卧、免票人数,如图 7-42 所示。

(三)票卷查询

统计本趟车补票票卷详情,如图 7-43 所示。

图 7-41　车移报告

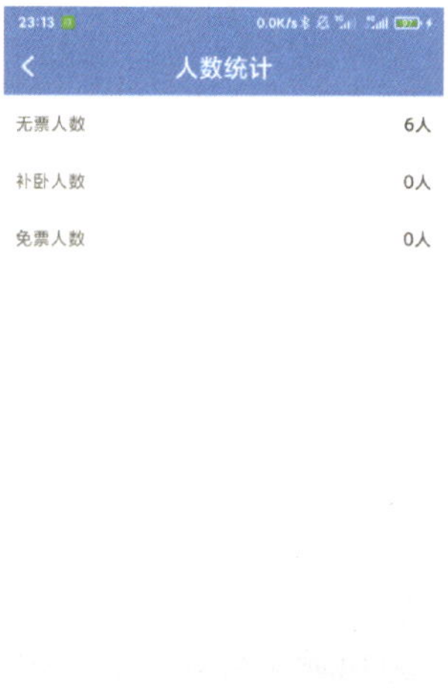

图 7-42　人数统计

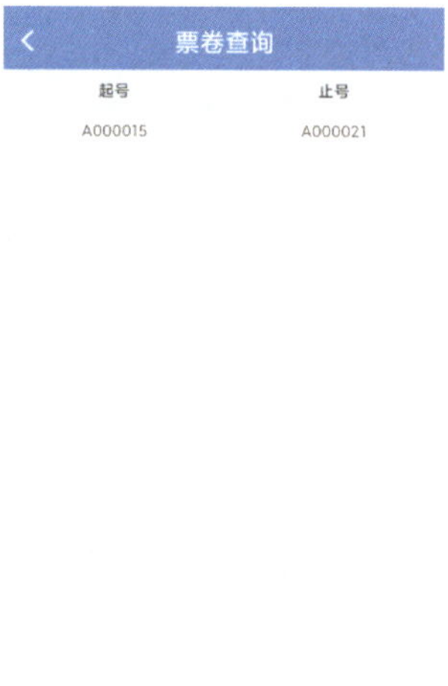

图 7-43　票卷查询

(四)存根查询

补过的车票可以在存根查询里查看,根据旅客需要补票机可补打凭条(凭条没有实际的用处,仅供查看车票信息和出站时查询验证)。

如果有未上传的信息,可操作补传。补传操作步骤:

1. 点击“存根查询”进入存根查询界面,查询并显示本趟车所有补票信息,如图 7-44 所示。

2. 信息补传:信息(订单、PSR、存根)显示已上传标识上传成功;显示红色字未上传标识需要操作补传,点击“补传信息”即可补传未上传的信息。

3. 补打凭条：点击需要补打的车票，进入补打凭条界面，点击“打印凭条”即可打印凭条，只有补票机可以补打，如图 7-45 所示。

十二、业务处理

业务处理包含领取车票、核验票号、废票处理、退乘、换乘功能，如图 7-46 所示。

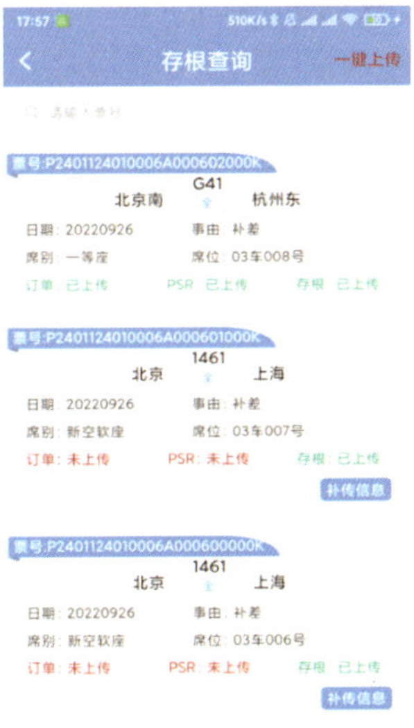

图 7-44　存根查询界面

图 7-45　补打凭条界面

图 7-46　业务处理界面

(一)领取车票

每个票机都有地面系统分配的票号段，在票号段内进行补票，用完需要向客运段申请。

1. 在登录界面会显示票号剩余张数，如图 7-47 所示。

2. 在用完后点击开始补票会弹窗提示，需要客运段申请，待发放成功后。点击“确认”按钮即可申请。也可以在业务处理界面点击“领取车票”申请，申请成功后弹窗提示票号段止，如图 7-48、图 7-49 所示。

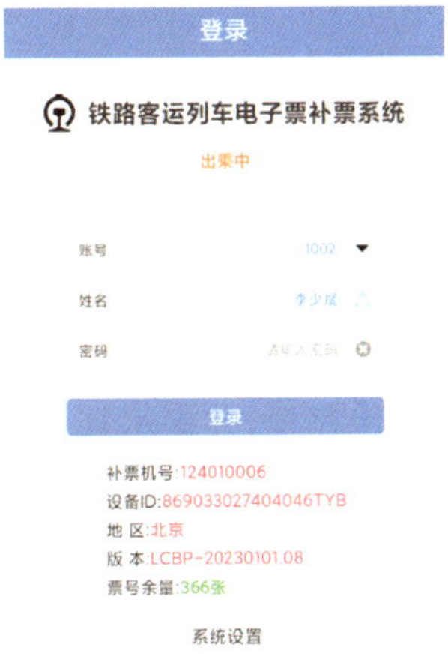

图 7-47　铁路客运列车电子票补票系统

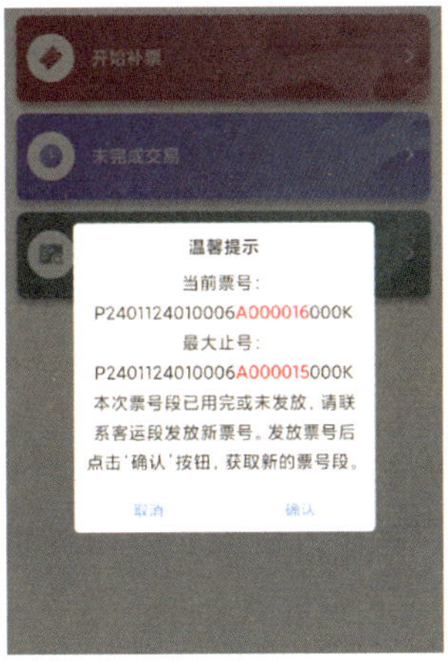

图 7-48　票号段起止

图 7-49　获取票段成功

(二)核验票号

在补票过程中提示出现票号异常不能补票,到业务处理界面点击核验票号,核验成功即可补票,如图 7-50 所示。

(三)废票处理

业务处理界面,点击“废票处理”进入废票处理界面,可作废一定时间内的车票,一般是 30 min,如图 7-51 所示。

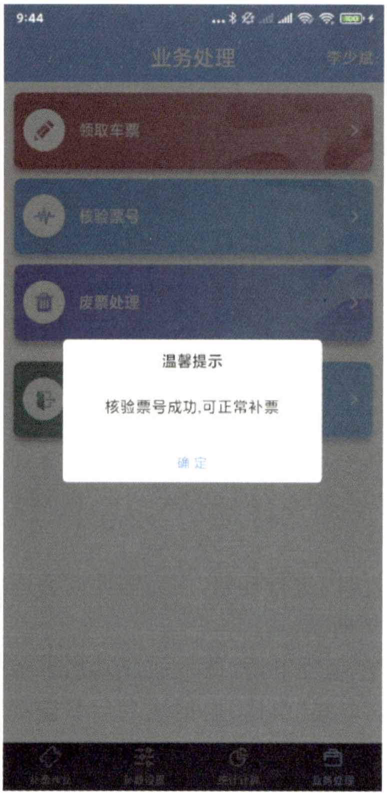

图 7-50 业务处理界面

图 7-51 废票处理界面

(四)换乘、退乘

1. 换乘,操作换乘调整到车次选择界面,重新选择车次。

2. 退乘,本趟值乘结束,退乘入账。

退乘操作步骤:

(1)检查是否有未上传存根:点击“退乘”会自动检查是否有未上传存根,并提示补传存根数据,如图 7-52 所示。

(2)存根都已上传,点击“退乘”有输入校验码弹窗提示(图 7-53),输入密码进行校验后即可退乘成功。

说明:一定要确保不再补票,准备到地面交款再退乘。

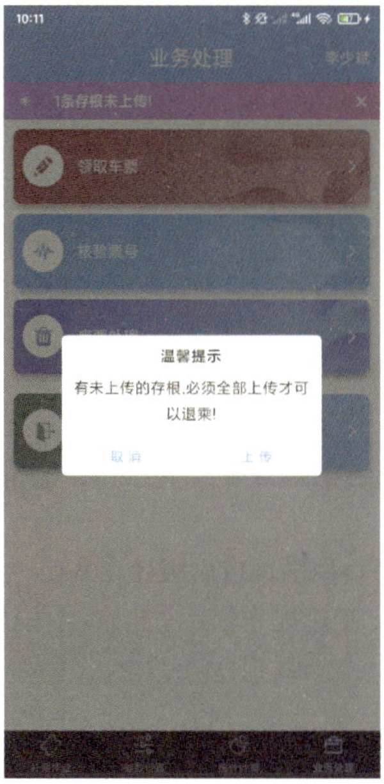

图 7-52　提示补传存根数据

图 7-53　输入密码弹窗提示

【学习思考题】

1. 站车无线交互系统分为几大功能模块？分别如何使用？
2. 站车无线交互系统中，如何核验学生优惠票？如何申领免费儿童票？
3. 补票终端的使用时有哪些注意事项？

参考文献

[1] 中国国家铁路集团有限公司．中国国家铁路集团有限公司铁路旅客运输规程(2024 年版)[S]．北京：中国铁道出版社有限公司，2024.

[2] 国家铁路局公安部．铁路旅客禁止、限制携带和托运物品目录[S]．北京：中国铁道出版社有限公司，2022.

[3] 中华人民共和国铁道部，铁路客运运价规则[S]．北京：中国铁道出版社，2014.

[4] 中国国家铁路集团有限公司，中国铁路运输收入管理规定[S]．北京：中国铁道出版社有限公司，2020.

[5] 中国国家铁路集团有限公司客运部．铁路旅客运输组织[M]．北京：中国铁道出版社有限公司，2022.

[6] 中国铁路总公司．铁路旅客运输服务质量规范(列车部分)[S]．北京：中国铁道出版社有限公司，2018.

[7] 中华人民共和国国务院．中华人民共和国消防法[S]．北京：中国法制出版社，2021.

[8] 中国铁路总公司．铁路技术管理规程(高速铁路部分)[S]．北京：中国铁道出版社有限公司，2023.